西安体育学院校级立项资助教材

学校体育学

主编 王晓艳 刘新民

编委（按姓氏音序排名）

郭　燕　韩鹏伟　李艳茹　林金茹　王丽芳

图书在版编目(CIP)数据

学校体育学 / 王晓艳，刘新民主编. — 西安：西安交通大学出版社，2024.6
ISBN 978-7-5693-3698-6

Ⅰ．①学… Ⅱ．①王… ②刘… Ⅲ．①学校体育 Ⅳ．①G807

中国国家版本馆 CIP 数据核字(2024)第 059317 号

学校体育学
XUEXIAO TIYU XUE

主　　编	王晓艳　刘新民
责任编辑	王斌会
责任印制	程文卫
责任校对	赵思睿
装帧设计	伍　胜

出版发行	西安交通大学出版社 （西安市兴庆南路1号　邮政编码710048）
网　　址	http://www.xjtupress.com
电　　话	（029）82668357　82667874（市场营销中心） （029）82668315（总编办）
传　　真	（029）82668280
印　　刷	陕西博文印务有限责任公司
开　　本	720mm×1000mm　1/16　印张 15　字数 302千字
版次印次	2024年6月第1版　2024年6月第1次印刷
书　　号	ISBN 978-7-5693-3698-6
定　　价	49.80元

如发现印装质量问题，请与本社市场营销中心联系。
订购热线：(029)82665248　(029)82667874
投稿热线：(029)82668525

版权所有　侵权必究

前 言

党的二十大报告明确指出:"教育、科技、人才是全面建设社会主义现代化国家的基础性、战略性支撑。必须坚持科技是第一生产力、人才是第一资源、创新是第一动力,深入实施科教兴国战略、人才强国战略、创新驱动发展战略,开辟发展新领域新赛道,不断塑造发展新动能新优势。"强国战略体现在人力资源方面,就是我们的劳动者在综合素质、创新能力方面要有明显的提升,要达到国际先进水平。综合素质包括思想道德素质、科学文化素质、健康素质等。人民健康是民族昌盛和国家强盛的重要标志。健康是人的全面发展的基础,而青少年健康是全民健康的基础。没有青少年健康素质的提高,就没有全民健康素质的提高。新时代我们的教育要以立德树人为根本任务,培养德智体美劳全面发展的社会主义建设者和接班人。体育教育是教育和体育的结合,学校体育是我国学校教育的重要组成部分,也是我国国民体育的组成部分,学校体育工作的首要任务是提高青少年的体质健康水平。习近平总书记在 2018 年 9 月全国教育大会上指出:"要树立健康第一的教育理念,开齐开足体育课,帮助学生在体育锻炼中享受乐趣、增强体质、健全人格、锤炼意志。"这是习近平总书记对新时代我国学校体育工作提出的新要求,也是对中国学校体育发展的全新定位。因此,努力实现学校体育享受乐趣、增强体质、健全人格、锤炼意志"四位一体"的目标,是新时代我国学校体育工作承担的新使命。

学校体育学是体育教师教育和培养体育师资的专业核心课程,《学校体育学》是体育教师教育的专业核心教材之一,对于提高体育教师的教学能力,促进体育教师的专业发展具有重要意义。新时代要求进一步加强对体育教师的培训和能力建设,帮助体育教师适应体育与健康课程标准的要求,促使更多的体育教师成为能够教授体育与健康课程的高素质、专业化、创新型教师。我们根据新时代对学校体育深化改革发展的要求和体育教育教学的需要,组织长期从事学校体育理论教学与研究的有关学者编写了本教材。参与编写的人员主要有西安体育学院刘新民教授(编写第三、九章)、韩鹏伟教授(编写第八章)、王晓艳副教授(编写第一、五章)、王丽芳副教授（编写第二、四章），陕西师范大学李艳茹教授（编写第十章），安顺学院林金茹副教授（编写第七章）及河南理工大学郭燕讲师（编写第六章）。

本教材使用对象为普通高等学校体育教育本科生和专科生，也可供其他从事学校体育教育的工作者学习参考。本教材内容力求具有时代性、科学性和实践性。为了便于学生进行自学和加深对理论知识的理解和应用，本教材除了在每一章后列有思考题外，还配有微视频、拓展阅读、章节测验题等资源，可扫码获取。

由于编写者的学识和水平所限，本教材难免有不足和疏漏之处，敬请广大读者和同行提出宝贵意见和建议，以便在今后教材修订时进一步改进和完善。

教材编写组
2023 年 9 月 1 日

目 录

第一章　学校体育的发展概况 …………………………………………（ 1 ）
　第一节　国外学校体育的发展概况 ……………………………………（ 3 ）
　第二节　我国学校体育的发展概况 ……………………………………（ 7 ）

第二章　学校体育的结构与功能 ………………………………………（ 19 ）
　第一节　学校体育的结构 ………………………………………………（ 21 ）
　第二节　学校体育的功能 ………………………………………………（ 27 ）

第三章　学校体育的目标 ………………………………………………（ 35 ）
　第一节　学校体育目标体系 ……………………………………………（ 37 ）
　第二节　我国学校体育目标 ……………………………………………（ 42 ）

第四章　体育与健康课程 ………………………………………………（ 49 ）
　第一节　体育与健康课程标准 …………………………………………（ 51 ）
　第二节　体育与健康课程资源的开发与利用 …………………………（ 65 ）

第五章　体育教学基本理论 ……………………………………………（ 71 ）
　第一节　体育课 …………………………………………………………（ 73 ）
　第二节　体育教学过程 …………………………………………………（ 84 ）
　第三节　体育教学设计 …………………………………………………（104）

第六章　学校课外体育 …………………………………………………（113）
　第一节　课外体育活动概述 ……………………………………………（115）
　第二节　课外体育锻炼 …………………………………………………（120）

· 1 ·

第三节　课外体育训练 …………………………………………… (124)
　　第四节　课外体育竞赛 …………………………………………… (132)

第七章　国家学生体质健康标准 ………………………………………… (139)
　　第一节　国家学生体质健康标准概述 …………………………… (141)
　　第二节　国家学生体质健康标准的实施 ………………………… (147)

第八章　体育教师 ………………………………………………………… (157)
　　第一节　体育教师概述 …………………………………………… (159)
　　第二节　体育教师专业化 ………………………………………… (170)
　　第三节　体育教师教育 …………………………………………… (178)

第九章　学校体育管理 …………………………………………………… (189)
　　第一节　学校体育管理概述 ……………………………………… (191)
　　第二节　学校体育管理体制 ……………………………………… (197)
　　第三节　学校体育政策与法规 …………………………………… (200)

第十章　学校体育工作督导评估 ………………………………………… (219)
　　第一节　学校体育工作督导评估概述 …………………………… (221)
　　第二节　学校体育工作督导评估指标体系 ……………………… (226)
　　第三节　学校体育工作督导评估的实施过程 …………………… (227)

参考文献 …………………………………………………………………… (233)

第一章

学校体育的发展概况

学校体育是指在学校教育情境中,以身体练习为基本手段,通过课内外体育活动形式,有目的、有计划地培养学生体育与健康学科核心素养的教育活动。本章以时间为主线,以社会形态为背景,主要阐述了国内外学校体育从古代、近代到现代的发展概况。

第一节　国外学校体育的发展概况

欧洲是国外学校体育的主要发源地，是国外学校体育发展的典型代表。下面我们主要从开展学校体育的思想、目的、内容、形式等方面了解国外学校体育的发展演变历程。

一、国外古代学校体育的起源

希腊的教育体制是西方奴隶制国家教育的典型代表。公元前8世纪，地处欧洲的希腊开始步入奴隶制社会。在奴隶社会，奴隶主为了对内镇压奴隶和对外进行战争，对其子弟进行严格的教育，体育就是其中重要的内容。下面我们从古希腊的斯巴达和雅典来了解国外古代学校体育的发展情况。

（一）斯巴达的学校体育

斯巴达是一个军事化的城邦国家，实行的是全民皆兵的政策，一切活动皆以军事为出发点，学校实行的也是尚武教育，文化学习不被重视。因此，斯巴达的学校教育体现了重视军事体育的特点，教育训练的唯一目的，就是通过严酷的军事体育操练，把奴隶主子弟训练成为体格健壮的武士。斯巴达的法律规定，儿童都归国家所有，新生婴儿必须交国家相关机构进行检查，体弱多病或畸形儿便被扔到山谷中，致其死去，只有体格强壮、发育良好的新生儿才有存活的机会。斯巴达军事体育训练的主要内容包括"五项竞技"，即赛跑、跳跃、投标枪、掷铁饼和角力。此外，受训者还要学习骑马、击剑、游泳、狩猎、作战游戏等。男孩在7岁到20岁期间，都在接受严酷的军事体育训练，20岁以后进入军队参加战争。斯巴达女子7～18岁接受国家组织的身体训练，女子训练的目的首先是强健身体、控制体重，为生育健壮的后代打基础；其次是在男子出征后，能担任守城的战务。

（二）雅典的学校体育

雅典的社会政治、经济和文化发展迅速，社会对个体的身心发展要求不断提高。学校教育不仅要把奴隶主子弟训练成善战的军人，还要把他们培养成为身心和谐发展的公民。这种和谐的教育思想主要反映在它的教育制度中。雅典的学校一般分为四个等级：文法学校和音乐学校、体操学校、国家体育馆、青年军事训练团。男孩7岁以后进入私立的文法学校和音乐学校学习，主要学习文化知识和音乐，同时进行一些初步的体育活动，如跳、跑、游戏，以及站、走、坐的姿势训练；十三四岁进入体操学校学习，主要学习"五项竞技"，还有骑马、游泳、击剑等。另外，他们还要跟文法学校和音乐学校配合，继续完成文化知识和音乐艺术的课业。体操学校也很重视代表奴隶主意志的道德教育。16岁以后，少数贵族子弟再进入国家体育馆学习。国家体育馆是专门为培养奥林匹克竞技人才而设立的一种教育机构。在国家体育馆中，体育是首要的教育内容，并有专门的体育教师进行指导。这些男孩到18岁时，进入青年军事训练团，接受两年的军事训练，之后，通过一定的仪式取得国家公民的称号。雅典的女子只在音乐学校接受与舞蹈相关的身体训练。

二、国外近代学校体育的发展

14世纪开始的欧洲文艺复兴，高举人文主义的旗帜，强调人的个性发展、个人自由，反对宗教束缚，反对体罚，倡导人的尊严，肯定人的价值、地位和功能。人文主义教育要求体魄强健，反对蔑视体格的锻炼，因而体育恢复了在教育中的重要地位。到了17、18世纪，欧洲发生了以法国为中心的启蒙运动和从英国开始的工业革命。启蒙运动主张人性论，强调用人权反对王权、用人道反对神道、用人类科学理性反对宗教迷信，宣传自由、平等和民主，促进了近代教育思想的形成。这一时期涌现了一批教育家、思想家，他们对学校教育提出了新的观点。

（1）扬·阿姆斯·夸美纽斯。捷克著名教育家夸美纽斯（1592—1670），是班级授课制的首创者。他提出了教育要适应自然的原则，主张学生每天要保证一定时间的睡眠、学习、卫生保健和身体锻炼；学校要为学生设立充足的运动场所，在学习间隙要安排半小时的休息和体育活动。他使学校教育冲出贵族的狭小天地，奠定了近代资产阶级教育理论和学校体育的基础，被誉为"教育学之父"。

（2）约翰·洛克。英国教育家洛克（1632—1704），其教育学代表作有《教育漫话》，主张"绅士教育"。在《教育漫话》一书中，洛克提出教育的最终目的在于培养绅士，即培养身体健康，具有良好的德行、广博的实用知识和技能，精明能干的资产阶级实业家。洛克继承了文艺复兴后期人文主义教育家重视体育的传统，把健康的身体看作是绅士事业成功、生活幸福的首要条件。在西方教育史上，洛克是第一个提出并详细论证儿童体育问题的教育家，明确提出把学校教育的任务分为体育、德育和智育，重视体育在教育中的作用，强调体育是一切教育的基础。

（3）让-雅克·卢梭。法国思想家、教育家卢梭（1712—1778），是自然主义教育思想的代表人物，其代表作有《社会契约论》《爱弥尔》等，他认为教育的目的是培养"自然人"。卢梭设想的"自然人"不是指完全脱离社会生活、纯生物的人，而是指不受传统束缚而按照其本性发展的人，是具有自身价值的独立实体，是体脑发达、身心健康的人。卢梭从"归于自然"的理论出发，重视儿童成长的顺序性和阶段性，强调要根据不同年龄段儿童的身心特点实施教育。他认为，从出生到2岁婴儿期的教育的主要内容是体育教育，婴儿的穿衣要宽松，不要紧紧地束缚他，以便于婴儿四肢自由活动；体育教育的任务主要是使其身体得到健康发育。卢梭认为身体与精神是不可分的，只有健康的身体才会有健全的精神。他在《爱弥儿》写到：身体必须要有精力，才能听从精神的支配；身体愈壮，它愈能听从精神的支配；虚弱的身体使精神也跟着衰弱。同时，卢梭认为婴儿身体的发育和自由活动是与人的能力发展相关的，在他看来，身体的发展是各种感官和能力发展的基础。

（4）约翰尼斯·海因里希·裴斯泰洛齐。瑞士教育思想家和实践家裴斯泰洛齐（1746—1827），其代表作有《林哈德与葛笃德》。他主张教育的目的在于全面、和谐地发展人的一切天赋力量和能力。他的初等教育思想体系中的一个重要组成部分是实际技能教育，包括身体训练、手工职业准备和其他一切富有实际技能意义的教育。他认为，体育就意味着对儿童身体和实用技能的训练，是智育不可少的补充，一个儿童若没有受到必要的身体训练，他就不可能养成行事的能力。他提倡的体育之目的，并非要在跑、跳等诸如此类的运动技巧上得到提高，而是在于训练儿童使用其手和脚的实际活动能力。他指出，儿童应以自己生活中简单的动作来发展他们的体力。儿童身体训练发展了力量、技巧，必然会给他们以谋生手段。把日常劳动中一些动作加以提炼，按一定程序予以训练，不仅可以锻炼儿童身体，全面发展体力，而且能培养儿童劳动精神。他把体育与劳动教育、职业训练结合起来，认为体育对于穷苦儿童来说，实际上就是职业性劳动教育。

（5）T.B. 巴泽多。随着近代学校体育理论的逐步形成，欧洲一些国家开始了近代学校体育的实践。德国博爱主义教育实践家巴泽多（1723—1790），于1774年在德国创办了第一所博爱学校，该校课程安排：每天5小时读书、3小时体育（斗剑、舞蹈、骑马、竞技、体操、游戏等）、2小时手工；每年暑假2个月野营，开展狩猎、钓鱼、游泳、爬山、赛跑、游戏等体育活动。巴泽多根据古希腊的体操、骑士运动和民间游戏，创造了"德绍五项"，即跑步、跳高、攀登、平衡和负重。

（6）J.C.F. 古茨穆茨。德国体育教育家古茨穆茨（1759—1839），对近代学校体育的发展做出了巨大贡献。他主张全民体育，从理论和实践上对博爱派及前辈的体育理论进行了系统的整理研究。他把体操视为"披上快乐外衣的劳动"，并创造了自己的体操体系，即"八项基本运动"、手工作业和青少年游戏三大类。其中"八项基本运动"（跑步运动；跳跃运动；投掷运动；角力运动；悬垂运动；平衡运动；举起、搬运、手倒立、拔河、跳绳、滚翻运动；舞蹈、步行和兵士运动）与体育发展的关系最为密切，成为近代学校体育的普遍模式。

（7）A. 施皮斯。德国的施皮斯（1810—1858）是德国体育史上影响最大的人物之一，创编了适应当时学校需要的教育体操，即协同体操、秩序运动和徒手体操。他把体操从社会引向学校，被称为德国"学校体育之父"。

三、国外现代学校体育的发展趋势

20世纪之后,由于世界大战的影响,世界各国都十分重视学校体育。例如,美国的托马斯·D.伍德和赫瑟林顿等体育教育家,发起了"新体育"运动,把学校体育分为机体教育、神经肌肉活动教育、品德教育和智力教育等四个方面,许多新兴的体育运动开始进入学校体育中。苏联1923年规定各中学开设体育必修课,并颁布《学校体育教学基本法条例》;1927年首次颁布全国统一的体育教学大纲;1931年颁布《劳动与卫国体育制度》。

经过两次世界大战,特别是战后社会经济的迅猛发展,许多国家进一步认识到学校体育在提高国民健康素质,以及促进国力强盛过程中的重要作用,纷纷加大体育教育力度,结合本国实际,采取多种措施加强学校体育工作,使学校体育发展达到了一个新的水平。例如,大部分西方发达国家,都把学校体育视为学生生活的重要组成部分,在加强中小学体育教育的同时,都基本取消了大学阶段设立体育必修课的强制性要求,强调以多种形式开展学校体育活动,使体育融入学生的日常生活。在当代,世界范围内的教育改革方兴未艾,随着教育改革的逐步深入,学校体育活动成为学生生活方式的组成部分。

21世纪,在经济全球化、社会信息化的时代背景下,以经济发展为核心、致力于公民素养的提升,逐渐成为世界各国迅速发展的主要因素之一。核心素养研究的兴起和发展,无论是在哪个国家或地区,都与时代的发展、社会的变革,以及教育改革的深化紧密相连。经济合作与发展组织(OECD)率先于21世纪初,提出了核心素养的指标体系,随后,世界上的一些主要发达国家,如美国、英国、芬兰等,纷纷启动了基于核心素养的教育目标体系研究,希望能够遴选出符合自己国家需求的核心素养指标,并进一步设计、完善以核心素养为基础的学校教育课程改革方案,全面提升自己的教育质量。于是,国外现代学校体育呈现出新的发展趋势。

第一,各发达国家大多依据体育学科核心素养完善学校体育课程标准。例如,美国2013版国家体育课程标准强调体育素养,并以此为基础构建适合不同学段学生学习的课程内容,使设计课程内容的出发点由学科转移到学生身上,致力于培养学生的体育素养。英国国家体育课程标准提出,高质量的体育课程应满足学生身体、社会、情感和认知方面的需要,促进学生全面协调发展。体育课程应能实现以下任务:第一,能够鼓励学生在体育运动中获得成功,具备多种运动技能;第二,能让学生树立自信心,为身体健康提供保障;第三,促进学生培养正确的价值观和人生观。

第二,各国大多以能力为导向,注重运动技能课程结构化体系的构建,为终身体育打基础。例如,日本基础教育学校体育课程内容构建思路为:一至四年级为基本运动技能的培养期，学生通过游戏学习掌握各种运动项目的基本技能，培养基本的身体活动能力，进而培养体育运动的基本能力，这一时期特别强调让学生在充满快乐的基础上学习和掌握运动技能；五至八年级为体验多种运动领域的学习期，学生在此阶段完成全部规定项目的学习并掌握相关知识和技能，运动技能的学习由运动游戏和基本技能向运动项目技能过渡；九至十二年级为至少培养学生掌握1项运动，使其毕业后继续从事该运动的时期，学生可以根据自己的能力和运动兴趣从器械运动、田径、游泳和舞蹈中选择1项及以上，从球类和舞蹈项目中选择1项及以上进行专项运动技能学习，并至少选择1项运动作为自己的终身运动项目，从而培养终身运动的能力。

第三，大多数国家强调德育在学校体育中的渗透与融合，健全学生人格。学校体育作为教育的重要组成部分，在德育教育中发挥着独特的作用。在国外，学校体育教育要融入德育教育需做到三点。一是塑造学生的价值观，明确其行为规范，培养体育道德和体育精神。二是根据学生身心认知发展规律，将体育道德、体育精神教学内容从小学到大学逐步构建，形成递进关系。三是与知识、技能目标融合，也就是将体育道德、体育精神教学内容融入运动技能的学习过程中，强健体魄，使学生在学习运动技能和参与体育活动中不仅习得运动技能，还能培养体育道德、体育精神。

第二节　我国学校体育的发展概况

我国学校体育在古代处于萌芽状态，发展缓慢。我国学校体育真正起步于近代，发展于现代，下面我们主要从不同时期的学校体育及其思想演变来了解我国学校体育的发展演变历程。

一、不同时期的学校体育

（一）我国古代学校体育的起源

原始社会，人类在日常生活和生产劳动中运用并发展了自身的走、跑、跳、投、攀登、爬越等基本活动技能，发展了自己的体力和智力。这些活动技能既是生活和生产劳动的技能，又是构成各种体育运动项目的基础。因此说，人类最初的生产劳动中含有体育的元素，孕育了萌芽状态的体育。但是，原始社会人类文明程度低，没有文字，还没有出现学校教育机构，因此，原始社会不可能出现学校体育活动，但是为体育运动奠定了基础。

随着人类文明程度的进步，奴隶社会出现了早期的学校。夏商时期已经有"校""序""庠"等不同名称的教育机构，它们主要是进行伦理教育和军事训练的场所。西周继承了商代的教育制度，建立了典型的政教合一的奴隶制官学体系。西周官学已有"国学"与"乡学"之分。西周中期，官学教育逐渐增加政治、伦理的内容，文化教养水平提高，形成了以礼、乐为中心的文武兼备的"六艺"教育。"六艺"教育包含礼、乐、射、御、书、数六项技能。其中，射、御、乐里面的舞蹈含有体育的因素，因此，这些教育内容可视为我国学校体育的雏形。

封建社会的教育普遍重文轻武，从西汉到清朝末年，长达两千多年的封建社会时期，学校的教育内容以儒家的"四书""五经"为主，重视德育和智育，没有体育。唐代实行文举、武举分开的科举制度；宋朝开始兴办武学，但是武举制度主要是为了选拔军事人才。明清时期的科举考试重视"八股文"，学校教育更是只关注埋头苦读，注重八股文。因此，两千多年的封建社会，学校体育淡出了历史的舞台。

（二）我国近代学校体育的形成

鸦片战争以后，西方传教士、商人和其他在华西方人，以及留洋归国的青年带来了体操的概念和体育活动的内容。为挽救清王朝封建统治，清政府开始推行新政，在文化方面主张废八股兴西学。

1902年，清政府颁布《钦定学堂章程》，又称"壬寅学制"。这是我国近代教育史上正式颁布但未实行的第一个学制。它是中国近代史上第一个由政府正式颁布的学制，是一套从小学到大学的学堂章程，它具体规定了各级各类学堂的性质、培养目标、入学条件、学习年限、课程设置等。该学制中将教育分为三个阶段：第一阶段为初等教育，第二阶段为中等教育，第三阶段为高等教育，全学程共20年。但由于该学制制定仓促，存在许多不足之处，因而公布后并未实行。

1904年，清政府颁布了《奏定学堂章程》，又称"癸卯学制"。癸卯学制分为三段七级，三段分别为初等教育阶段、中等教育阶段和高等教育阶段。七级具体指：初等教育包括四年制蒙养院、五年制初等小学堂、四年制高等小学堂；中等教育包括五年制中学堂；高等教育包括三年制高等学堂、三至四年制分科大学堂和五年制通儒院。与中间三级并列的还有同级实业学堂和师范学堂。《奏定学堂章程》是中国近代由政府颁布并付诸实施的全国性法定学制文件，规定我国各级各类学堂都要开设"体操科"，其中小学堂每周3学时、中学堂每周2学时、高等学堂每周3学时。教育内容主要是从日本、瑞典和德国传入的普通体操和兵式体操。此文件的颁布实施结束了我国封建社会两千多年来没有学校体育的历史。

1911年辛亥革命后，南京临时政府对教育开始了一系列适应资产阶级需要的改革，1912年9月公布《壬子学制》，1913年8月，又陆续颁布了各种学校规程，对新学制有所补充和修改，于是合成为更加完整的《壬子癸丑学制》。该学制分三段四级，分为初等教育、中等教育和高等教育，整个学程为17年或18年。该学制参照日本明治维新后新学制拟定，改学堂为学校，废除了尊孔读经，确定了妇女的受教育权利和男女同校制度，同时筹办各级女子学校。该学制施行到1922年，是我国教育史上第一个资产阶级性质的学制。

新文化运动，是一场反对封建主义的思想解放运动，在此期间教育思想也空前活跃，从而推动了我国学校体育的进一步发展。1917年毛泽东以"二十八画生"的笔名在《新青年》杂志上发表《体育之研究》一文，该文用近代科学的观点分析了体育的含义、作用，以及体育与德育、智育之间的关系等，这是我国近代史上论述体育理论的重要文献之一。文中写到："体育一道，配德育与智育，而德智皆寄于体。无体是无德智也。""体育之效，至于强筋骨，因而增知识，因而调感情，因而强意志。"这些观点对我国学校体育的改革和发展产生了很大的影响。

受美国实用主义思想的影响，参照美国教育的"六三三制"的形式，民国政府在1922年11月1日颁布的《壬戌学制》中规定：学校学制为小学六年、初中三年、高中三年；1923年颁布实施的《新学制课程标准纲要》，正式把体操科改为体育科，教学内容也由普通体操、兵式体操，改为以田径、球类、游戏、普通体操为主，完全剔除了兵式体操。这是我国学校体育发展史上的一个里程碑。

民国政府教育部于1929年颁布暂行课程标准；1932年颁布正式课程标准，即《小学体育课程标准》《初级中学体育课程标准》《高级中学体育课程标准》等；1936年颁布"修正课程标准"；1940年（小学1942年）颁布"重新修正课程标准"；1948年颁布"再次重新修正课程标准"（《小学课程标准总纲》和《中学课程标准总纲》等）。这些课程标准的颁布与实施，推动了我国近代学校体育的发展，使学校体育逐步走向科学化、国际化的道路。

（三）新中国成立后学校体育的发展

新中国成立后，学校体育在中国共产党的领导下，克服了一个又一个困难，取得了丰硕的成果。随着我国经济社会的不断发展和教育改革的逐步深入，我国学校体育朝着建设有中国特色社会主义学校体育理论和实践体系的方向前进，大致可以分为四个阶段。

1. 初步创立阶段（1949—1957）

1949年10月26日，在中华全国体育总会筹备会上，朱德指出："体育是文化教育工作的一部分，也是卫生保健的一部分。""过去的体育，是和广大人民群众脱离的，现在我们的体育事业，一定要为人民服务，要为国防和国民健康利益服务。"从而明确了体育与教育、卫生工作的关系，以及学校体育的地位与方针。

1950年和1951年，毛泽东主席两次写信给当时的教育部部长马叙伦，关心学生的健康问题，提出"健康第一，学习第二"的方针。把学生健康放在第一位，把学生营养不良、负担过重等问题作为教育中的大问题，这是十分精辟的教育思想，对新中国学校体育的建设和发展，具有重要而深远的意义。

1951年8月6日，中央人民政府政务院公布的《关于改善各级学校学生健康状况的决定》指出：增进学生健康，乃是保证学生完成学习任务，并培养出有强健体魄的现代青年的重大任务之一；要立即纠正忽视学生健康的思想和对学生健康不负责任的态度，切实改善各级学校的学生健康状况。根据当时的国情及学校教育的现状，该决定规定除体育课及晨操、课间活动外，体育、娱乐活动或生产劳动以每天一小时至一小时半为原则，还强调要有计划地对学生进行卫生保健教育，促其养成良好的卫生习惯。

1956年教育部正式公布全国统一的《小学体育教学大纲》（1956年3月）和《中学体育教学大纲》（1956年5月），这是新中国颁布的第一套体育教学大纲。这套体育教学大纲明确规定了我国中小学体育的目的和任务。大纲指出，小学体育的目的是"促进少年儿童成为全面发展的新人，为将来参加建设社会主义社会和保卫祖国做好准备"，中学体育的目的是"培养学生成为全面发展的社会主义社会的建设者和保卫者"。

为了推动我国体育事业的发展，1952年国家体育运动委员会成立，设群众体育司与教育部配合，对学校体育发挥决策和指导作用，于1954年出台了"准备劳动与卫国"体育制度，这对学校体育的开展起到了重要作用。为了缓解当时体育教师数量不足的问题，培养专职的体育教师，新中国历史上第一所体育高等学府——华东体育学院（1956年改为上海体育学院，2023年更名为上海体育大学）于1952年创办，随后，我国在华北、中南、西南、西北、东北地区创立了5所体育学院，同时加强了对在职教师的业余进修，从而缓解了体育教师严重不足的问题。

2. 曲折发展阶段（1958—1965）

这一阶段学校体育正常的教学秩序被打乱。1960年起的三年困难时期，学校体育课和课外体育活动被迫减少或停止，学生体质普遍下降。1963年随着我国经济的逐渐好转，体育课和课外体育活动逐渐恢复。特别是1963年教育部在北京召开了各省（自治区、直辖市）教育厅体育干部座谈会，讨论中小学如何搞好体育、卫生工作，提高教学质量，积极开展各种活动和竞赛，以及提高在职教师的业务水平等一系列问题，推动了学校体育工作的重新发展。

3. 严重破坏阶段（1966—1976）

这一阶段学校体育遭到了严重破坏。新中国成立以来学校体育所取得的成就被否定，管理失控，教学工作混乱，教师和教练员队伍受到冲击，体育场地器材受到严重破坏，体育课普遍被军训和劳动代替。

4. 快速发展阶段（1977—1998）

1978年12月十一届三中全会召开，开启了改革开放和社会主义现代化建设历史新时期，学校体育工作也进入快速发展时期。

1）全国体育卫生工作经验交流会

1979年5月，全国体育卫生工作经验交流会在扬州召开，会议认为：必须坚持"三好"的方针，正确处理好德、智、体三者的关系，纠正忽视体育、卫生工作的思想，摆正体育、卫生工作的位置。学校开展体育、卫生工作的根本目的，在于增强学生体质，要从实际出发，认真上好体育课；抓好每天一小时的锻炼，建立、健全业余训练制度，坚持普及与提高相结合；加强学校体育卫生工作，注意体育和卫生工作相结合。会议还讨论制定了《中小学体育工作暂行规定》等几个有关学校体育工作的制度。在此背景下，学校体育工作开始拨乱反正、全面恢复，出现了一系列的变革。

2）体育教学大纲

1978年，教育部颁布了《全日制十年制小学体育教学大纲（试行草案）》、《全日制十年制中学体育教学大纲（试行草案）》，确定了"全面锻炼学生身体，增强学生体质"，"掌握体育的基本技术、基本知识和基本能力"和"向学生进行思想品德教育"等基本任务，目的是培养现代化建设的合格人才，并将教学按运动项目进行了分类，首次详细规定了体育课程考核项目和标准，要求建立体育考核制度。这两部大纲是在总结过去经验的基础上制定的，对改革开放以后我国基层体育教学的开展发挥了重要作用。1981年，我国改革了学制，要求多数地区在1985年以前完成由现行的五年制向六年制的过渡。1987年，国家教委颁布了《全日制小学体育教学大纲（六年制）》和《全日制中学体育教学大纲（六年制）》。1992年，国家教委又印发《九年义务教育全日制小学体育教学大纲（试用）》和《九年义务教育初级中学体育教学大纲（试用）》，这套大纲最鲜明的特征是分学段（小学或初中）提出了教学目的、任务。在实践中，各地教学试验、教学改革都进行了积极探索，出现了小群体教学模式、运动教育模式、情景教学模式、成功教学模式、快乐体育教学模式等。1996年，教育部颁布了《全日制普通高级中学体育教学大纲》，该大纲在义务教育体育大纲的基础上结合我国体育教学实际情况，采用基础理论、体育技术、能力培养和思想道德教育互相联系的多元化的编写结构，为培养高素质、健康型人才打下坚实的基础。

3）加强学生体质健康监测

1979年，国家体委牵头，联合教育部、卫生部两个部门共同领导、组织了全国

16个省（区、市）20多万名学生参与的"中国青少年儿童身体形态、机能与素质调查研究"，这是一次大规模的学生体质调研工作。1985年我国在全国范围开展了针对7~22岁青少年学生的体质调研，并在此基础上建立了学生体质健康调研制度，每5年开展1次。进行学生体质健康调研，不仅可以掌握全国学生体质健康的状况，也可以了解学生体质健康的发展变化趋势，这对制定我国学校体育卫生工作发展规划具有重要作用。

4）两个条例

1990年3月12日，国家教委和国家体委联合发布实施了《学校体育工作条例》和《学校卫生工作条例》，这标志着新中国学校体育卫生工作进入法治化的轨道。这两个条例是检查和评估我国学校体育工作的根本依据，对于推动我国学校体育卫生事业的发展，提高学生的身体健康水平具有深远的战略意义。

5. 创新发展阶段（1999年至今）

1）《关于深化教育改革全面推进素质教育的决定》

改革开放以来，我国教育事业的改革与发展取得了令人瞩目的成就。但面对新的形势，我们的教育观念、教育体制、教育结构、人才培养模式、教育内容和教学方法相对滞后，影响了青少年的全面发展，不能满足提高国民素质的需要，全党、全社会必须从我国社会主义事业兴旺发达和中华民族伟大复兴的大局出发，深化教育改革，全面推进素质教育，构建一个充满生机的中国特色社会主义教育体系，为实施科教兴国战略奠定坚实的人才和知识基础。

1999年6月13日，中共中央、国务院印发了《关于深化教育改革全面推进素质教育的决定》，对全面实施素质教育进行了部署，强调实施素质教育，就是全面贯彻党的教育方针，以提高国民素质为根本宗旨，以培养学生的创新精神和实践能力为重点，造就"有理想、有道德、有文化、有纪律"的德智体美等全面发展的社会主义事业建设者和接班人。

《关于深化教育改革全面推进素质教育的决定》共分为四个部分。第一，全面推进素质教育，培养适应21世纪现代化建设需要的社会主义新人。其中要求各级各类学校必须更加重视德育工作，以马克思列宁主义、毛泽东思想和邓小平理论为指导，按照德育总体目标和学生成长规律，确定不同学龄阶段的德育内容和要求，在培养学生的思想品德和行为规范方面，要形成一定的目标递进层次。进一步改进德育工作的方式方法，寓德育于各学科教学之中，加强学校德育与学生生活和社会实践的联系，讲究实际效果，克服形式主义倾向，针对新形势下青少年成长的特点加强学生的心理健康教育，培养学生坚韧不拔的意志、艰苦奋斗的精神，增强青少年适应社会生活的能力。社会各方面要为青少年提供优秀的精神文化产品和德育活动基地，形成学校、家庭和社会共同参与德育工作的新格局。第二，深化教育改革，为实施素质教育创造条件。要求调整和改革课程体系、结构、内容，建立新的基础教育课程体系，试行国家课程、地方课程和学校课程。改变课程过分强调学科体系、脱离时代和社会发展及学生实际的状况。第三，优化结构，建设全面推进素质教育的高质量的教师队伍。提出建立优化教师队伍的有效机制，提高教师队伍的整体素质。全面实施教师资格制度，开展面向社会认定教师资格工作，拓宽教师来源渠道，引入竞争机制，完善教师职务聘任制，提高教育质量和办学效益。中小学根据学校编制聘用教师，可面向社会公开招聘，经县以上教育行政部门审批；高等学校依法自主聘任教师，吸引优秀人才从教，继续关心和改善教师的工作条件和生活待遇。第四，加强领导，全党、全社会共同努力开创素质教育的新局面。全面推进素质教育，根本上要靠法治、靠制度保障，各级人民政府和各部门要切实做到依法行政，保证教育方针的全面贯彻执行。各级党政领导和广大教育工作者要深入进行教育法律法规的学习、宣传活动，增强法律意识，严格履行保护少年儿童和学生身心健康发展的法律职责，坚决制止侵犯学生合法权益的行为，抵制妨碍学生健康成长的各种社会不良影响。各地要依法保障教师的合法权益，不得拖欠教师工资。要整治校园内部和周边环境，维护学校正常秩序。

2）体育与健康课程标准

2001年6月，教育部印发《基础教育课程改革纲要（试行）》，研制了包括体育（一至六年级）、体育与健康（七至十二年级）课程标准（实验稿），并于2001年9月开始在全国范围内进行实验，2003年颁布了《普通高中体育与健康课程标准》。

2011年版《义务教育体育与健康课程标准》把原有的五个学习方面修订为运动参与、运动技能、身体健康、心理健康和社会适应四个学习方面。《普通高中体育与健康课程标准（2017年版2020年修订）》指出，普通高中体育与健康课程是一门以身体练习为主要手段，以体育与健康知识、技能和方法为主要学习内容，以培养高中学生的体育与健康学科核心素养和增进高中学生身心健康为主要目标的课程。《义务教育体育与健康课程标准（2022年版）》指出体育与健康学科的核心素养主要体现在运动能力、健康行为和体育品德三个方面。

3）全国学校体育工作会议

2006年12月23日，新中国成立以来的第一次全国学校体育工作会议在北京召开。会议强调，要将加强青少年学生的体育与健康作为重要突破口，坚决遏制青少年学生体能素质的持续下降，切实提高青少年学生的体质健康水平；要科学把握学校体育课程、课外体育活动和课余体育训练的关系，全面推进学校体育工作。体育课程是学校体育的关键，要帮助学生养成锻炼习惯、掌握体育知识、发展运动特长；要建立更加完善的保证监督机制，确保学校体育工作各项政策措施的落实；全社会都要支持学校体育工作，关心青少年学生的健康成长。会议决定启动"全国亿万学生阳光体育运动"。

4)《中共中央 国务院关于加强青少年体育增强青少年体质的意见》

2007年5月7日的《中共中央 国务院关于加强青少年体育增强青少年体质的意见》(中发〔2007〕7号,以下简称"中央七号文件")是新中国历史上第一个以中共中央、国务院的名义,针对学校体育卫生工作颁布的最高级别的文件。中央七号文件由高度重视青少年体育工作;认真落实加强青少年体育、增强青少年体质的各项措施;加强领导,齐抓共管,形成全社会支持青少年体育工作的合力等三大方面,共二十条具体内容构成。中央七号文件的颁发,为当前我国学校体育卫生工作指明了方向,明确了具体的要求和措施,对我国学校体育的发展具有重大意义。

5)《国家学生体质健康标准》

为建立健全国家学生体质健康监测评价机制,激励学生积极参加身体锻炼,引导学校深化体育教学改革,推动各地加强学校体育工作,促进青少年身心健康、体魄强健、全面发展,教育部印发《国家学生体质健康标准(2014年修订)》。《国家学生体质健康标准》(2014年修订)从身体形态、身体机能和身体素质等方面综合评定学生的体质健康水平,是促进学生体质健康发展、激励学生积极进行身体锻炼的教育手段,是国家学生发展核心素养体系和学业质量标准的重要组成部分,是学生体质健康的个体评价标准。

二、我国学校体育思想的演变

(一)军国民学校体育思想的传入

军国民学校体育思想来源于军国民体育思想。军国民体育思想是20世纪初由德国、日本传入中国的一种体育理念,是军国民教育的组成部分,主张以尚武精神和军事修养为教育目标,以兵操为主要手段,对学生施行军事训练。1902年蔡锷以奋翮生的笔名在《新民丛报》上发表的《军国民篇》中提出:"军人之知识,军人之精神,军人之本质,不独限之从者。"认为"凡全国国民,皆亦具有之"。留日学生蒋百里在《军国民之教育》的文章中主张,要扩充军人教育于学校和社会。

军国民体育思想推动了体育专门学校的建立。1906年清廷学部(教育部)通令全国创办体育学堂,各省设立体操专修科于省城师范学堂。

中华民国成立后,第一任教育总长蔡元培向社会正式提出了有关"军国民教育"的问题。他指出:教育家欲尽此任务,不外乎五种主义,即军国民教育、实利主义、公民道德、世界观、美育是也,认为"军国民主义者,筋骨也,用以自卫",军国民主义就是体育。1914年,第一次世界大战爆发,次年日本向袁世凯提出灭亡中国的"二十一条",激发了社会各界强烈的爱国主义精神。社会各界人士纷纷提出要加强军事训练和体育,实行全民皆兵。在这个时期,军国民体育思想达到高潮。1922

年，北洋政府颁布新学制，"体育课"取代"体操课"，军国民体育日渐衰落。

学者周登嵩指出军国民学校体育思想的特征主要体现在三个方面。

（1）以强烈的爱国激情为立论基础。军国民体育的各种论说，以救亡图存、保国强种、振兴国势、挽救民族危难的民族自立作为立论的依据。不仅在其引入的初期是这样，而且就是在民国初年盛兴之时也是如此。也就是说，军国民学校体育思想的产生发展，始终与救亡图存运动有着紧密的联系。

（2）依附教育思想而存在，没有自己独立的理论体系。救亡图存的急迫任务，使得学者们只是仓促地把国外尤其是日本传来的教育、体育学说介绍给国人，没来得及认真理解、消化和吸收，更没有时间和精力来构筑新的理论体系。因此，军国民学校体育思想大都依附在各种教育问题的论述中，相对来说比较零散。

（3）重视身体训练和培养军人精神。军国民体育思想具有注意强身健体、尚武和集体纪律教育等积极因素。但其重视的是整齐、严肃的机械式锻炼，并贯穿着专制、盲从的思想，导致体育课机械、生硬和单调。过于偏重兵式体操的做法，也影响和限制了田径、球类等其他体育活动的开展。

（二）自然主义学校体育思想的传入

五四新文化运动时期，随着民主与科学思想的广泛传播，人们逐渐认识到军国民体育的机械、呆板及其作为帝国主义侵略工具的性质，因而对其猛烈抨击。军国民体育思想随后被否定，自然主义学校体育思想兴起。

自然主义学校体育思想的主要特征表现在以下几个方面。

（1）强调体育育人的教育目的。自然主义体育思想认为，所谓体育不应只是"对身体的教育"，因为这样的"体育"是一种片面的身体训练，绝无增进人类幸福与世界文明之功，而应理解为"通过身体活动的教育"，即体育是通过身体的运动来教育人，达到教育的目的。所以，体育教师的责任，首先应是培养儿童的品格，其次才是促进儿童身体发展。

（2）强调体育融于生活。由于受到当时盛行的"学校即社会，教育即生活"的杜威实用主义教育思想的影响，自然主义学校体育思想也明确提出，"体育必须和生活打成一片，使体育成为生活的实践"，并指出生活等于技能、理想、态度、习惯的总和。因此，生活化体育不仅偏重于技能的训练，尤须注重体育理想、态度和习惯的养成，使学生离开学校，还有爱好体育的习惯、态度和透彻高超的理想。

（3）推崇自然活动作为体育的重要手段。自然主义体育思想将19世纪风行于德国和瑞典的体操，看作是违反人性的"非自然的"或"人工的"东西，主张应尽量采用符合儿童本性的游戏、舞蹈、竞技运动和野外活动等。自然主义体育思想尤其推崇竞技运动，认为它是体验社会生活的一种良好形式，能使人充分显示才华，表现出人的道德价值与社会价值。

（三）苏联社会主义学校体育思想的引入

中华人民共和国成立之初，通过苏联专家来华讲学、培养研究生及国内学者对苏联体育论著的翻译介绍，苏联社会主义学校体育思想在我国迅速传播开来，并成为我国学校体育的主导思想。新中国成立后的前10年，我国学校体育几乎是在照搬苏联模式下发展起来的。尽管在学习苏联模式的过程中存在"排斥异己思想，照搬过度，结合实际不够"的弊端，但苏联社会主义学校体育思想在重建我国学校体育体系，为我国学校体育的深入发展起到了重要作用。

周登嵩等学者指出苏联社会主义学校体育思想的主要特征体现在以下几个方面。

（1）强调学校体育的阶级性和工具性。这从根本上与"体育至上""超阶级"的学校体育观点划清了界限，明确学校体育要服从于社会、阶级的利益，要为社会主义建设事业服务，为劳动生产和国防建设服务，并以此作为确定学校体育的目的、内容和组织形式等的依据。

（2）强调学校体育管理制度的统一性。首先，国家建立相应的管理和领导机构，以保证统一学校体育的工作方针和内容。其次，学校体育过程的各个环节强调统一性、衔接性，以保证每一个学生都经历统一的体育教育途径。

（3）强调学校体育是共产主义教育的手段。要求通过学校体育进行爱国主义、集体主义、社会主义劳动态度以及自觉的纪律教育，并在学校体育全过程中贯穿政治思想教育。

（4）重视体育教学过程中运动技能技巧的传授。在凯洛夫教育思想的影响下，苏联社会主义学校体育强调体育教学以传授知识技能、培养道德品质为目的，强调教师、课堂、教材三中心的教学模式，重视教学过程中对体育知识、运动技能的掌握，并在此过程中发展各种身体素质。

（四）"体质教育"思想的形成

我国学校体育思想自军国民思想引进以来，历经近一个世纪的坎坷，于20世纪80年代前期以"体质教育"思想的建立为标志，形成了自己独立的思想体系。

1978年十一届三中全会后，我国学校体育思想建设进入一个全新的时期。面对当时我国青少年体质普遍下降的现实，以及自"文革"末期形成的学校体育偏重于竞技体育，把少数运动员的比赛成绩视为学校体育的主要成绩，而忽视大多数学生体质的不良状况，我国教育界、体育界有识之士从提高民族体质的角度，大声疾呼关心学生的体质。一些学者本着增强体质的理论基础，进一步提出了"体质教育"的学校体育思想。

"体质教育"思想以体育的真义在于增强人的体质，完善人的身体为前提，在批判我国学校体育长期以来存在着以增强体质之名去搞运动铸型教育之实，用竞技体育代替体育，把身体发展当作副产品的基础上，提出体育的科学化必须从以运动技术教学为中心转移到增强体质为中心上来，进而对学校体育的地位、属性、功能、目标、内容方法等诸多问题进行演绎判断，形成了自己独立的思想体系。

（五）现代学校体育思想

依据国际教育环境的新变化，国内社会改革与发展对人才素质提出的新要求，现代教育中最具有影响的思想是素质教育、终身教育、健康第一和核心素养等。

核心素养是党的教育方针总体要求的具体化和细化。从党和国家层面来看，核心素养体系是党的教育目标的具体体现，是连接宏观教育理念、培养目标及课程与教学目标的关键环节，也是建构科学的教育质量评价体系、推进教育问责的重要基础和依据。

2016年10月，《中国学生发展核心素养》总体框架及基本内涵正式发布，这标志着核心素养导向的教学价值观的确立。中国学生发展核心素养，以"全面发展的人"为核心，分为文化基础、自主发展、社会参与三个方面，综合表现为人文底蕴、科学精神、学会学习、健康生活、责任担当、实践创新六大素养。核心素养是对素质教育内涵的丰富和发展，它贯穿于各学段，体现在各学科，最终落实到学生身上。

学科核心素养是学科育人价值的集中体现，是学生通过学科学习而逐步形成的正确价值观念、必备品格和关键能力。体育与健康学科核心素养是立德树人根本任务和健康第一指导思想在体育学科的具体化，主要包括运动能力、健康行为和体育品德。

扫码获取更多资料

思考题

1. 简述我国古代学校体育的起源。
2. 简述我国近代学校体育的发展过程及其特点。
3. 简述新中国成立后体现学校体育发展情况的重要文件及其内涵。
4. 简述我国学校体育思想的发展过程及其主要观点。

第二章

学校体育的结构与功能

  本章从不同学段学生的身心特点、学校体育的主要内容和基本要求三个方面介绍学校体育的学段结构，以便更好地理解和实施学校体育工作。本章主要介绍学校体育的结构与功能，并对学校体育与社会体育、竞技体育的关系进行阐述。

系统论认为，世界上的任何事物都是一个系统，系统由各个要素组成，各个要素之间相互关联，构成一个有机的整体。分析研究系统的结构与功能及系统各要素之间相互协同和制约的关系，可使系统的目标实现最优化。

系统的结构反映了系统中要素之间的组织秩序以及时间和空间的表现形式；系统的功能则是系统与外部环境相互作用而表现出来的性质、能力及有效性。二者实际上是系统中要素之间相互联系、相互作用所形成的系统的整体性问题的两个方面，它们之间是相互联系、相互制约的。一方面，系统的结构对系统的功能有决定性作用，系统的结构是系统的功能的基础，功能不能脱离结构而存在；另一方面，系统的功能又反作用于系统的结构，可以促进系统结构的改变，改变之后的结构可以使功能得到更有效的发挥。

第一节 学校体育的结构

学校体育的结构是指学校体育系统内部各个组成要素之间相互关联和相互作用的方式。学校体育作为一个整体，其各个要素的特征及相互之间的关系，决定着学校体育结构的表达形式。按照时间序列划分，学校体育的结构可划分为学前教育阶段、初等教育阶段、中等教育阶段和高等教育阶段四个阶段。不同阶段学生的身心发展特点决定了每个阶段学校体育工作的内容和要求也各有侧重。

一、学前教育阶段的体育

幼儿时期是人一生中性格和人格形成发展的重要时期，因此学前教育在幼儿成长过程中扮演着重要的角色。学前教育有广义和狭义之分。广义的学前教育是指对从出生到6周岁或7周岁的儿童实施的保育和教育。狭义的学前教育是指对3~6周岁或7周岁的儿童实施的保育和教育。本书取狭义的学前教育概念对该阶段儿童的体育活动进行阐释。

（一）学前教育阶段儿童的身心发展特点

学前教育阶段是儿童所要经历的几个重要的身体发育的关键阶段。这一阶段儿童的神经系统和肌肉组织迅速生长发育，大脑的支配能力也越来越强，但大脑皮质兴奋状态占优势，而抑制能力较差。

在运动系统方面，学前教育阶段儿童骨骼生长迅速、柔软、富于弹性、易变形，容易受不良姿势的影响而发生变形。但是儿童的身体比以前更加结实、健壮，身高、体重明显增加，活动精力充沛。其大肌肉群动作也比较自如，能够进行各种游戏活动。

在心理方面，学前教育阶段儿童具备了扩大生活活动范围的条件，语言能力也基本发展起来了，能向别人表示要求和愿望，与人进行初步的交流活动。该阶段的儿童对游戏有非常大的热情，能够自己组织游戏，确定游戏主题，理解和遵守游戏规则。但由于其注意稳定性较差，兴趣爱好非常广泛而又不稳定。

（二）学前教育阶段体育的主要内容

学前期是发展基本运动能力的重要阶段。基本运动能力从内容上可以分成身体控制和平衡能力、身体移动能力和器械（具）操控能力，如快跑、单脚跳跃、蹦跳、纵跳、旋转、跨跳、翻滚、爬行、快走或这些动作的结合。这些动作是人在基本生活中的主要运动内容，也是体育运动的基础，所以发展幼儿的基本运动能力，对于锻炼他们的动作灵敏、协调和正确姿势非常重要。

身体姿势正确与否对幼儿的基本动作的形成有重要影响。而对幼儿进行身体姿势训练较为有效的训练内容是体操练习，幼儿的体操主要有徒手操、轻器械操、听口令走步等。徒手操应该是身体姿势训练的主要内容，轻器械操可以选用儿童哑铃、球、棍棒等。此外，模仿操、韵律操等均是学前儿童体育活动的主要形式。

体育游戏对幼儿身体发育、心理发育及社会适应能力具有明显的促进作用。学前阶段的体育游戏大多内容比较简单，形式也较为固定，主要有锻炼手部的构造性游戏、锻炼身体协调能力的运动性游戏等。通过体育游戏动作的不断重复，学前儿童的身体系统得到全方位锻炼和发展，肢体更加协调，同时对促进儿童的心理发展，提高儿童的社会适应能力、运动能力，培养儿童对体育运动的兴趣和积极态度等方面具有积极作用。

（三）学前教育阶段体育的基本要求

学前儿童的锻炼必须适应他们的年龄和身体状况。在体育运动中要保持合理的负荷，在组织施行时要合理安排练习时间和练习次数，对于体育游戏环境当中所应用的运动器材的种类、大小及重量，应该依据幼儿实际的运动需求、活动内容以及身体素质情况做出适当调整。

学前儿童的体育锻炼应遵循寓教于乐的原则。应开展一些丰富多样、有趣的运动和灵活性、模仿性强的娱乐活动，并且应多配合音乐来增加趣味性。

学前儿童的生理心理特点决定其控制自己行为的能力比较弱，易发生意外，所以，组织幼儿体育活动要充分考虑到各种安全因素，并通过各种教育手段，使幼儿逐渐认识自己身体的主要器官及其功能，理解体育活动应如何标准地进行。

二、初等教育阶段的体育

初等教育是教育系统中最基础的部分,也是时间跨度最长的一个阶段,年龄跨度一般为 6~15 岁,包括小学和初中两个阶段,在我国属于义务教育阶段。由于该教育阶段的跨度较长,小学生和初中生的身心发展特点具有较大差异性,因而该阶段学校体育工作的主要内容和特点各有不同。

(一)初等教育阶段学生的身心发展特点

6~12 岁的小学生,机体各部分的机能发育还不够成熟。7 岁儿童的脑重量已基本接近成人脑重量,大脑皮质各区都已接近成人水平;心肺体积相对比成人大,心脏容积小,收缩力差,新陈代谢快;肺的弹性较差,肺通气量较小;骨骼硬度小,弹性大,可塑性强;肌肉力量差,容易疲劳和损伤,肌肉群发育不平衡,大肌肉群先发育,小肌肉群尚未发育完全。

在心理方面,该阶段学生独立自主能力尚处于发展中,坚持性不够,自制力差,不善于支配和控制自己的行为,容易违反纪律;记忆以机械记忆为主,思维以形象思维为主,正从形象思维向逻辑思维过渡;在与同伴交往中,通常会以同伴的评价为依据来形成自我评价。

12~15 岁的初中生,正处于青春发育期和生长发育的高峰期。他们的神经活动过程不稳定,兴奋过程占优势;心肺功能有所增强但机能水平远不及成人;骨骼中软骨组织较多,富有弹性,硬度小,不易骨折,但坚固性差;肌肉力量较弱,容易疲劳;肌肉发展速度不平衡,大肌群发育比小肌群快,上肢肌发育快于下肢肌。

在心理方面,由于该阶段学生神经系统活动不稳定导致兴奋过程占优势,且易扩散;在日常生活和体育锻炼中活泼好动,注意力集中时间不够持久;模仿性强,学会动作容易,但也会不由自主地出现多余动作;情感易于外露,好胜心强,有时会比较偏激。

(二)初等教育阶段体育的主要内容

小学和初中两个阶段学生的身心发展的不同特征,决定其体育活动的内容安排也有区别。小学一至二年级学生的体育活动内容以基本运动技能的学习为主,包括移动性技能、非移动性技能和操控性技能,主要发展学生的身体活动能力,为后续发展学生体能和学练专项运动技能奠定良好基础,同时增加一些健康教育方面的基础知识,帮助学生逐步养成健康与安全的行为习惯。小学中高年级学生则逐渐开始接触一些"简化""改造"的竞技运动项目,如小篮球、小足球、小排球等,以及一些技能性比较强、对运动素质要求比较高的内容,如田径、中华传统体育项目和体操中的技巧、单、双杠等。初中阶段的体育内容在小学中高年级的基础上,以各项专项运动技能的学习为主，学生能够运用所学的运动知识、运动技能和方法，参加与组织比赛活动。此外，学生继续学习健康教育基本知识和原理，形成健康的生活方式。

（三）初等教育阶段体育的基本要求

由于初等教育阶段时间跨度较长，该阶段体育活动的内容安排、组织形式及教学方法选择等，应体现出不同学段的针对性和区别性。例如，在小学低年级阶段主要以趣味性的游戏和比赛为主，对运动技能的传授一般也以动作示范为主；在小学高年级及初中阶段，要注意将教师示范讲解与学生自主学练、合作学练和探究学练有机结合，将集体学练、分组学练和个体学练相结合，引导学生积极思考、主动探索、自觉实践，培养学生分析问题和解决问题的能力及创新意识。

小学高年级及初中阶段的专项运动技能的学习要采用大单元教学，避免把一个完整的运动项目割裂开来，把教学碎片化，或在一个时间段内教授不同项目。大单元教学既能使学生熟练掌握所学项目的运动技能，又能加深学生对该项运动的完整体验和理解，帮助学生掌握结构化的知识与技能，形成高阶体育思维能力，让学生重新体验运动乐趣。

体育与健康跨学科融合是提高学生运动能力、学习健康知识和传承中华优秀传统体育的重要方式和途径。初等教育阶段体育教学要注意以身体练习为载体，融入其他学科的知识与技能，创造性地开发生动有趣、富有效果的，有助于实现体育与德育、智育、美育、劳育和国防教育相结合的多学科交叉融合的教学内容，以促进学生核心素养和综合能力的提升。

三、中等教育阶段的体育

中等教育是在初等教育基础上继续实施的教育，包括普通高中、职业高中和各种各样的中等专业学校。这个阶段学生的年龄一般为15~18岁，其身心发展已基本成熟。该阶段的体育教育需进一步激发学生运动兴趣，帮助学生树立健康意识、培养体育意识和锻炼身体的能力，使学生在运动能力、健康行为和体育品德的核心素养方面获得全面发展。

（一）中等教育阶段学生的身心发展特点

高中生处于青年的初期阶段，生理发展正处于青春发育末期，是人体发育成熟的阶段，也是身体发展的定型阶段。在这个阶段，人体整体生长发育在经过青春期的急骤发育后，进入相对稳定阶段，人体内的组织与器官的机能逐步达到成熟水平，身体各系统的生理功能，包括感知能力、心肺能力、体力和速度、免疫力等都达到最佳状态，神经系统特别是大脑皮质的结构和机能，已经逐步发展成熟；骨化过程已基本完成；肌肉力量明显增强；心血管系统和呼吸系统的发育也基本接近成熟。男女生在身体方面的差异越来越明显。

智力发育也接近成人，记忆力、理解力、思维能力得到实质性的提高，在个性和其他心理品质上也保持着相对稳定性。高中生的道德意识和自我意识中的独立意向得到高度发展，比初中生更能控制自己的情感，支配自己的行为，克服行动中的困难，使意志行为具有更大的自制性、坚持性。高中生的自我评价成熟，逐渐学会较为全面、客观、辩证地看待自己，大部分高中生能够进行适当的自我评价。

（二）中等教育阶段体育的主要内容

根据中等教育阶段学生的身心发展特征和体育核心素养的目标要求，中等教育阶段体育活动的内容主要有以下三类。第一类，健康教育知识，主要包括健康行为与生活方式、生长发育与青春期保健心理健康、疾病预防与突发公共卫生事件应对、安全应急与避险等。第二类，体能训练，包括身体成分、心肺耐力、肌肉力量、肌肉耐力、柔韧性、反应能力、位移速度、协调性、灵敏性、爆发力、平衡能力等。第三类，模块化的专项运动技能，包括球类、田径类、体操类、水上或冰雪类运动、武术，民族民间传统类运动和新兴体育运动等。需要注意的是，三大板块的内容构成有机联系的整体。其中专项运动技能的第一个模块要与初等教育阶段的教学内容相联系，每个模块之间要遵循循序渐进、逐步提高的原则，在内容上呈螺旋式上升。

（三）中等教育阶段体育的基本要求

中等教育阶段体育课宜采用可选择性的专项化体育教学或走班制教学组织形式，学校在提供一定数量的运动项目供学生选择的前提下，打破原有的教学行政班界限，以学生的运动兴趣爱好和运动基础等为依据，将选择同一项目的学生重新编班，由不同教师分别进行不同运动项目教学。这种教学组织形式能引导学生在真实情境中发现与解决体育学、练、赛等问题，掌握结构化的知识与技能，帮助学生掌握1~2项运动技能。

不同运动项目各有特点，体育教师应深入挖掘每个运动项目对培养学科核心素养的价值，树立目标引领教学内容和教学方法的思想，注重多样化的教学方式，创设目的明确、内容丰富的学习和活动情境，利用现代信息技术，采用线上线下相结合的教学手段，发挥不同运动项目的育人价值，促进学生学科核心素养的形成。

学生核心素养的养成，仅靠课堂教学远远不够，体育教师应高度重视课内教学与课外体育活动的有机结合，认真落实学生每天校内锻炼1小时、校外锻炼1小时的要求和"教会、勤练、常赛"的精神，积极组织引导学生参加课外体育锻炼，促进学生将课内所学的专项运动知识与技能运用到课外体育锻炼和活动竞赛中，丰富学生课余文化生活。

四、高等教育阶段的体育

高等教育是在完成中等教育的基础上进行的专业教育和职业教育,是我国整个教育体系的最后环节,包括专科、本科教育和硕士、博士研究生教育。这个阶段学生的年龄一般为18~30岁,其身心发展已与成人无差别。该阶段的体育是与终身体育联系最为密切的体育教育环节,体育教学主要为学生走向社会和未来职业发展做准备。

(一)高等教育阶段学生的身心发展特点

高等教育阶段的学生身心发展已处于成熟阶段,基本上成人化。在身体方面,生长发育进入生长稳定期,各项生长指标增长缓慢。内脏器官与机能趋于成熟,神经系统的生理发育也已经接近成人水平,运动系统仍处于生长发育之中。

在心理方面,高等教育阶段的学生心智日趋成熟,各种心理素质不断提高,注意力已基本上达到成年人水平,抽象思维能力得到高度发展;情感内容越来越丰富,并且不断社会化,情感与理智之间的关系开始趋于平衡;自我意识表现出高度的独立自主性;社会化水平也明显提高。

(二)高等教育阶段体育的主要内容

根据高等教育阶段学生身心成人化的特点,体育活动内容主要有三类。一是专项体育课,是为身体素质较好,并对某项运动有一定基础的大学生开设的,使他们在全面锻炼身体的基础上,进行某一专项的学习,以便更好地增强他们的体质,提高他们的运动水平。二是普通体育课,是为普通大学生发展各项身体素质、进行身体的全面锻炼而开设的,并结合所学专业的需要进行教学。三是保健体育课,是为有身体特殊需要的学生开展的身体功能性锻炼类课程,主要是通过适当的体育活动,改善他们的健康状况。

(三)高等教育阶段体育的基本要求

高等教育阶段体育要坚持以学生发展为中心,为学生提供多种可选择的体育运动项目,优化课内外一体化的学习环境,营造生动活泼,并能促进学生自觉自主学习的氛围,使学生掌握科学锻炼身体的方法,养成终身锻炼的良好习惯,有效地增强体质,增进健康。

在高等教育阶段,要把培养学生的体育文化素养作为体育教学的主要目标,因为体育文化素养对该阶段学生参加体育锻炼的价值取向和终身体育意识的养成具有决定性作用。因此,这一阶段的体育工作不仅要求学生主动学习体育知识,发展体育意识,培养积极的体育价值观,还要积极参与体育实践活动,在实践中发展运动能力,培养体育品德。

第二节　学校体育的功能

功能是指事物或方法所发挥的有利的作用或效能。学校体育的功能是指学校体育在一定环境和范围内对人和社会所发挥的有利的作用或效能。学校体育是现代体育形态的重要组成部分，同时也在现代教育中占据着重要的地位，它对学生发展强健体魄和养成良好的道德修养，实现人的全面发展具有特殊的教育使命与责任。学校体育功能是确定学校体育目标的重要依据之一，对学校体育功能的深入研究与探讨，将帮助我们厘清"学校体育能够干什么"和我们期望"学校体育能够干什么"等学校体育的核心理论问题。

根据学校体育功能作用对象的不同，可以将学校体育的功能分为个体功能和社会功能。个体功能是学校体育对个体的生存与发展的作用，也叫学校体育的本质功能或本体功能。社会功能是学校体育对于促进社会变革与发展所产生的作用，也称为学校体育的派生功能或非本质功能。

一、学校体育的本质功能

学校体育的本质功能是学校体育所固有的根本特性，是它能够独立存在的前提。学校体育是教育和体育两大系统有机结合的产物，它既具有教育的属性，又具有体育的属性。教育的本质功能是培养人，促进人的全面自由发展；体育的本质功能是促进人的身体健康，由此决定了学校体育的本质功能是促进人的全面发展、促进身体发展。需要指出的是，人的全面发展本身包含人的身体的健康发展，但是长期以来我国传统教育中往往忽视了学生身体健康的重要性。因此，为了体现学校体育在学生的身体发展方面所起的独特作用，通常将学校体育的健身功能单独进行阐释。

（一）学校体育的健身功能

学校体育是以身体练习为基本表现形式和手段的实践活动，通过科学组合的锻炼使身体各器官、系统承受一定的生理负荷，促进学生在身体形态结构、生理机能等方面发生一系列适应性反应和趋优变化，从而发展身体，增强体质，增进健康。学校体育的健身功能主要体现在以下几个方面。

1. 养成正确的身体姿态，促进机体生长发育

学生处于身体发育的旺盛阶段，各项机能还未完善，身体的可塑性强，尤其是骨骼还在生长和发育，不良的身体姿态会对学生的形体和健康产生极大的影响。研究表明，经常参加体育锻炼，可以帮助学生养成良好的坐姿、站姿、走姿，形成正

确的身体姿态。此外，体育锻炼还可以促进学生的骨骼发育，帮助学生长高，使学生的骨量增加，骨密度增大，骨骼的抗压、抗弯、抗断性能也能明显增强。澳大利亚科廷大学的研究人员曾对984名澳大利亚儿童从幼儿到少年时期的运动和成长状况进行追踪研究。研究发现，5～17岁期间持续参加体育锻炼的学生，进入20岁后的整体健康状况，特别是腿部骨骼中的矿物质含量明显优于那些不爱运动的人。

2. 提升身体各器官系统的机能水平

经常参加体育锻炼，可增强机体的新陈代谢水平，改善或提升人体神经系统、心血管系统、呼吸系统及消化系统的功能。体育锻炼可以改善和提高中枢神经系统的工作能力；对心血管的形态结构和功能会产生不同程度的良好影响，从而增强心血管系统的功能；提高呼吸系统的功能，使人体的缺氧耐受力和氧的吸收利用率提升；加强胃肠蠕动，使消化液分泌增多，进而提升消化器官的消化和吸收能力。

3. 有效提高身体素质

经常参加体育锻炼，可有效促进力量、速度、耐力、灵敏度、柔韧性等身体素质的发展，同时学生通过走、跑、跳、投、攀爬、悬垂、支撑等基本身体活动，可使身体得到全面锻炼。

4. 增强机体对外界环境变化的适应能力

体育锻炼能促进中枢神经系统的兴奋性，从而改善神经系统的均衡性和灵活性，提高大脑皮层的分合能力，以保证机体对外界不断变化的环境有更强的适应能力。

（二）学校体育的教育功能

学校体育的教育功能主要指学校体育具有促进学生德育、智育、美育和劳育发展的功能与作用。学校体育属于学校教育的重要组成部分，它与学校教育中的德育、智育、美育、劳育相互促进、相互影响，共同构成了人的全面发展的内涵，是促进人的全面发展的基础，是学生未来获得高品质生活的重要保障。学校体育的教育功能主要体现在以下几个方面。

1. 培养优良的道德品质

学校体育是培养学生优秀的道德品质和道德素养的有效途径，体育教学和课外体育活动无时无刻不渗透着德育内容，对学生的意志品质、协作精神、集体主义精神以及公平竞争意识等的培养起着积极作用。

体育锻炼可以培养学生坚强的意志品质。体育锻炼的生理、心理双重负荷决定了学生在练习过程中每前进一步都要接受意志的挑战，付出艰苦的努力。长期系统的体育锻炼能培养学生战胜自我、迎难而上、顽强拼搏、努力奋进的顽强意志。

体育锻炼可以培养学生的团队协作精神与集体荣誉感。大多数体育运动项目需要通过集体的配合才能顺利进行，学生在练习与比赛的过程中学会了团结协作、密切配合，深刻体会到组织纪律性和集体协作精神的重要性。

当今世界的快速发展，使得社会竞争日益激烈，新时代的青年必须具有强烈的竞争意识，才能在走向社会之后具有竞争能力。但是，竞争意识必须是建立在公平的前提下，学校体育的不同运动项目及各种形式的竞赛活动能促使学生全身心地投入体育竞赛之中，并从中培养公平竞争意识。公平竞争意识的养成不仅有利于学生的身体健康，而且有利于学生的心理健康，对学生个性心理品质的形成具有重要意义。

2. 促进智力发育

经常参加体育锻炼可以有效改善和提高神经系统的调节功能，提升大脑组织的工作效率，促进大脑发育，为智力发展奠定生物基础。

经常参与体育锻炼，可以转移大脑皮层的兴奋中心，使因脑力劳动而产生高度兴奋的神经细胞得到充分休息，并为大脑补充充足的氧气和营养物质，提高大脑供血、供氧系统机能水平，改善大脑内部环境，促进大脑发展。

研究发现，恰当的体育活动通过有意识的左手活动，可以刺激右脑神经系统，促进青少年右脑的发育，通过右脑的形象思维，帮助学生形成空间概念、几何图形感觉、身体协调，获得形象和整体的感知、直觉和想象，发展其创造能力。

传统意义上的智能，主要指语言智能和数理逻辑智能，即学术智能。但美国教育心理学家加德纳认为人的思维和认知方式是多元的，它由八种相对独立的智力成分构成。其中身体运动智能属于人类智能结构的重要组成部分。体育锻炼可改善和提高学生控制身体运动、用身体动作表达思想和情感、用双手灵巧地操作物体的能力，从而发展其身体运动智能。

3. 培养审美情操

体育在塑造健康的形体美和树立正确的审美情操方面具有特殊的作用。学校体育是健与美结合的艺术，其中蕴含的美育内容非常丰富，涉及领域也非常广泛，包括形态美、运动美、行为美、心灵美等。

首先，体育运动中的美育体现在培养人的健美身体，使人身材匀称、体格强健、动作敏捷，促进学生体格健康发育。其次，体育运动凝聚着优雅娴熟的动作美感。参与体育运动所表现出的技术熟练、动作协调、优美大方及青春朝气，能使学生领略美，感受美，受到美的熏陶。最后，体育运动中蕴含着行为美与心灵美。体育运动中表现出的坚持不懈、顽强拼搏的精神及团结协作、文明礼貌等优良作风，不仅让学生感受到友谊美与拼搏美，而且增强了学生在学习生活中勇于战胜困难的信心。

4. 促进劳动意识的培养

体育活动源自于生活实际，学校体育活动中包含大量与劳动教育相关的元素与内容，但当代学生对劳动教育认识不足，缺乏劳动意识和习惯。将劳动教育渗透到学校体育活动中，可使学生感受劳动的乐趣，理解劳动的意义，学会感恩，更加热爱生活。

5. 愉悦身心，调节情绪

科学研究发现，人的大脑在运动的过程中会分泌一种叫作"内啡肽"的快乐激素，这种激素的分泌数量与人的心情好坏密切相关。由此科学家指出，当达到一定运动量之后，大脑分泌的内啡肽能使人的身心处于轻松愉悦的状态，可以帮助学生改善因学习压力太大而引起的紧张、焦虑、不安的情绪，使其心理承受能力和适应能力增强。体育运动过程中不同运动情境的创设，不可避免地要求学生要与人交往，增进了解，学会沟通，从而有效改善人际关系，增强其社会适应能力。

二、学校体育的社会功能

学校体育作为教育系统和体育系统的结合体，属于社会意识形态的组成部分，具有上层建筑的部分属性，与社会政治、经济、文化等领域的发展息息相关，在人类社会的发展与进步中发挥着重要作用。随着时代的变迁和社会的发展，学校体育的社会功能的具体表现形式也在演变。

（一）学校体育的政治功能

学校体育作为"五育并举"育人体系的重要组成部分，与德育、智育、美育等密切配合，培养德智体美劳全面发展的社会主义建设者和接班人。新时代的学校体育工作，要全面贯彻党的教育方针，落实立德树人根本任务，引导学生养成自尊自信、积极进取、吃苦耐劳的优良品质，不断增强其责任意识、使命意识和进取意识，充分发挥学校体育培育和践行社会主义核心价值观的作用。

学校体育通过校内外、国内外体育活动的开展，对内有助于促进各学校、各族儿童青少年之间的团结，增强民族凝聚力；对外有助于增进不同国家儿童青少年之间的沟通与交流，从而树立良好的国家形象，提升国际影响力。

（二）学校体育的经济功能

学校体育最根本的经济功能体现在学校体育工作可以增强学生的体质，培养学生终身体育的意识与能力，发展学生核心素养，促进青少年身心协调发展，改善和提高未来劳动力的综合素质，为国家培养合格的劳动力，更好地服务于社会主义市场经济建设，促进国家各项事业的发展。

学校体育作为特殊的体育产业，具有一定的商业价值，其中某些具有较高竞技水平的体育社团或俱乐部可以参照竞技体育商业化运行模式，遵循市场规律与法则，实现其经济价值，为国民经济可持续发展注入新的活力。

学校也可以从事体育经营活动，如遵循体育产业的经营特点，依托自身优势，通过出租学校体育场馆，提高体育场馆的利用率或为社会有偿提供体育指导服务，为学校创造经济效益，弥补教育经费。

（三）学校体育的文化功能

学校体育的文化功能是学校体育最重要的社会功能，学校体育承担着传承和创造体育文化的重要任务。学校体育以体育教学和课外体育活动为主要途径，不断强化学生的体育文化知识、运动技术、运动技能，夯实其体育文化基础，提高体育文化素养，使优秀的体育文化得以延续、传承并创新。

学校体育的文化功能具体体现在三个方面。一是帮助学生树立正确的体育价值观。现代体育理论认为，体育是人类社会的一种社会现象和文化活动。体育观是对这种现象和活动的基本认识或总体看法，是指引学生进行各种体育活动的风向标，也是学校体育工作顺利开展的重要前提。学校体育工作的首要任务就是科学地引导和培养学生的体育意识，使学生树立正确的体育观，并在实践中积极践行正确的体育观，从中感受体育的价值。二是传承体育自身的文化知识。体育文化知识不仅指各种运动项目的知识、技术、技能，体育保健，安全运动等方面的体育基础知识，还包括体育人文社会学等方面的知识，如与体育相关的政治、哲学、宗教、法律等。体育文化知识能够引导学生积极参与体育锻炼，享受体育运动的快乐，培养学生终身体育的习惯，促进学生的身心健康发展。三是培养学生良好的体育精神。体育精神是一种追求卓越、突破自我、健康向上的精神文化。学校体育工作应该将培养学生的体育精神作为提高体育文化修养的重要内容之一，在体育活动中融入和渗透体育精神，使学生在体育活动中深刻体会体育精神丰富的文化内涵，并将体育精神迁移到他们学习、工作的方方面面。

三、学校体育的其他功能

学校体育的其他功能主要体现在它与社会体育、竞技体育的关系上。学校体育与社会体育、竞技体育共同组成了现代体育的基本形态。学校体育的参与对象是正在生长发育的儿童青少年，其目标是发展学生核心素养，使学生身心健康、全面发展。社会体育的参与对象是不分阶层、职业、年龄、性别的社会全体成员，其主要目标是增强体质、丰富闲暇生活、调节社会情感。竞技体育的参与对象是具有运动潜能和天赋的少数高水平运动员，其主要目标是提高运动技术水平，创造优异的运动成绩。三者的作用、对象及目标虽各有不同，但在参与对象上存在共同的群体，即儿童青少年，这也意味着，三者之间有着密切的联系，相互作用，相互影响。简单来说，学校体育是社会体育和竞技体育的基础，社会体育是学校体育的延伸和发展，竞技体育是学校体育和社会体育最高水平的体现。

（一）学校体育与社会体育的关系

学校体育和社会体育二者密不可分。一方面，学校体育为社会体育奠定基础，学生在学校里树立了正确的体育观，形成终身体育的意识、习惯和能力，同时也培养了坚持、协作和竞争的能力，能够适应未来充满竞争的社会环境，这样学校体育就能顺利过渡到社会体育。另一方面，社会体育是学校体育目标的延续，也有助于实现学校体育价值转化。二者相互渗透、协调发展，有助于全民健身目标的实现和发展。

1. 学校体育为社会体育提供了知识与技能的准备

社会体育的顺利开展要以一定的体育知识、技术、技能、运动习惯为基础。学校教育在人的一生中起着很大的作用，不仅让学生在学校里习得知识、技能，养成良好的行为习惯，获取个人一生中知识总量的绝大部分，而且为学生未来走向社会进行持续学习奠定了良好基础。学校中的体育教育活动——学校体育，尤其是体育课堂，是青少年学生学习体育知识、技能的重要途径，通过强化青少年的体育知识以及体育能力培养，实现了学校体育与社会体育的有效衔接。从这个意义上讲，学校体育实际上也是社会体育的一个重要组成部分，对社会体育的发展起着支撑作用。

2. 学校体育是开展社会体育的重要物质保障

社会体育的顺利开展必须要有完善的基础健身设施、便利的体育运动场所，以确保各项体育活动的开展。随着全民健身活动的蓬勃开展，健身已经成为人们日常生活的一部分内容，但是当前我国很多地区体育配套设施不健全，无法充分满足广大人民群众日益增长的体育健身需求。与此同时，学校则拥有良好的体育场地和相对完善的体育设施，学校体育场馆在确保学校体育各项工作顺利开展的基础上，在教学使用时间以外，可以考虑免费或低价有偿向社会开放，一方面可以提高学校体育场地资源的有效利用率，另一方面能够改善社会体育中体育场地设施不足的现状，满足社会、社区群众日益增长的体育健身需求，创造更大的社会效益和经济效益。

3. 学校体育为社会体育提供专业体育指导人员

社会体育的正常开展及推广，必须由专业体育指导人员进行指导，以有效保障强身健体目标实现，但是，高素质的体育专业人才的匮乏是目前我国社会体育开展面临的一个难题。而学校拥有大量体育教学经验丰富和体育活动组织能力突出的体育专业人才，充分挖掘这部分人才资源的潜力，让他们在社会体育发展中贡献力量，不但可以有效提高广大群众体育活动参与热情，也能有效指导社会体育工作，促进全民健身活动顺利开展。近些年来，我国许多高校新设置了社会体育指导与管理专业，培养了大批专业的社会体育指导员，为社会体育发展提供了专业人才，助力社会体育朝科学化、规范化方向发展。

作为相互渗透、相互融合的关系，社会体育的发展对学校体育发展也有重要影响。一方面，社会体育为学校体育提供延续性发展平台。走出学校的青少年要想持续进行体育锻炼，就需要社会体育的支持，这种支持可以是组织上的支持，也可能是场地、信息、服务上的支持。教育部印发的《关于进一步加强中小学生体质健康管理工作的通知》明确要求要着力保障学生每天校内、校外各1小时体育活动时间。其中校外的体育活动必须借助社会体育的支持才能实现。另一方面，社会体育为学校体育教学内容提供资源和素材。学校体育在教学内容选择上，应重视与社会体育的衔接，参考社会体育的活动项目，调整其教学内容，丰富教学素材，激发学生学习兴趣。体育与健康课程标准中要求的体育课教学内容中，中华传统体育项目与新兴体育项目基本都来自社会体育领域。这些项目极大地丰富了学校体育的教学资源，对学生体育素养的形成具有积极意义。

（二）学校体育与竞技体育的关系

学校体育与竞技体育同样相互依存、相互促进、相互作用，简而言之，学校体育的发展有利于竞技体育项目的普及，竞技体育带动学校体育变革的同时又反过来推动自身的持续发展。

1. 学校体育为竞技体育提供后备人才

竞技体育的开展需要源源不断的优秀后备人才的动力支持和有力供给，而传统的"体育系统一条龙"的单一竞技人才培养途径已无法适应新时代我国竞技体育的可持续发展需求。我国儿童青少年人口基数小，且绝大多数都在普通中小学接受教育，这些儿童青少年可以扩大竞技体育选材的覆盖面。学校体育通过布点体育传统特色学校、创建青少年体育俱乐部、构建完善的体育竞赛体系、组建校园项目联盟等形式，使有运动天赋的青少年充分展露其运动才能，为竞技体育充分选材，最大限度地补充竞技体育后备人才库，学校成为竞技体育运动最大的人才基础。

2. 学校体育拓宽竞技体育运动员出路

长久以来，受竞技体育"举国体制"的影响，运动员退役后的就业与出路成为社会广泛关注的问题。随着国际竞争越来越激烈和竞技体育社会化的发展，竞技体育人才不仅应具有较高的竞技运动能力，还必须接受过较高的文化教育。但是，长期封闭式的训练与管理导致运动员文化素质偏低，社会经验缺乏，参与社会竞争的实力较弱，运动员退出机制的不完善也挫伤了相当一部分运动人才从事竞技体育的积极性。学校体育一方面能够让学生未正式进入职业运动生涯之前，在普通学校受教育，得到全面发展，切实解决其文化教育，畅通了升学渠道，有效解决了专业运动队的"学训矛盾"，从而有效地拓宽了运动员未来的出路，也对竞技体育后备人才培养持续、健康发展具有巨大的推动作用。另一方面，中小学校可聘用优秀退役运动员为专（兼）职教练员，承担学校运动队训练管理、运动损伤防护康复、各级各类体育赛事组织、校园体育社团活动指导、青少年体育俱乐部建设等工作，通过"体教融合"，实现体育系统教练员资源的合理流动与资源共享，教体双赢。

竞技体育对学校体育同样具有积极的促进作用。首先，竞技体育是学校体育必不可少的教学内容。在学校体育中选择竞技体育的教学内容，能使教学更具竞争性，丰富学生的课外体育活动，提高学生的学习兴趣，激发其学习欲望。其次，竞技体育可以丰富学校体育的文化内涵。竞技体育活动的开展拓宽了学校体育的活动空间，给学校体育项目注入新鲜血液，使学校体育文化形式变得丰富多彩，对于加强学生的整体素质和体育文化涵养意义重大。最后，竞技体育能够帮助学校体育实现现实目标。学生学习竞技体育项目的基本知识、基本技术和技能，能够有效增强体质，促进健康，陶冶情操，锻炼意志，也可以扩大自己的社交范围，增强交际能力，为将来进入社会和建设祖国做好准备、打下基础。

扫码获取更多资料

 思考题

1. 分别阐述不同学段学校体育工作开展的内容及基本要求。
2. 请简述学校体育的功能。
3. 学校体育的本质功能是什么？具体表现有哪些？
4. 试从学校体育与竞技体育的关系角度，谈谈你对当前"体教融合"机制的理解。

第三章

学校体育的目标

本章主要阐述学校体育目标的含义、特征与作用;在分析确定我国学校体育目标的依据的基础上论述现阶段我国学校体育目标的结构体系、新时代我国学校体育目标,并提出实现学校体育目标的基本要求。

第一节 学校体育目标体系

学校体育目标体现了人们对学校体育教育的价值追求,是学校体育工作的出发点和归宿,也是评价学校体育工作效果的重要依据,它贯穿于学校体育教育活动的全过程。学校体育目标作为学校教育目标体系中的一个子目标,是为学校教育总目标服务的。为此,应首先理解教育目标及其相关概念的含义。

一、教育目标及其相关概念的含义

"目标"一词在汉语中有多种含义。《现代汉语词典》(第7版)对"目标"的释义有两层,其一是指射击、攻击或寻求的对象(即指某种动作、活动的对象);其二是指想要达到的境地或标准(即指活动结果所预先设想或拟定的要求、标准)。

教育是有组织、有目的地培养人的活动,显然,教育活动中的"目标"是指上述"目标"中的第二层含义。顾明远主编的《教育大辞典》(增订合编本)中对"教育目标"的概念界定,一是指培养受教育者的总目标;二是指各级各类学校、各专业的具体培养要求,是在教育总目标指导下,根据各级各类学校、各专业所担负的任务和学生年龄、文化知识水平而提出的。丁念金在所著的《课程论》一书中指出,教育目标是整个课程的基本指向,是学习者学习活动展开的指向和归宿,它体现了"为什么而学"的问题。教育目标包括多个层级,其中典型的层级有培养目标、课程目标和教学目标等。丁念金认为,教育目标就是对教育活动所要促成的身心变化要达到怎样的标准、要求所作的规定或设想,简言之,教育目标即通过教育活动所欲达成的预期的身心变化。

在学校教育理论与实践中,与教育目标有紧密联系的概念有"教育目的""培养目标""课程目标"。顾明远主编的《教育大辞典》(增订合编本)中将"教育目的"解释为"培养人的总目标",认为教育目的关系到把受教育者培养成为什么样的人的根本性问题。教育目的是教育实践的出发点,根据一定社会的生产力、生产关系的需要和人自身发展的需要来确定。"培养目标"是指教育目的或各级各类学校、各专业的具体培养要求。我国学者郑金洲在《教育通论》一书中认为,教育目的、培养目标和教育目标分处于三个不同层次。"教育目的"是社会对教育所要造就的社会个体质量规格的总的设想或规定;"培养目标"是各级各类学校对受教育者身心发展所提出的具体标准和要求。从当今的教育理念来看,即使属于同一级类学校,不同学校在培养目标上也是有差异的,不是完全统一的,只是在一些基本方面,国家规定了统一的要求。教育目的是各级各类学校确立培养目标的依据，培养目标是在教育目的基础上制定出来的，是教育目的的具体化。教育目的与培养目标的关系是一般与特殊的关系。教育目标是指教育过程中的一系列发展目标体系。相对教育目的，教育目标是分析的、列举的，而目的则是概括的、统举的。教育目标可按照学生身心发展顺序加以组合，是实现培养目标的直接依据和评价标准。

从以上关于"教育目的"、"教育目标"和"培养目标"三个主要概念的解释中可以看出，教育目的是培养受教育者的总目标，反映着一定社会对人才培养的总要求，是终极的教育目标。教育目标、培养目标是教育目的在各级各类学校教育中的具体化。教育目的具有高度概括性、方向性和指导性，是制定各级各类学校教育目标和培养目标的依据。教育目的、教育目标和培养目标都体现了人们对教育的价值追求，关系到把受教育者培养成为什么样的人的问题。一般来说，教育目标就是指某一级某一类学校的培养目标，要依据教育目的，结合各级各类学校的性质、专业特点来制定，它可分解为一系列发展目标。

教育是培养人的社会实践活动，是育人的活动，育人是教育的根本，这是教育的普遍规律，但不同时期、不同社会、不同国家对其有不同的要求。《中华人民共和国宪法》第四十六条规定："国家培养青年、少年、儿童在品德、智力、体质等方面全面发展。"中国特色社会主义进入新时代，面对"培养什么人""怎样培养人""为谁培养人"这一教育的根本问题，新修订的《中华人民共和国教育法》（2021年4月29日第十三届全国人民代表大会常务委员会第二十八次会议通过，自2021年4月30日起施行）第五条规定："教育必须为社会主义现代化建设服务、为人民服务，必须与生产劳动和社会实践相结合，培养德智体美劳全面发展的社会主义建设者和接班人。"党的二十大报告中提出："全面贯彻党的教育方针，落实立德树人根本任务，培养德智体美劳全面发展的社会主义建设者和接班人。"培养德智体美劳全面发展的社会主义建设者和接班人是新时代我国的教育目标，这是新时代落实立德树人根本任务的必然要求。德智体美劳全面发展，既是马克思主义人的全面发展学说的中国化实践，也是毛泽东等老一辈无产阶级革命家提出的"德智体""德智体美"全面发展的继承与发展，反映了中国特色社会主义新时代立德树人的新要求。德智体美劳全面发展的社会主义建设者和接班人，包含两个部分，一是社会主义建设者和接班人，这是"为谁培养人"的要求；二是全面发展的素质要求，德育、智育、体育、美育、劳育共同构成了全面发展教育，它们是不可分离的组成部分。德、智、体、美、劳五个方面，每个方面都有着独立的内涵，对人的发展有着独特的价值，构成了人的全面发展体系。

二、学校体育目标的含义及作用

学校体育是我国教育事业的重要组成部分，是学校教育的重要内容之一；学校体育又是我国体育事业的重要组成部分，是国民体育的基础。体育教育是全体青少年和儿童都必须参加的教育活动，接受体育教育是学生的权利和义务。

（一）学校体育目标的含义

学校体育目标是指在一定时期内，学校体育系统运行所要达到的预期结果。学校体育目标反映学校体育指导思想，它是学校体育工作的出发点和归宿，也是评价学校体育工作效果的重要依据。对学校体育实践而言，学校体育目标确定之后，学校体育系统运行过程中的发展方向、课程与教学内容、方法和手段的选择与运用、效果评价等也就有了基本的规定，影响着人才培养的质量和规格。因此，学校体育目标对学校体育实践的全过程有着重要的意义。

（二）学校体育目标的作用

学校体育目标指明了学校体育工作的方向，是评价学校体育工作依据的标准，是学校体育工作的出发点和归宿，它贯穿于学校体育教育活动的全过程。制定的学校体育目标应具有可测性，可以采用相应的手段来检查测量和评价目标的达成度，评估学校体育是否达到预期结果。

1. 导向作用

学校体育目标一经确定就成为学校体育教育工作者行动的方向，它不仅为学生指明了发展方向，预定了发展结果，也为学校体育教育工作者指明了工作的方向和努力目标。因此，学校体育目标对学生、教育者都具有导向作用。

2. 激励作用

目标或目的反映人的需要和动机，是人们在一起共同活动的基础。共同的目标在被人们认可和接受后，它不仅能指导整个实践活动过程，而且能够激励人们为实现或达成共同的目标而自觉努力。

3. 评价作用

学校体育目标是衡量和评价学校体育教育工作实施效果的基本依据和标准。评价一所学校的体育教育工作的指导思想、发展水平和育人效果，评估学校体育教育工作的质量、学生体育学业质量及体质健康状况、体育教师的教学质量和工作效果等，都必须以学校体育目标为基本标准和依据。

三、学校体育目标的结构体系

学校体育是学校教育大系统中的一个子系统，也是体育大系统中的一个子系统，可作为一个相对独立的系统。学校体育系统运行在时间上具有阶段性、在路径上具有多样化、在效果上具有多维性等特征，因此，学校体育目标在结构上具有多层次的体系化特征。根据中小学和高等学校的教育目标任务，我们可将学校体育目标分解为若干个子目标，再分解为具体目标，使教育目标具有可操作性。这样体育教师在意识和观念中形成一个体育教育目标体系，明确认识到自己所承担的体育教育教学工作与实现教育目标的关系，进而使之变成直接指导自己进行体育教育教学活动的行为目标。

学校体育目标的结构可以从三个维度进行分析。从学段维度来看，学校体育目标可分为学前教育阶段的体育目标、初等教育阶段的体育目标、中等教育阶段的体育目标和高等教育阶段的体育目标。从实践路径维度来看，学校体育目标可分为体育课堂教学目标、课外体育锻炼目标、课外运动训练目标和课外运动竞赛目标。从效果维度来看，学校体育目标可分为学生的运动能力目标、健康行为目标和体育品德目标。需要说明的是，通常情况下使用"学校体育目标"一词时，如没有说明特别范围或情境，其含义主要是指效果维度的学校体育目标。学校体育目标的三个维度目标之间、各维度内部子目标与总目标之间相互联系，围绕学校体育总目标，根据学校体育各项工作的特点与任务，进而分解为系列性的具体目标，这些目标共同构成学校体育多层次的目标体系（图3-1）。

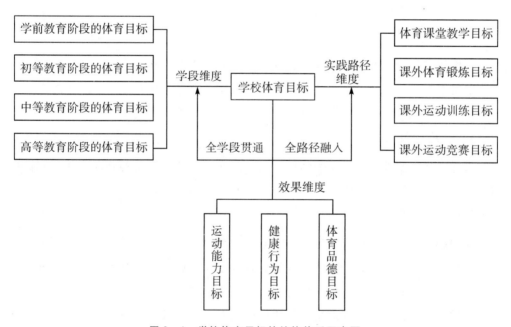

图3-1 学校体育目标的结构体系示意图

（注：本图参考引自唐炎，刘昕：《学校体育学》，高等教育出版社，2020年）

要正确认识和理解学校体育目标的结构体系，应把握以下三个方面。

第一，学校体育效果维度的目标必须通过不同学段学校体育的实践和多样化的实践路径来实现。如果不把学校体育效果维度的目标分解到各个学段、落实到各种路径，学校体育目标就只是一个空洞的概念，对学校体育实践难以发挥导向作用。

第二，学校体育效果维度的目标在不同学段的实现程度或达成度有着明显的区别。例如，以运动能力效果目标来说，受制于学生的身体发育水平及机能水平，不同学段学生在同一种运动能力方面的表现及要求存在明显的差异。《义务教育体育与健康课程标准》（2022年版）的总目标中对义务教育阶段学生运动能力的要求是：掌握与运用体能和运动技能，提高运动能力，通过课程学习，掌握各种体能的学练方法，积极参与各种体能练习，改善体形，保持良好的身体姿态；在学练多种运动项目技战术和参与展示或比赛的基础上掌握1~2项运动技能；认识体能和运动技能发展的重要性，掌握所学运动项目的基本知识和基本原理，了解并运用所学运动项目的规则；经常观看体育比赛，并能简要分析体育比赛中的现象与问题；形成积极的体育态度，提高分析问题和解决问题的能力。同时依据体育与健康课程核心素养达成度，《义务教育体育与健康课程标准》（2022年版）对"水平目标"按照不同年级分四个水平对运动能力目标进行了细化，提出了不同的实现程度要求。根据《普通高中体育与健康课程标准》（2017年版2020年修订）的要求，高中阶段学生运动能力发展的重点是发展体能、运用技能和提高运动认知。高中学生通过课程的学习，总目标是：学会体育与健康学习和锻炼，增强创新精神和体育实践能力。分目标是：学生能够运用所学的运动知识、技能和方法，参加与组织体育展示和比赛活动，显著提高体能与运动技能水平，掌握和运用选学运动项目的裁判知识和规则，增强发现问题、分析问题和解决问题的能力；能够独立或合作制定和实施体能锻炼计划，并对练习效果做出合理的评价；了解和分析国内外的重大体育赛事和重大体育事件，具有运动欣赏能力。

分析比较两个学段对学生运动能力目标的实现程度描述，可以看出不同学段有着明显的区别。因此，正确认识学校体育效果维度的目标的学段区别，是做好学校体育教育教学活动的科学前提。

第三，不同路径对学校体育效果维度的各目标的侧重点是不同的。学校体育目标的实现要通过体育课堂教学、课外体育锻炼、课外运动训练和课外运动竞赛等多种路径，而不同路径的功能及作用是不同的，所要达到的主要预期结果或效果也是不同的。例如，《义务教育体育与健康课程标准（2022年版）》对核心素养之一"健康行为"的描述：健康行为是指学生增进身心健康和积极适应外部环境的综合表现，包括体育锻炼意识与习惯、健康知识与技能的掌握与运用、情绪调控和环境适应四个维度。在课程的总目标中明确提出通过课程的学习，学生能理解体育锻炼对健康的重要性，积极参加校内外体育锻炼，逐步形成体育锻炼的意识与习惯；理解和体验体育活动对心理健康的积极影响，学会调控自己的情绪，积极应对挫折和失败，保持良好的心态；主动同他人交流与合作，知道在不同环境下体育锻炼的方法和注意事项，逐步适应自然环境和社会环境。这一要求明显体现出，在对养成体育锻炼意识与习惯、学会调控情绪和适应外部环境等健康行为目标方面，校内外体育锻炼要比体育课堂教学发挥更大的作用。

第二节　我国学校体育目标

新时代我国学校体育的健康发展离不开合适的学校体育目标引导，而确定符合新时代的学校体育目标不是主观空想出来的，而是在深入认识现代社会学校体育自身特性的前提下，在充分结合实践需要及实现目标所需要的现实条件的基础上制定出来的。新时代我国学校体育目标要体现出时代性、科学性和实践性。

一、确定我国学校体育目标的依据

学校体育目标从其提出的主体看具有主观性，但从其确定的最终依据看，学校体育目标是有社会历史和现实根源的，具有客观性。从总体来看，学校体育目标是受一定社会历史条件制约的，确定我国学校体育目标要考虑学校体育内部的特性，要反映社会发展的需要，适应学生个体身心发展的需要和特征，同时还要考虑学校体育的环境与现实条件。

（一）社会发展的需要

社会发展的需要是指社会政治、经济、文化发展对学校体育所提出的要求，它主要通过国家对教育的要求、对体育的要求，以及教育事业、体育事业发展对学校体育的要求来体现，集中反映在人才培养和育人的规格要求上。社会发展对人才不断提出新的要求，学校体育目标也必须不断主动适应这种新要求。中国特色社会主义进入新时代，为全面加强和改进新时代学校体育工作，2020年10月15日，中共中央办公厅、国务院办公厅印发的《关于全面加强和改进新时代学校体育工作的意见》中明确提出了"以习近平新时代中国特色社会主义思想为指导，全面贯彻党的教育方针，坚持社会主义办学方向，以立德树人为根本，以社会主义核心价值观为引领，以服务学生全面发展、增强综合素质为目标，坚持健康第一的教育理念，推动青少年文化学习和体育锻炼协调发展，帮助学生在体育锻炼中享受乐趣、增强体质、健全人格、锤炼意志，培养德智体美劳全面发展的社会主义建设者和接班人"的指导思想，"立足时代需求，更新教育理念，深化教学改革，使学校体育同教育事业的改革发展要求相适应，同广大学生对优质丰富体育资源的期盼相契合，同构建德智体美劳全面培养的教育体系相匹配"的工作原则，"到2035年，多样化、现代化、高质量的学校体育体系基本形成"的主要目标。党的二十大报告强调："教育、科技、人才是全面建设社会主义现代化国家的基础性、战略性支撑。""办好人民满意的教育。""全面贯彻党的教育方针，落实立德树人根本任务，培养德智体美劳全面发展的社会主义建设者和接班人。坚持以人民为中心发展教育，加快建设高质量教育体系，发展素质教育，促进教育公平。""广泛开展全民健身活动，加强青少年体育工作，促进群众体育和竞技体育全面发展，加快建设体育强国。"

党和国家这些重要政策文件的要求反映了新时代我国教育、体育事业发展的需要。学校体育目标也必须适应我国进入新时代社会发展对学校体育工作所提出的新使命新要求。

（二）学生身心发展需要

学校体育目标的直接指向是正在成长及发展中的学生，学生是学校体育的主体，促进学生健康成长，提高人才培养质量，始终是学校教育的根本。因而在确定学校体育目标时，必须要考虑青少年学生身心发展的需要。具体而言，确定学校体育目标时，要考虑以下几个方面：第一，不同年龄阶段学生身体各器官组织系统的生理机能的发展状况、水平、特点与规律；第二，不同年龄阶段学生的认知水平、个性特征、兴趣、意志等方面发展的程度、特点与规律；第三，要考虑学生身心发展的潜能。只有充分认识学生身心发展的特点与规律，并以此为依据确定的学校体育目标，才具有科学性和可行性，能够指导学校体育教育实践。

（三）学校体育的功能

学校体育的功能是学校体育的结构特性与价值的体现。确定学校体育目标必须要依据学校体育本身具有什么功能，要考虑到学校体育目标是否能够通过学校体育自身的结构特性与作用价值来实现。如果学校体育本身不具有相应的结构特性和作用价值，就无法发挥自身功能，更无法实现学校体育目标。

（四）学校体育的基本环境与条件

确定学校体育目标还必须考虑现阶段学校体育所处的基本环境与现实条件等基本国情。国情主要是指一个国家的社会生产力发展水平、区域经济及自然环境特征等方面的实际情况。一个国家或地区的社会生产力发展水平体现了该国家或地区的发展程度，它会对人们的进一步发展提供可能和要求。不同社会、不同时代，生产力的发展水平不同，对人才规格、类型、标准等的需求不同，教育目的、教育目标的具体内容便有所不同。此外，一个国家各地区的区域经济发展水平、社会环境及自然环境有差别，不同地区学校的体育环境及现实条件也存在一定的差异。因此，确定学校体育目标要考虑不同地区的经济发展水平差异、社会及自然环境特点等实际情况。

二、我国学校体育的主要目标

2018年9月10日，习近平总书记在全国教育大会上指出："要树立健康第一的教育理念，开齐开足体育课，帮助学生在体育锻炼中享受乐趣、增强体质、健全人格、锤炼意志。"这是新时代我国学校体育目标新的定位，为全面加强和改进新时代学校体育工作指明了方向、提供了根本遵循。基于学校体育目标确定的依据，结合建设教育强国、体育强国和健康中国的战略发展需要及现实情况，新时代我国学校体育的目标可归纳为以下五个方面。

（一）培养学生体育锻炼意识，奠定学生终身体育基础

培养学生对体育运动的兴趣、爱好，养成体育锻炼的意识和习惯，是形成终身体育的重要因素，也是实施终身体育的重点。学校体育通过培养学生对体育的兴趣，提高其参加体育活动的积极性，使学生养成体育锻炼的习惯、提高运动能力。学生对体育运动如果形成了浓厚的兴趣，热爱体育运动，就会积极主动参加体育运动，通过参加体育运动掌握了运动技能，具有了基本的运动能力，进而养成体育锻炼的意识和习惯，就具备了终身体育的良好基础。教育部于2016年印发的文件中对新时期学校体育工作已明确提出了以"天天锻炼、健康成长、终身受益"为目标的要求。所以，学校体育的重点之一应放在如何培养学生对体育运动的兴趣和体育锻炼习惯方面，为终身体育奠定良好的基础。

（二）全面锻炼学生身体，提高学生体质健康水平

各年龄阶段的学生正处于身体生长发育的时期，学校应有目的、有计划地通过多样化的途径和手段，组织指导学生参加各种体育活动，全面锻炼学生的身体，促进学生身体正常生长发育，使学生在身体形态、生理机能、身体素质和身体基本活动能力等方面得到全面发展，增强学生对自然环境的适应能力和对疾病的抵抗能力，不断提高学生的体质健康水平。这不仅对青少年学生个体的健康成长具有重要的作用，而且对改善和提高全民族的体质健康具有重大而深远的战略意义。

（三）传授学生体育文化，提高学生体育文化素养

体育是人类社会文化的一个组成部分和表现形态之一，学校体育作为学校教育的重要组成部分，是系统向学生传授体育文化的教育过程。学生掌握体育与健康基础知识、基本技能和方法不仅可以正确认识体育运动与健康的关系、体育的功能价值，而且可以科学参加体育活动，达到强身健体的目的。学生形成科学的体育价值观、掌握体育健身的原理及方法、具有一定的体育文化素养，有助于他们终身进行

体育活动，提高生活质量。

（四）培养学生健全人格，促进学生个性全面发展

培养学生健全人格，促进学生个性全面发展，是学校教育（包括学校体育教育）的重要目标之一。学校要结合体育的特点，切实发挥体育在培育和践行社会主义核心价值观、推进素质教育中的综合作用，在各种形式的体育活动中对学生进行品德教育；要通过体育运动，培养学生坚强的意志品质、合作精神和交往能力，提高学生的社会责任感和规则意识、团队精神，培养学生热爱集体、勇敢顽强、拼搏精神、创新精神等品德和作风，促进学生个性全面发展，为将来适应社会生活奠定良好基础。

（五）发展学生的运动才能，提高学生的运动技术水平

学校是培养各种体育运动人才的摇篮，学校要善于发现有体育运动天赋和运动才能的学生，在课余时间指导其进行科学的运动训练，进一步提高他们的运动技术水平。有条件的学校，还要为国家培养高水平竞技体育运动后备人才。

三、实现我国学校体育目标的途径与要求

（一）实现我国学校体育目标的途径

我国学校体育目标是通过体育课堂教学和课外体育活动这两条基本途径或实践路径来实现的。课外体育活动包括大课间体育活动、课外体育锻炼、课外体育训练、课外运动竞赛，以及家庭体育活动、社区体育活动等。这两条途径共同担负着全面实现学校体育目标的使命。同时体育课堂教学和课外体育活动有各自的特点、内容和组织形式，二者在实现学校体育目标的过程中所发挥的作用各有侧重点，各自的主要目标指向不同，因此，要注意各种途径的特点，使其相互协调配合，共同实现学校体育的多元目标。

（二）实现我国学校体育目标的要求

组织开展学校体育的各项工作要以有关学校体育法规政策为依据，并按照规定要求结合学校的具体实际执行，保证学校体育目标顺利实现。在实现学校体育目标的全过程中，应注意把握好以下基本要求。

1. 全面贯彻党的教育方针

广大青少年身心健康、体魄强健、意志坚强、充满活力，是一个民族生命力旺盛的体现，是社会文明进步的标志，是国家综合实力的重要方面。学校体育是实现立德树人根本任务、提升学生综合素质的基础性工程，是加快推进教育现代化、建设教育强国和体育强国的重要工作，对于弘扬社会主义核心价值观，培养学生爱国

主义、集体主义、社会主义精神和奋发向上、顽强拼搏的意志品质，实现以体育智、以体育心具有独特功能。学校体育是提高学生健康素质的有效途径，对青少年思想品德、智力发育、审美素养的形成具有不可替代的作用。强化学校体育是实施素质教育、促进学生全面发展的重要途径，对于促进教育现代化、建设健康中国和人力资源强国，实现中华民族伟大复兴的中国梦具有重要意义。因此，各级政府及有关管理部门、学校管理者要深入认识理解学校体育的地位和功能，全面贯彻党的教育方针，把学校体育工作摆在更加突出的位置，树立健康第一的教育理念，把提高学生体质健康水平作为办好人民满意教育的重要任务纳入重要工作议事日程，切实抓紧抓好。

2. 科学指导开展学校体育工作

体育课堂教学和课外体育活动是学校体育工作的两面，二者相互联系、相辅相成，要以系统的观点为指导，形成政府主导、部门协作、社会参与的学校体育推进机制，推动学校体育各项工作的顺利开展，具体而言，要坚持以下几点。

（1）坚持体育课堂教学与课外体育活动相衔接。保证体育课程时间，提升课堂教学效果，强化课外练习和科学锻炼指导，调动家庭、社区和社会组织的积极性，确保学生每天的锻炼时间。

（2）坚持培养体育运动兴趣与提高运动技能相促进。遵循教育和体育规律，以兴趣为引导，注重因材施教和快乐参与，重视运动技能培养，逐步提高运动水平，为学生养成终身体育锻炼习惯奠定基础。

（3）坚持群体活动与运动竞赛相协调。面向全体学生，广泛开展普及性体育活动，有序开展课余训练和运动竞赛，积极培养体育后备人才，大力营造校园体育文化，全面提高学生体育素养。

（4）坚持全面推进与分类指导相结合。强化政府责任，统一基本标准，因地因校制宜，积极稳妥推进，鼓励依据民族特色和地方传统，大胆探索创新，不断提高学校体育工作水平。

3. 提升学校体育保障水平

（1）加强体育教师队伍建设。教师是教育发展的第一资源。体育教师是学校体育工作的具体实施者，体育教师的数量和质量是实现学校体育目标的关键之一。要加强师德建设，增强广大体育教师的职业荣誉感，坚定长期致力于体育教育事业的理想与信心。各地要利用现有政策和渠道，按标准配齐体育教师和体育教研人员。办好高等学校体育教育专业，培养合格体育教师。实施体育教师全员培训，科学合理确定体育教师工作量，把组织开展课外活动、学生体质健康测试、课余训练、比赛等纳入教学工作量。要保障体育教师在职称（职务）评聘、福利待遇、评优表彰、晋级晋升等方面与其他学科教师同等待遇。

（2）加强学校体育场地设施建设。各级政府和各学校要按照学校建设标准、设计规范，充分利用多种资金渠道，加大对学校体育设施建设的支持力度。把学校体育设施列为义务教育学校标准化建设的重要内容，以保基本、兜底线为原则，建设好学校体育场地设施、配好体育器材，为体育教师配备必要的教学装备。进一步完善制度，积极推动公共体育场馆设施为学校体育提供服务，向学生免费或优惠开放，推动有条件的学校体育场馆设施在课后和节假日对本校师生和公众有序开放，充分利用青少年活动中心、少年宫、户外营地等资源开展体育活动。

（3）完善学校体育经费投入机制。各级政府要完善学校体育经费投入机制，切实保障学校体育工作的经费投入。各级教育部门要根据需求将学校体育工作经费纳入年度预算，学校要保障体育工作的经费需求。鼓励和引导社会资金支持发展学校体育，多渠道增加学校体育资金投入，保障学校体育各项工作及活动能够有效开展。

（4）健全运动风险管理机制。健全政府、学校、家庭共同参与的学校体育运动伤害风险防范和处理机制，保障学校体育工作健康有序开展。对学生进行安全教育，培养学生的安全意识和自我保护能力，提高学生的伤害应急处置和救护能力。加强校长、教师及有关管理人员培训，提高学校体育从业人员运动风险管理意识和能力。完善校方责任险，探索建立涵盖体育意外伤害的学生综合保险机制。

4. 不断提高学校体育管理的科学化水平

提高学校体育管理的科学化水平，对提高学校体育各项工作的效率和质量，实现学校体育目标具有重要作用。为此，要重视抓好以下几个方面的工作。

（1）加强学校体育教育科学研究工作。学校体育教育科学研究是学校体育教育事业的重要组成部分，对学校体育改革发展具有重要的支撑、驱动和引领作用。进入新时代，加快推进教育现代化，建设教育强国、体育强国和健康中国，建立教育行政部门、学校领导、教师与学生齐抓共管"以体育人"的新格局，形成高质量的学校体育体系，迫切需要学校体育教育科研更好地探索新发展阶段学校体育发展的规律和适应新时代要求的教书育人的有效方式和途径，服务实践需求，坚持问题导向，突出科研的实践性，不断提升学校体育科研质量和服务水平，破解学校体育教育改革发展中的难题，引领学校体育教育改革发展与工作创新，实现学校体育目标。

（2）推进学校体育评价改革工作，促进学校体育健康发展。建立日常参与、体质监测和专项运动技能测试相结合的考查机制，完善学校体育评价机制，主要包括三个方面：第一，考试评价办法，构建课内外相结合、各学段相衔接的学校体育考核评价体系，完善和规范体育运动项目考核和学业水平考试，发挥体育考试的导向作用；第二，学生体质健康测试和评价制度，建立健全学生体质健康档案，严格执行《国家学生体质健康标准》，将其实施情况作为构建学校体育评价机制的重要基础，确保测试数据的真实性、完整性和有效性；第三，学校体育工作评估制度、学校体育工作督导评估制度等。

（3）强化学校体育工作的督导评估。强化对政府、教育行政部门和学校执行落实国家有关学校体育工作督导与评估的政策与措施，加强学校体育督导检查，建立科学的专项督查、抽查、公告制度和行政问责机制。

5. 营造学校体育发展的良好环境

学校体育环境对实现学校体育目标具有重要影响。学校体育环境不仅包括开展学校体育活动所需要的物质、制度等因素，还包括学校教育工作者和学生的观念、人际关系、心理及精神面貌，学校体育的传统与风气等因素。营造学校体育发展的良好环境，不仅要改善学校体育的物质环境、制度环境，还要努力构建学校体育发展的非物质环境。因此，各地各有关部门要认真宣传学校体育工作的政策要求、典型经验和有效做法，采取多种方式加强校园体育文化建设，加大对群众性学生体育活动的宣传报道，广泛传播健康理念，引导广大青少年、各级各类学校和全社会树立科学的健康观、教育观和人才观，形成珍视健康、热爱体育、崇尚运动、积极向上的良好氛围，有效促进学生的身心健康，提高学生的体质健康水平。与此同时，因为家庭和社区是学校体育工作的重要支持系统，家庭的体育态度和体育资源对学生的体育锻炼意识养成具有很强的影响，而社区是学生重要的生活空间，需要给学生提供充足的活动空间，以便学生进一步展示和提高在学校学到的体育知识和运动能力，因此，应充分调动家庭和社区的积极性，为青少年学生参与体育活动营造良好的环境，促进学生身心健康全面发展。

扫码获取更多资料

 **思考题**

1. 简述学校体育目标的含义与作用。
2. 确定学校体育目标的基本依据有哪些？
3. 如何理解学校体育目标的结构体系？
4. 分析现阶段我国学校体育目标包括哪些方面？
5. 试述实现新时代我国学校体育目标的基本要求。

第四章

体育与健康课程

　　本章介绍体育与健康课程的性质、基本理念；以核心素养为引领，从课程目标、课程内容、实施建议三个角度，对《义务教育体育与健康课程标准（2022年版）》和《普通高中体育与健康课程标准（2017年版2020年修订）》的核心内容进行简要分析；介绍常见的体育课程资源的类型，并对体育课程内容资源的开发与利用进行阐述。

课程是按照一定教育目的，在教育者有计划、有组织的指导下，受教育者与教育情境相互作用获得有益于身心发展的全部教育内容，是实现教育目的的重要途径，也是组织教育教学活动最主要的依据。体育课程是学校教育课程体系的重要组成部分，它与德育课程、智育课程、美育课程、劳育课程相互协同配合，发展学生核心素养。

第一节　体育与健康课程标准

体育与健康课程标准是国家教育行政部门制定的、全国统一实施的体育与健康课程教学的指导性、纲领性文件，它包含课程性质、课程理念、课程目标、课程内容、课程实施、课程评价、课程管理等内容。体育与健康课程标准集中体现和反映了当前最先进的教育思想和教育观念，是组织体育教学活动的最主要的依据。正确理解体育与健康课程标准是提高体育课堂教学质量的关键。

一、体育与健康课程的性质

体育与健康课程是学校体育工作的中心环节，对促进学生德智体美劳全面发展具有非常重要的意义。体育与健康课程以身体练习为主要手段，以体育与健康知识、技能和方法为主要学习内容，以发展学生核心素养和增进学生身心健康为主要目的，具有基础性、实践性、健身性和综合性等特点。

（一）基础性

课程的基础性是指学生通过课程学习掌握基础知识、基本方法，养成积极的人生态度与价值观念，为自身未来发展和终身教育打好基础。体育与健康课程的基础性体现在学生通过课程学习掌握必要的体育与健康知识、技能和方法，养成体育锻炼习惯和健康的生活习惯，提升体育素养，为终身体育锻炼的意识、习惯、能力的养成和健康生活奠定良好的基础。

（二）实践性

实践性是体育与健康课程最显著的特征之一。不同于其他学科课程以记忆、理解基本知识为主要手段和内容，以文字语言为纽带的特点，体育与健康课程以身体练习为主要手段，以技术学习、技能练习为主要内容，以身体语言为主要交流方式，学生通过亲自体验、反复练习以及不断反思，养成积极的锻炼态度和健康行为习惯，提高体育与健康的实践能力。

（三）健身性

体育与健康课程以身体练习为主要手段的特点决定了在体育课程上学生须承受适宜的运动负荷。学生在身体练习的过程中，根据人体生理机能活动能力变化规律和人体机能适应性规律，循序渐进，承受合理的运动负荷，使机体产生一系列的生理生化变化，身体机能逐步上升，从而增强体质、增进健康。

（四）综合性

体育与健康课程的综合性体现在课程目标、课程内容、过程与方法等多个方面。目标方面：体育与健康课程充分发挥体育的育人功能，促使学生强健体魄、健全人格，促进心理健康，培养团队合作和公平竞争意识，提高社会适应能力。内容方面：体育与健康课程以运动知识、运动技能和方法的学习为主，同时强调本课程知识与知识间、技能与技能间、体能与体能间、学练与比赛活动展示间，以及体育与健康教育的融合。义务教育阶段的体育与健康课程还重视学科之间的融合与发展。过程与方法方面：体育与健康课程在整个教学过程中注重教学方式的结合及信息化教育手段和方法的应用，引导学生积极思考，主动探索，培养学生分析问题、解决问题的能力。

二、体育与健康课程的基本理念

课程改革是教育改革的核心，课程理念是课程改革的灵魂和支撑。随着第八次课程改革的不断深化，人们对体育课程的认识也越来越清晰，对课程理念的理解也越来越深刻。《普通高中体育与健康课程标准（2017年版 2020年修订）》与《义务教育体育与健康课程标准（2022年版）》强调了新时代学校体育要落实立德树人根本任务，重新把握和建构了全面落实习近平总书记关于培养有理想、有本领、有担当时代新人的培养要求，增强了体育与健康课程标准的思想性。新版的体育与健康课程标准坚持全面发展、育人为本，面向全体学生、因材施教，聚焦核心素养、面向未来，加强课程综合、注重关联，变革育人方式、突出实践的基本原则，体现了课程改革的全面性、基础性、实践性、综合性等特点。

（一）落实立德树人，坚持健康第一

体育与健康课程以习近平新时代中国特色社会主义思想为指导，全面贯彻党的教育方针，落实立德树人根本任务，以健康第一为指导思想，高度重视培养学生的学科核心素养，重视育体与育心、体育与健康教育相融合，充分体现健身育人本质特征。体育与健康课程教学，可使学生掌握运动技能，发展体能，增强健康与安全

意识，养成良好的生活方式，培养学生积极进取、不怕困难、挑战自我、顽强拼搏、追求卓越、公平竞争等体育品德，促进学生身心健康、体魄强健，获得全面发展。

（二）落实"教会、勤练、常赛"，激发学生运动兴趣

学校体育教学是基础，竞赛是关键，体制机制是保障，育人是根本。在体育与健康课程的教学中要摒弃说教课、"放羊课"、安全课、单一技术课、测试课等低水平、无效果的体育课，设计目的明确、内容丰富、运动情境复杂的体育课，引导学生在真实情境中发现与解决体育学、练、赛等问题，掌握结构化的知识与技能，形成高阶体育思维能力。坚持课内课外相结合的方式，组织学生参与形式多样的体育竞赛活动，以赛代练，以赛代教，更好地落实"教会、勤练、常赛"，激发学生的运动兴趣，让学生体验运动的魅力，领悟体育的意义，逐步养成校内锻炼1小时、校外锻炼1小时的习惯。

（三）改革课程内容，注重课程内容整体设计

体育与健康课程要根据运动技能形成规律和学生身心发展规律，整体设计课程内容，包括知识和技能、态度、行为和价值观等，保证学生学习和掌握结构化的基本运动技能、体能、专项运动技能和健康技能等，为学生未来的体育学习和锻炼以及健康生活打好基础。同时体育与健康课程要引导学生将体育与健康知识、技能和方法运用到体育学习、体育锻炼、运动竞赛和日常生活中，提升学生的理解能力和实践能力。

（四）注重教学方式改革，倡导多样化的教学方式

体育与健康课程要充分发挥教师在教学过程中的主导作用，同时要重视学生在学习过程中的主体地位，强调从"以知识与技能为本"向"以学生发展为本"转变，注重培养学生自主学习、合作学习和探究性学习的能力。根据体育与健康课程实践性和实用性的特点，创设丰富多样的活动情境，倡导多样化的教学方式，重视与现代信息技术的深度融合，将教师的动作示范、重点讲解与学生的自主学习、合作学习、探究学习有机结合，将集体学练、小组学练与个人学练有机结合，鼓励学生主动参与、积极探索和合作交流，在实践中体验和学习体育知识和技能，满足个性化需求，激发学习兴趣和动力，从而促进学生全面发展。

（五）重视综合性评价，构建多元学习评价体系

体育与健康课程要重视促进学生更好地达成课程目标和形成学科核心素养，注重评价的激励、反馈和发展功能，构建主体多元、内容全面、方法多样的评价体系。评价内容围绕核心素养，对学生的知识和技术、体能和技能、健康意识和行为养成、

学习态度和进步情况、体育精神和体育品德等综合能力及表现进行整体评价。评价方法要重视过程性评价与终结性评价结合、定性评价与定量评价结合、相对性评价与绝对性评价结合。除体育教师外，学生、其他学科教师、家长也可参与学业质量评价。

（六）以学生发展为中心，关注学生个体差异

体育与健康课程在对所有学生进行激励与指导的基础上，要充分了解学生的特点，针对不同身体条件、运动基础、兴趣爱好和需求的学生制定相应的教学计划，提出不同的学习目标，合理选择和设计教学内容，有效运用教学方法和评价手段，注重与学生的学习和生活经验相联系，引导学生体验运动乐趣，提高学生体育与健康学习动机水平。创设师生和谐互动、形式灵活多样、气氛热烈活泼的课堂教学氛围，充分调动学生学习积极性，促使学生由被动运动向主动运动转变，乐于参与课外体育活动和体育竞赛活动，养成良好的体育锻炼习惯，从而使体育成为学生生活中不可或缺的重要组成部分。

三、体育与健康课程标准解读

国家课程标准属于纲领性和指导性的文件，具有权威性。2013年，教育部启动了普通高中体育与健康课程标准修订工作，本次修订深入总结21世纪以来我国普通高中课程改革的宝贵经验，充分借鉴国际课程改革的优秀成果，提出了以核心素养为引领的教育理念，构建了体育与健康学科核心素养目标，围绕核心素养构建具有中国特色的普通高中课程体系。该版课程标准于2017年12月底颁布后，为了回应全国教育大会的新思想和新要求，于2020年对部分内容进行了修订与完善。2022年，《义务教育体育与健康课程标准（2022年版）》颁布施行，本版课程标准仍然以核心素养为修订基石，体现了体育与健康课程的整体健康观和育人功能，突出学生的学习主体地位，重视建立完整的课程目标体系和发展性的评价体系，体现学习目标的连续性和进阶性，注重教学内容的可选择性和教学方法的多样性，使课程有利于激发学生运动兴趣，形成运动专长，养成良好的健康行为习惯和体育品德，促进学生在身体、心理和社会适应能力等方面健康、和谐地发展，从而为提高国民的整体健康水平发挥重要作用。

（一）课程目标

课程目标是指课程本身要实现的具体目标和意图，是实现教育目的与人才培养目标的具体化，它是课程标准中最为关键的内容，也是确定课程内容、实施课程内容、构建课程评价指标体系的基础和重要依据。

1. 核心素养的内涵

核心素养是指学生应具备的适应终身发展和社会发展需要的必备品格和关键能力，突出强调个人修养、社会关爱、家国情怀，更加注重自主发展、合作参与、创新实践。体育与健康课程要培养的核心素养，主要是指学生通过体育与健康课程学习而逐步形成的正确价值观、必备品格和关键能力，包括运动能力、健康行为和体育品德，这是体育学科育人价值的集中体现。

1) 运动能力

运动能力是指学生在参与体育运动过程中所表现出来的综合能力。运动能力包括体能状况、运动认知与技战术运用、体育展示或比赛三个维度，主要体现在基本运动技能、体能、专项运动技能的掌握和运用上。

2) 健康行为

健康行为是指学生增进身心健康和积极适应外部环境的综合表现。健康行为包括体育锻炼意识与习惯、健康知识与技能的掌握和运用、情绪调控、环境适应四个维度，主要体现在养成良好的锻炼、饮食、用眼、作息和卫生习惯，树立安全意识，控制体重，远离不良嗜好，预防运动损伤和疾病，消除运动疲劳，保持良好心态，适应自然和社会环境等。

3) 体育品德

体育品德是指学生在体育运动中应当遵循的行为规范和体育伦理，以及形成的价值追求和精神风貌。体育品德包括体育精神、体育道德和体育品格三个维度。体育精神主要体现在积极进取、勇敢顽强、不怕困难、坚持到底、团队精神等；体育道德主要体现在遵守规则、尊重裁判、尊重对手、诚信自律、公平竞争等；体育品格主要体现在自尊自信、文明礼貌、责任意识、正确的胜负观等。

2. 总目标与分目标

体育与健康课程标准将课程目标分为总目标和分目标两个层次。总目标以核心素养为纲，围绕运动能力、健康行为、体育品德三个方面，确定了体育与健康课程促进学生积极参与体育锻炼、热爱运动、会运动，通过体育锻炼提高体质水平，树立健康观念，形成健康文明的生活方式，遵守体育道德规范，塑造良好的体育品德，发扬体育精神的课程总目标。分目标在总目标的基础上，对每一个领域的学习目标进行具体化表述，并依据核心素养达成度，分水平对课程目标进行细化。表4-1、表4-2以义务教育阶段水平四、水平五体育与健康课程目标为例，对体育与健康课程的具体目标进行阐释。

表 4-1 体育与健康课程目标示例（水平四）

维度	课程总目标	课程分目标
运动能力	掌握与运用体能和运动技能，提高运动能力	1. 形成对所学运动项目的兴趣和爱好。 2. 体能获得全面协调发展；理解运动项目的相关原理、历史和文化。能运用知识与技能分析和解决体育展示或比赛中遇到的问题，掌握1～2项运动技能。 3. 经常观看国内外重大体育比赛，并能做出分析与评价
健康行为	学会运用健康与安全的知识和技能，形成健康的生活方式	1. 有规律地参与校内外体育锻炼。 2. 运用健康与安全知识和技能进行健康管理的能力增强。 3. 情绪调控能力增强，心态良好，充满青春活力。 4. 善于沟通与合作，适应多种环境
体育品德	积极参与体育活动，养成良好的体育品德	1. 积极应对体育活动中遇到的困难，表现出吃苦耐劳、敢于拼搏、勇于争先的精神。 2. 做到诚信自律、公平公正，规则意识强。 3. 具有责任意识和集体荣誉感，能正确看待比赛的胜负

表 4-2 体育与健康课程目标示例（水平五）

维度	课程总目标	课程分目标
运动能力	发展体能、运动技能，提高运动认知	1. 能够运用所学的运动知识、技能和方法，参加与组织体育展示和比赛，显著提高体能与运动技能水平，掌握和运用选学运动项目的裁判知识和规则，增强发现问题、分析问题和解决问题的能力。 2. 能够独立或合作制定和实施体能锻炼计划，并对练习效果做出合理的评价。 3. 了解和分析国内外的重大体育赛事和重大体育事件，具有运动欣赏能力

续表

维度	课程总目标	课程分目标
健康行为	锻炼习惯、情绪调控和适应能力	1. 能够积极主动地参与校内外的体育锻炼，掌握科学锻炼方法，养成良好锻炼习惯，形成基本健康技能，学会自我健康管理。 2. 情绪稳定、包容豁达、乐观开朗，善于交往与合作，适应环境的能力强。 3. 关注健康，珍爱生命，热爱生活，养成健康文明生活方式，改善身心健康状况，提高生存和生活的能力
体育品德	积极进取、遵守规则和社会责任感	1. 能够自尊自强，主动克服各种困难，具有勇敢顽强、积极进取、挑战自我、追求卓越的精神。 2. 正确对待比赛的胜负，胜不骄、败不馁。 3. 胜任不同的运动角色，具有团队合作意识，有责任担当。 4. 遵守规则、文明礼貌、尊重他人，具有公平竞争的意识

认真研读体育与健康课程标准中的课程目标，我们可以发现：

第一，核心素养指引课程目标，课程目标是核心素养的具体化，二者相互联系。课程目标是期望学生通过体育与健康课程学习达到的结果，这个结果意味着对学生核心素养形成水平的期望。广大体育教师要树立"目标引领内容和方法"的思想，通过选择和组合有效的教学内容和教学方法，促进学习目标的整体实现，帮助学生形成核心素养。

第二，运动能力、健康行为、体育品德三个维度是有机联系的整体，它们联系密切、相互影响，在体育与健康教育教学过程中共同发展，解决复杂情境中的实际问题，综合体现核心素养培育水平。在体育与健康教学过程中不能将它们割裂开来。

第三，不同学习水平的课程目标呈递进关系。运动能力、健康行为、体育品德三个维度的课程目标贯穿于体育与健康课程学习的全过程。随着学习水平的提升，每个具体目标的要求和达成度也在提高，体现了课程目标的阶段性、层次性、持续性和递进性。

（二）课程内容

课程内容是根据特定的教育价值观和相应的课程目标而选择的，是实现课程目标的载体。体育与健康课程内容是指为了实现核心素养目标而要求学生系统学习的体育知识、健康教育知识、运动技能、体育行为经验的总和。第八次课程改革建立了"目标引领内容"的课程框架体系，与以往教学大纲要求不同，体育与健康课程标准中不再直接呈现具体的课程内容，而是围绕核心素养确定课程内容结构，并根据课程目标的不同水平，提出相应内容要求。体育教师根据学校实际情况和学生特点，在具体目标和内容要求的指导下，自主选择符合实际的教学内容。这种课程内容结构拓宽了教师和学生的选择性，体现了"以学生发展为中心"的教育理念，为体育教师提供了更多选择、更大的创造空间，有利于教师个性化的发展，但也对体育教师的课程资源开发能力、教学能力及自身专业技能水平提出了更高层次的要求，从而促进体育教师专业化发展。

《义务教育体育与健康课程标准（2022年版）》根据课程目标将课程内容分为基本运动技能、体能、健康教育、专项运动技能和跨学科主体学习五类结构化的课程内容，有助于培养学生的核心素养。与《义务教育体育与健康课程标准（2011年版）》相比，本次课程内容的变化体现在：①将基本身体活动更改为基本运动技能，并将基本运动技能分为移动性技能、非移动性技能和操控性技能；②根据最新运动人体科学研究成果，将体能内容由6种增加至11种，增加了肌肉耐力、反应能力、协调性、爆发力、平衡能力；③健康教育内容更加细化，明确规定了五个方面的健康教育内容，加强了健康教育的多元供给，更突出帮助学生逐步养成健康与安全的行为习惯和生活态度；④专项运动技能方面，明确了六类运动技能，更突出了项目的特性，让学生全面学习实战比赛、球场意识、角色分工、规则裁判、观赏评价等，注重对项目的深度学习；⑤增加跨学科主题学习的内容，通过设置体育与德育、智育、美育、劳育和国防教育等学科交叉融合的教学内容，达到各学科知识融会贯通、协调育人、整体育人的目的。

跨学科主题学习的课程内容是落实新课标精神的重点。新修订的义务教育课程标准，以跨学科主题学习促进学生核心素养和综合能力的提升，明确提出了"学科实践育人、综合育人"，以及规定10%的课时用作"跨学科主题学习"等促进育人方式变革的鲜明改革举措。体育与健康课程跨学科融合是学生提高运动能力、学习健康知识和传承中华优秀传统体育的重要方式和途径，强调在分析情境、提出问题、解决问题、交流结果过程中表现出来的综合性品质的培养。

《普通高中体育与健康课程标准（2017年版2020年修订）》将课程内容分为必修必学和必修选学两个部分。必修必学的内容包括体能和健康教育两个部分，共2个学分，是对全体学生学习体育与健康课程的共同要求。必修选学内容为运动技能系列内容，是为了满足学生形成运动爱好和专长及个性发展的需要，包括球类运动、田径类运动、体操类运动、水上或冰雪类运动、武术与民族民间传统体育类运动、新兴体育类运动等 6 大系列，每个系列由若干个运动项目组成，每个运动项目包含相对完整的 10 个学习模块。体育教师根据运动项目特点及学校、学生实际情况自主安排学习内容。各模块之间相互衔接，呈递进关系，以便学生对所选模块进行较为系统的学练。学生在高中阶段可以选择一个运动项目持续学习，也可以在不同的学年选择不同的项目进行学习，但高中阶段最多不能超过 3 个项目，运动技能系列学习共 10 个学分。

（三）课程实施

课程实施是将编制好的课程计划付诸实践的过程，是实现预期的课程理想，达到预期的课程目的，实现预期教育结果的手段。体育课程实施是一个复杂的、系统性的过程，是体育教师依照体育与健康课程标准所确定的课程性质、目标、内容、框架等要求，参照所选教科书的内容体系，结合体育教师自身的专业素质和教学风格，从学生学习水平、兴趣习惯及学校实际教学条件出发，有目的、有计划、有组织地开展体育活动，实现体育课程目标的过程。

1.《义务教育体育与健康课程标准（2022 年版）》课程实施建议

1）教学

《义务教育体育与健康课程标准（2022 年版）》从教学计划编制、教学目标制定、教学内容选择等方面对教学提出了具体的建议。

（1）教学计划编制。新课程标准中的体育教学设计，摒弃传统教学设计只注重知识点和单一的技术点的做法，更加关注和重视将学习新知识与已有知识经验联系起来，在已有知识结构的基础上建构新知识，并能够将已有的知识迁移到新的情境中，促进学生高级认知和高阶思维，指向发展核心素养，指向培养全面发展的人。

新修订的体育与健康课程标准在课程实施教学建议中，强调用大单元教学设计架起连接学科知识与核心素养的桥梁。大单元是指以大主题或大任务为中心，对某个运动项目或项目组合进行 18 课时及以上相对系统和完整的教学，并通过课内外的有机结合，促进学生通过较长时间的连续学练，掌握所学的运动技能。2022 年版课程标准对大单元教学课时有着明确的要求，并对运动项目数量教学提出建议：三至六年级，主要根据学生的兴趣爱好从 6 类专项运动技能中各选择至少 1 个运动项目进行教学，原则上每学期指导学生学练 2 个不同的运动项目；七至八年级，根据学生的兴趣爱好从 6 类专项运动技能中的 4 类内容中各选择 1 个运动项目进行教学，其中必须包括中华传统体育类运动项目，原则上一个学期指导学生学练 1 个运动项目；九年级学生根据兴趣爱好自主选择 1 个运动项目进行为期 1 年的学习，保证学生在初中毕业时掌握 1~2 项运动技能。

（2）教学目标制定。体育教师应基于核心素养制定明确的教学目标，既要关注学生体能发展与运动技能学练的外在表现和效果,也要关注学生在体育与健康课程学习过程中表现出的态度和价值观,要将核心素养有机渗透到基本运动技能、体能、健康教育、专项运动技能、跨学科主题学习的学习目标中,并使用体现不同层次的表现性行为动词,使学习目标具体化,具有表现性、可观察性和可操作性。

(3)教学内容选择。体育教师应根据学习目标,从有利于促进学生核心素养形成和发展的角度,认真分析选择和设计教学内容,避免从项目中剥离出来的碎片化知识、割裂化技能的教学,注重采用结构化知识与技能学习,让学生更加完整、全面地学习实战比赛、球场意识、角色分工、规则裁判、观赏评价等,加强学生对所学运动项目的完整体验和理解,提高学生在真实活动或比赛场景中运用知识与技能分析问题、解决问题的能力。

(4)教学方式改进。课程实施不仅仅是教师教的过程,更是学生学的过程。基础教育课程改革的一个重要目标是:"改变课程实施过于强调接受学习、死记硬背、机械训练的现状,倡导学生主动参与、乐于探究、勤于动手,培养学生收集和处理信息的能力、获取新知识的能力、分析和解决问题的能力,以及交流与合作的能力。"因此,新课标提倡和发展多样化的学习方式,尤其提倡自主、探究、合作的学习方式,使学生的主体意识、能动性和创造性不断得到发展,培养学生的创新精神和实践能力。体育教学要摒弃说教课、"放羊课"、安全课、单一技术课、测试课等,采用多样化的教学方式方法,创设多种复杂的运动情境,引导学生在对抗练习、体育展示或比赛等真实、复杂的运动情境中获得丰富的运动体验和认知,提高技战术水平和体能水平,培养学生良好的体育精神、体育道德和体育品格。

《义务教育体育与健康课程标准(2022年版)》,突出了运动负荷由群体运动密度、个体运动密度和运动强度来衡量。群体运动密度是指一节体育实践课所有学生总体运动时间占课堂总时间的比例,每节课群体运动密度应不低于75%;个体运动密度是指一节体育实践课单个学生的运动时间占课堂总时间的比例,个体运动密度应不低于50%;运动强度是指动作用力的大小和身体的紧张程度,常用心率表示,每节课应达到中高运动强度,班级所有学生平均心率原则上在每分钟140~160次。强调应尽量减少教师讲解、示范、队形调动等时间,让所有学生充分动起来,改变"不出汗"的体育课,增进学生体质健康,促进学生掌握运动技能。每节课应有10分钟左右体现多样性、补偿性、趣味性和整合性的体能练习。同时,要引导学生做好充分的准备活动,循序渐进,逐步提高运动负荷,在保证运动安全的基础上增强学习效果。

(5)促进课内课外有机结合,引导学生养成良好的体育锻炼习惯。学生核心素养的养成,仅靠课堂教学是远远不够的,要加强课内教学与课外体育活动的有机结合,以及学校、家庭和社区体育的多元联动,才能实现培养学生核心素养的目的。

体育教师要落实学生每天校内锻炼1小时、校外锻炼1小时的要求,落实"教会、勤练、常赛"的精神,在提高课内教学质量的基础上,积极组织、指导学生参与校内外多种形式的课外体育活动和竞赛活动,督促学生经常锻炼,逐渐养成体育锻炼的习惯。

2)评价

体育与健康课程的评价是以核心素养及其表现水平为主要维度,结合体育与健康课程内容,对学生完成某一水平学习后的学业成就综合表现进行客观评价(见图4-1)。需要强调的是,综合表现不仅仅是知识和技术点学习之后的成就表现,而是知识和技术、体能和专项运动技能、战术和比赛、健康意识和行为养成、学习态度和进步情况、敢于挑战和体育精神等综合能力及表现。

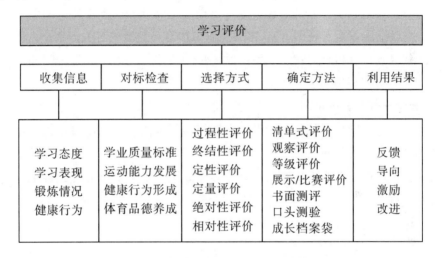

图4-1 体育与健康课程学习评价体系

3)教材编写

《义务教育体育与健康课程标准(2022年版)》指出:体育与健康教材要根据课程内容分类编写,就健康教育、体育文化和体育精神内容编写学生使用的教科书,就基本运动技能、体能和专项运动技能内容编写教师用书。应根据内容需要,开发相应数字演示资源,嵌入教材中。教材编写要坚持正确的政治方向,以"健康第一"教育理念为指导,充分发挥体育与健康教材的育人功能;遵循学生身心发展规律,教材内容的选择、设计及呈现方式要符合学生的年龄和认知特点;要基于核心素养构建内容体系,呈现结构化的知识技能,体现体育与健康课程实践性的特点。

4)课程资源的开发与利用

《义务教育体育与健康课程标准(2022年版)》指出:体育与健康课程充分考虑我国不同地区在经济社会发展和文化传统等方面的差异,根据运动项目的可替代性和健康教育的必要性,鼓励各地各校结合师资队伍、场地器材、学生运动基础等实际情况，充分开发和利用体育与健康课程资源，提高课程教学质量，形成学校体育与健康课程特色，增强课程实施的成效。课程资源的开发与利用主要包括以下几个方面。一是人力资源，这是体育与健康课程最重要的资源，对课程教学效果具有决定性的作用，人力资源包括体育教师、学生、班主任、其他学科教师、校医、团干部、少先队辅导员、社会体育人才、社区医生和学生家长等。二是器材设施资源，既要充分开发与利用校内外场地和设施资源，也要发挥体育器材多种功能，使一物多用，一物巧用，并优化管理，加强对场地和器材的维护与保养，提高器材使用效率。三是课程内容资源，包括创编新的体育运动项目、改造现有运动项目、精选体现地域特色和学生喜闻乐见的运动项目、挖掘与学生日常生活密切相关的健康教育内容等。四是自然地理资源，应充分利用校内与学校附件的地形地貌，根据当地气候和季节特点开展教学。五是信息资源，指导学生充分利用图书馆、阅览室、各种媒体（如广播、电视、互联网等），多渠道获取体育与健康的有关信息。六是时间资源，通过提高场地和器材的使用效率，保证足够的体育与健康教育时间和空间，并指导学生充分合理利用课余时间，积极参与体育锻炼。

5）教学研究与教师培训

教学研究与教师培训是落实课程标准精神和要求的有效手段与途径，是提高课程教学设计与实施质量的重要保障。教育行政部门、教研部门、学校应承担起落实和推进课程改革的重要职责，有效开展体育与健康课程教学研究与教师培训，确保课程有效实施。

2.《普通高中体育与健康课程标准（2017年版2020年修订）》课程实施建议

1）教学

《普通高中体育与健康课程标准（2017年版2020年修订）》从教学组织形式、教学计划制定、教学实施等方面对教学提出了具体的建议。

（1）教学组织形式。学校应根据实际条件和情况，选择和创造出适合本校的走班制或可选择性的专项化体育教学组织形式开展教学活动（见表4-3）。

表4-3 教学组织形式

形式	含义
年级内选项教学	打破年级原有的教学行政班界限，以学生的运动兴趣、爱好和运动基础为依据，将选择同一项目的学生重新编班，由不同教师教授不同运动项目，这是高中阶段的主要教学形式
班内选项教学	在班内根据学生情况适当安排几个运动项目，并由同一教师实施教学的组织形式，适用于学校规模小、同年级班级数少、大班额等情况

续表

形式	含义
年级内与班内选项相结合教学	年级内和班内选项教学有机结合,将几个班级组合起来进行选项,由这几个班级的任课教师分别对学生所选的不同项目进行教学
跨年级的选项教学	打破高中的年级界限,以学生选择的运动项目为依据,重新编班进行教学,适用于班数较少的学校

（2）教学计划制定。学校和教师应当依据课程标准、地方课程实施方案和学校课程实施计划的要求,从学段、模块和课时三个层面制定教学计划。制定教学计划时,要从有利于发展学生的核心素养角度出发,突出高中体育与健康课程的实践性特点;要体现基于学科核心素养的目标整体性,将运动能力、健康行为、体育品德三个方面有机融入教学设计,并细化为不同教学阶段的具体学习目标;要充分考虑学生的实际情况,教学内容的性质、价值和难易程度以及不同教学方法的特点等,并留有一定的调整余地。

（3）教学实施。在课堂教学实施方面,课程标准强调教师应根据课程标准的精神,以培养学科核心素养为基本追求,有效实施体育与健康课程教学。具体建议包括：强化目标意识,将学科核心素养完整地渗透到学习目标中；树立新的知识观,从注重单个知识点和技术教学向注重学科核心素养培养转变；改变教学方式,促进学生积极主动地学习；线上线下学习深度融合,提高学生的信息素养；重视区别对待,关注每个学生的进步和发展；保证一定的运动负荷,提高学生课堂学习效果；根据运动技能的特点,采用有针对性的教学策略；课内外有机结合,培养学生参与课外体育活动的习惯；关注地区和学校差异,努力形成学校教学特色；重视健康教育课的教学,运用灵活多样的教学形式；处理好体育与健康课程与国家相关政策要求和活动的关系,共同促进学生健康、全面发展。

2）学习评价

课程标准指出,体育与健康学习评价的主要目的是对学生的体育与健康行为进行观察、诊断、反馈、引导和激励,并衡量课程目标的达成程度。评价程序分为以下几个步骤。

（1）设置学习评价目标。学习评价目标主要强调：第一,了解学生体育与健康学习和发展过程,包括学生学科核心素养的形成情况；第二,对学生在体育与健康学习中存在的困难和不足进行分析、判断,进而帮助改进教学方式；第三,挖掘学生体育与健康学习的潜能,为学生提供展示自己能力、水平和个性的机会,促进自身学习；第四,培养与提高学生自我认知、自我教育和自我发展的能力,促进其学科核心素养的养成。

（2）选择学习评价内容和方法。在体育与健康学习评价过程中,评价内容和方法应围绕学科核心素养，依据学业质量标准开展学习评价。评价内容的选择要关注学生通过不同模块学习之后的收获与变化。评价方法选择要注意多种评价方法的有机结合，注重过程性评价与终结性评价、定量评价与定性评价、相对性评价与绝对性评价的结合。

（3）收集学习评价信息。根据课程标准的要求，学习评价应该紧扣学科核心素养，通过不同方式，收集学生在运动技能、运动认知、体能、锻炼习惯、心理状态、适应能力、体育品格、体育精神和体育道德等方面的表现信息。既要了解学生通过体育与健康学习已达到的程度，也要关注学生学习后的进步幅度；既要关注学生对运动知识和技能的掌握程度，也要关注学生对所学知识与技能的灵活运用能力；既要考评学生对健康知识的认知水平，也要关注学生健康行为和锻炼习惯的养成，以及对他人健康行为产生的影响等。

（4）学习评价结果的反馈与解释。教师应充分发挥学习评价的反馈、导向、激励和改进等功能，在体育与健康教学的不同阶段，采用不同形式对学生进行反馈。如采用口头、即时通信工具、成绩单等形式进行及时的评价反馈，注重激发和强化学生的体育与健康学习兴趣，引导学生把体育与健康学习和日常生活有机结合，鼓励学生运用所学的体育与健康知识和技能来促进自身的健康发展。

3）教材编写

课程标准对教材编写提出了六个方面的要求：①贯彻和落实党的教育方针和立德树人根本任务，体现健康第一的指导思想，突出体育与健康学科的育人价值；②要以培养学生学以致用能力为重点，既有利于学生掌握和理解体育与健康知识和方法，又能促进学生学会运用科学的体育与健康知识和方法指导实践；③要体现以学生发展为中心的课程理念，突出学生学习的主体性；④应改变单一孤立呈现知识的编写体系，突出知识与运动情境、生活情境的联系，注重概念与概念、原理与原理、理论与实践之间的关联；⑤要重视和弘扬中华优秀传统文化中的武术及民族民间传统体育等内容，增强学生对祖国优秀传统文化的自信和民族团结的意识；⑥应特别注重与现代信息技术的融合，充分利用多种信息手段。此外，课程标准还对教材内容的选择及教材的呈现方式提出了相应建议。

4）地方、学校实施课程标准

课程标准是国家层面的纲领性文件，文件精神的落实要依靠地方教育行政管理机构和学校创设课程实施的环境与条件，强化对课程实施的组织、管理与督导，保证体育与健康课程顺利实施。地方实施课程标准时应做到：第一，建立地方实施课程标准的组织机构，负责本地区课程实施的指导、评价和督导工作；第二，结合地方实际情况，制定符合本地实际、科学合理、特色鲜明、可操作、可检查的政策与措施，落实政策与措施；第三，结合本地区实际，制定适合本地区的地方体育与健康课程实施方案，并以此作为地方组织管理和实施课程标准的依据；第四，为实施课程标准提供必需的条件保障，确保课程标准中的要求得到贯彻。

学校是组织实施体育与健康课程的基层单位，在体育与健康课程实施过程中具有极其重要的作用，应做到以下几点：第一，加强对体育与健康课程实施的指导，学校应成立课程教学指导机构，负责学校体育与健康课程的全过程实施与指导；第二，认真学习本课程标准和地方体育与健康课程实施方案，制定本校的体育与健康课程实施计划；第三，提供体育与健康课程实施的人力、时间和物质条件保障。

第二节 体育与健康课程资源的开发与利用

课程资源是指研发课程所利用的各种条件和材料，它包括教材以及学生家庭、学校和社会生活中一切有助于学生发展的资源。课程资源是课程建设的基础，是课程实施的重要媒介。体育与健康课程资源是指开展体育教学活动时，能够挖掘利用的各种资源，具有潜在性、多样性、动态性、多质性等特点。对课程资源的开发与利用，是体育与健康课程改革的重要内容之一，也是实现课程目标的必要条件。体育教师作为教学活动的组织者，必须强化课程资源意识，从身边各种各样的资源中挖掘出体育与健康课程资源的要素，用最有效的资源去辅助教学，为学生核心素养的全面实现提供必要的支持。

一、体育与健康课程资源的分类

体育与健康课程资源多样性的特点决定其分类具有复杂性，根据功能、空间分布、性质、表现形式、管理要素等标准可以将体育与健康课程资源分为不同类型（见表4-4）。

表4-4 体育与健康课程资源的分类

分类标准	类型
课程资源的功能	1. 素材性资源：体育知识、经验、技能、运动项目等； 2. 条件性资源：体育师资、场馆、器材、图书资料等
课程资源的空间分布	1. 校内资源：体育师资、校内体育场馆和设施等； 2. 校外资源：家长、著名的运动员、社区体育俱乐部、山川、湖泊等
课程资源的性质	1. 自然资源：学校附近的山峦、森林、河流、湖泊等； 2. 社会资源：学校的体育场馆、图书馆等

续表

分类标准	类型
课程资源的表现形式	1. 显性资源：教科书、计算机、体育场地器材等； 2. 隐性资源：经验、生活方式、学校体育传统与风气等
课程资源的管理要素	1. 人力资源：体育教师、学生、家长、社区体育指导员等； 2. 物力资源：校内外体育场馆、器材等； 3. 财力资源：学校体育经费、社会的各种捐赠和赞助费等； 4. 信息资源：体育知识、网络信息、体育图书、期刊等

（一）根据课程资源的功能分类

根据课程资源的功能，可以将体育与健康课程资源划分为素材性资源和条件性资源两大类。素材性资源是指组成体育与健康课程材料的基本来源，如体育知识、经验、技能、运动项目等。条件性资源是指体育与健康课程实施的基本条件，它不是体育与健康课程的直接来源，但它在很大程度上决定课程实施的范围和水平，如体育师资、场馆、器材、图书资料、学校周围的环境等。

（二）根据课程资源的空间分布分类

根据课程资源的空间分布，可将体育与健康课程资源划分为校内资源和校外资源。校内资源主要包括体育师资、校内体育场馆和设施等人力、物力资源。校外资源是指学校以外的课程资源，包括整个社会中各种可用于体育教学活动的设施和条件及丰富的自然资源，如家长、著名的运动员、社区体育俱乐部、山川、湖泊等。

（三）根据课程资源的性质分类

根据课程资源的性质，可将体育与健康课程资源划分为自然资源和社会资源。自然资源是指学校附近的自然地理环境，包括山峦、森林、河流、湖泊等。学校可利用得天独厚的周边自然环境资源来弥补校内场地器材等条件性资源的不足，增强体育与健康课程对地方的适应性，突出学校体育特色。社会资源是指保障体育与健康课程实施必备的场地设施，如学校的体育场馆、图书馆等。

（四）根据课程资源的表现形式分类

根据课程资源的表现形式，可将体育与健康课程资源分为显性资源和隐性资源。显性资源是指那些看得见摸得着，可以直接运用于体育教学活动的课程资源，如体育教材、计算机、体育场地器材、山水、空气、阳光等。作为实实在在的物质存在，显性资源可以直接成为体育与健康课程教学的便捷手段或内容，相对易于开发和利用。而隐性资源是指以潜在的方式对体育与健康课程教学活动产生影响的资源，如体育民族精神、团队精神、师生关系等。与显性资源不同，隐性资源的作用具有间接性和隐蔽性的特点，它们不能对体育与健康课程教学构成直接影响，所以隐性资源的开发需要付出更艰辛的努力。

（五）根据课程资源的管理要素分类

根据课程资源的管理要素，可以将体育与健康课程资源分为人力资源、物力资源、财力资源、信息资源。人力资源主要指体育教师、学生、家长、社区体育指导员和社会其他参与者等。物力资源主要指体育场馆、器材、设施。财力资源是指保障体育与健康课程正常开展的各种经费投入，如学校体育经费、社会的各种捐赠和赞助费。信息资源是指帮助学生获取各种体育与健康信息，丰富其体育文化和体育精神的各类资源，如体育知识、网络信息、体育图书、期刊等。

课程只有符合地方经济、文化的特点，才能提升课程的适应性。我国幅员辽阔，民族众多，地域特点鲜明，各地区的经济、文化、教育、体育发展水平不均衡，各地必须在现有经济条件下，结合当地实际，努力挖掘满足学生需求的各类体育与健康课程资源。其中，素材性资源，即课程内容资源是决定体育与健康课程质量水平的关键，也是体育与健康课程资源开发的重点。

二、体育与健康课程内容资源的开发与利用

按照新课改"目标引领内容"的指导思想，课程标准只对课程内容结构提出建议，不规定课程的具体内容，给予各地、各学校及体育教师充分的选择余地，因而课程内容资源的开发与利用就尤为重要。随着体育与健康课程改革的不断深入，体育教师应尽快转变观念，转变角色，即从课程的执行者向开发者和设计者转变，从"教书匠"向"教育者"转变。体育教师应根据体育与健康课程的特点，结合学校和学生实际，充分开发与利用课程内容资源，挖掘与学生日常生活密切相关的健康教育内容，创编一些新的体育运动项目，改造现有的运动项目，精选体现地域特色的、学生喜闻乐见的运动项目，从而丰富课程内容，创造性地开展教学活动。

（一）改造现有竞技体育运动项目

在所有课程内容资源的开发中，竞技运动项目的开发是关键。竞技体育项目因其突出的竞赛性、娱乐性和高超的技艺等特点，而深受广大青少年学生喜爱。但是如果直接将竞技运动项目全盘引进体育课程，高难度的技术动作要求，复杂的技战术规则以及重复练习、强化动作细节的训练方法等不仅很难激发学生的运动兴趣、培养学生良好的运动锻炼习惯，而且也无助于学生运动技能和运动专长的形成。因此，在充分研究竞技运动项目的教育性、教师的可操作性和学生的可接受性基础上，从运动的方向、形式、路线、距离、节奏、规格、场地器材、规则要求、参加人数

等运动学、动力学及文化学方面,对竞技运动项目进行科学的加工改造或有针对性的设计,使其适应学生身心发展的特点和个体需求,充分发挥竞技体育项目的健身价值和育人价值。

第一,降低竞技运动的要求。可以降低运动难度、动作难度,不苛求动作细节,减少器械的重量,改变器械的功能等。例如,投篮可以让学生离篮筐近一些再投;降低栏架、跳高架的高度,让学生体会到成功的乐趣;缩短跳远踏板到沙坑的距离,男女分别规定,使任何一个学生都能轻而易举地跳到沙坑中。适当降低要求,学生既可完成上课的任务又可在活动中找到快乐。

第二,简化技战术和比赛规则。根据学生身心发展的需要,简化技战术,删减动作的数量,如将三十二式太极拳改为八式太极拳等。修改运动项目规则,激发学生的运动乐趣,如将篮球比赛中的得分方法改为"球触篮板得1分,球触篮筐得2分,球投进篮筐得3分,投进三分球得5分"。

第三,修改竞技运动内容,增加趣味性。筛选体育课中那些难、繁、偏、旧的内容,加入一些与教材项目相关,能进行游戏或比赛的内容。例如,通过"长江、黄河"游戏可以锻炼学生的速度;通过"贴膏药"游戏,既可以锻炼学生的速度,又可以锻炼学生的耐力;通过"开火车"可以锻炼学生的下肢力量,又可以培养学生团结协作的良好品质。

(二) 引进新兴体育运动项目

长期以来,我国体育课的内容主要以广播操、田径、足球、篮球等大众项目为主,由于场地、教学实际和师资水平等因素的限制,小众项目在学校体育课中长期处于缺失状态。随着世界科技进步日新月异,网络新媒体迅速普及,人们的生活、学习、工作方式不断改变。适当引入适合学校有能力开展的,符合学生身心特点的时尚、成熟的新兴体育项目,如攀岩、轮滑、飞盘、定向运动、野外生存素质拓展等,既符合新时代要求,也符合新的体育教育理念。这些新兴体育项目内容丰富,简单实用,倡导自由愉悦的心理体验,与传统的体育运动项目优势互补,相得益彰是对传统体育项目的最佳补充方式。新兴体育项目不仅能丰富校园体育运动的形式和内容,为校园体育文化注入新的活力,促进学校体育蓬勃发展,还能够激发青少年参与运动的热情,让青少年爱上体育,养成终身体育意识,从而促进学生的全面发展。

(三) 开发中华传统类体育项目

我国幅员辽阔,是一个统一的多民族国家,各民族分布呈现大杂居、小聚居,相互交错居住的特点,地域间的自然环境、风土人情、文化背景和教育传统存在很大差异。在巨大的地理空间内南北之差,东西之异,形成不同风格、不同内容的民族传统体育文化，如南方以水上运动见长，北方以冰雪运动见长。不同地域的民族传统体育资源丰富，形式多种多样，具有独特性、趣味性、教育性等鲜明的特点。将这些民族传统体育活动融入体育与健康课程资源，开发、设计符合学校体育教学需要的课程内容。同时，各民族的体育具有独特的文化魅力，将民族传统体育引入校园，不仅可以让学生充分了解民族文化，还可以让学生从中了解传统文化的内涵，将民族传统体育文化、体育知识、体育智慧传承下去，使中华优秀传统文化得以弘扬。

（四）挖掘生活化的课程内容

体育教师要以学生发展为中心，以生活教育思想为指引，留心观察学生日常生活，善于对各种内容资源进行整合，挖掘与学生日常生活密切相关的健康教育内容、体育手段与体育形式，使其成为体育与健康课程的新内容。

体育与健康课程资源的开发与利用还存在很大的发展空间，广大体育教师要以体育与健康课程标准为依据，以促进学生发展为核心，以健康第一为宗旨，深入研究体育教学过程中动态生成的课程资源，从实际情况出发，发挥地域优势，强化学校特色，展示教师风格，因地制宜、因时制宜、因人制宜地开发与利用体育与健康课程资源。

扫码获取更多资料

 思考题

1. 如何理解体育与健康课程的特征？
2. 试述体育与健康课程的基本理念。
3. 如何理解体育与健康课程的核心素养？
4. 体育与健康课程内容资源的开发途径有哪些？

第五章

体育教学基本理论

  体育教学是指将教师设计的教学内容，通过教学策略，内化到学生的认知结构体系中，转化为预期的学生行为，从而实现体育教学目标的过程。教师掌握体育教学的基本理论对提高教学效果有着重要意义。本章主要从体育课的类型与结构、体育课的组织、体育课密度和运动负荷、体育教学过程、体育教学设计等方面进行阐述，力求突出体育教学基本理论的指导性和实践性。

第五章 体育教学基本理论

第一节 体育课

体育课是学校体育教学的基本组织形式，是实现学校体育目标的主要途径，是学校有计划、有组织、有目的地教与学的过程。上好体育课是体育教师的职责，只有认真钻研、探讨体育课的类型、结构、组织工作、密度、负荷等理论问题，明确体育课教学的基本规律，才能不断提高体育课的教学质量。

一、体育课的类型

体育课的类型是指根据不同依据和标准所划分的体育课的种类，即上课具体形式的种类。关于体育课类型的划分并没有统一的标准，一般，根据教学内容的性质可将体育课划分为理论课和实践课；根据实践课具体的体育教学目标再分为引导课、新授课、复习课、综合课和考核课。

（一）理论课

理论课主要是指在室内讲授体育与健康课程相关理论知识的课。其内容通常可分为两大类。

1. 健康教育

《义务教育体育与健康课程标准（2022年版）》中规定，健康教育内容主要包括健康行为与生活方式、生长发育与青春期保健、心理健康、疾病预防与突发公共卫生事件应对、安全应急与避险五个领域，主要帮助学生逐步养成健康与安全的行为习惯和生活态度。

2. 各运动项目基础知识

运动项目基础知识主要是指有关运动项目的起源、发展、技战术理论、竞赛编排和裁判规则等。

理论课应根据教学目标、教学进度、学生身心发展特征等因素，有计划地系统安排。一般可安排在开学初或重大体育活动前，也可结合季节特点，并尽可能利用雨雪天进行。

（二）实践课

实践课是指在体育场、馆等进行的身体练习课。根据体育课所要完成的具体教学目标，体育实践课可分为引导课、新授课、复习课、综合课和考核课。

1. 引导课

引导课是指新学期开始的第一堂体育课，是为了更好地完成学期体育教学计划，实现学期教学目标，明确、强调这一教学阶段的教学目标、内容、考核要求等，进而激发学生学练兴趣而专门组织的体育课。

2. 新授课

新授课是以学习新的教学内容为主要目标的课。其主要教学任务是学生学习和掌握新内容。教师在新授课中必须遵循动作技能形成的规律，正确运用讲解法、示范法、重复练习法和变换练习法等各种教法措施，先帮助学生对新动作结构建立一个正确、完整的概念，然后再分析动作结构中的关键技术环节，着重解决教学中学生普遍存在的错误动作或多余动作，帮助学生巩固动作结构，形成运动技能。

3. 复习课

复习课是以复习前面学习过的教学内容为主要教学目标的课。其主要任务是在教师的指导下，反复练习已学过的内容，逐步提高动作完成质量，掌握运动技能。在开学初、学期末、考核前以及学完某一运动项目技战术之后，需要组织复习课。复习课并不是对学过内容的简单重复，而是在复习的过程中逐步提高动作完成的质量和要求，不断提高学生运动技术战术运用的水平。

4. 综合课

综合课是既有新教学内容又有之前学习过的教学内容的课。这是学校体育课中最普遍的一种，中小学体育课大多数属于这种类型。教师上综合体育课时要合理搭配不同性质、特点和难易程度的新旧内容。并且根据新旧内容的特点、教学目标，合理地分配练习时间，调整练习密度和运动负荷。

5. 考核课

考核课是检查学生学业成就表现的课，它是在某项教学基本结束之后，按照教学计划进行的体育课。一般安排在每一单元或模块教学的最后或者学期结束前。教师上体育考核课应做好考核前的准备工作，如考核顺序、登记表格、考核器材工具等，考核中要认真、客观地测定和登记，并告诉学生考核成绩。

二、体育实践课的结构

（一）体育实践课的结构的概念

体育实践课的结构是指构成一节体育课的几个部分以及各个部分的具体教学安排设计。体育实践课的结构可分为基础结构和具体结构。基础结构是指组成一节体育课的各个部分，也就是体育课的大框架、大轮廓；具体结构是指体育课的各个部分的具体安排设计，包括每个部分的教学目标、教学内容、组织安排、练习负荷的设计，以及时间的分配等。

一定时期内，体育课的基础结构是相对稳定的，具体结构则是根据课的教学目标、学生特点、教学内容和教学条件与环境等因素的不同而变化的。体育课基础结构的相对稳定性和具体结构的多变性，决定了体育实践课的结构具有多样性。

（二）体育实践课的结构的类型

确定体育实践课的结构，通常要遵循人体生理机能活动能力变化规律、心理活动变化规律和体育教学规律等。

体育实践课的结构有不同的划分方式，在发展过程中，有"四部分""三部分""五部分"等多种划分方式。随着体育课程的改革与发展，体育课的教学目标有了改变，体育实践课的结构划分也有了新的发展，"四部分"划分方式是在原有"三部分"基础上细化和发展而来的，也是得到普遍认可和使用的一种划分方式。

1. 开始部分

（1）任务：集中注意力，规范教学行为，为即将开始的教学做好心理准备。

（2）内容：教学常规（包括整队、报数、点名、师生问好、安排见习生等）。

（3）组织：全班教学。

（4）时间：约占课的总时间的 5%。

2. 准备部分

（1）任务：为基本部分的教学做好生理上的准备。

（2）内容：一般性准备活动、专门性准备活动。

（3）组织：全班教学、分组教学。

（4）时间：约占课的总时间的 15%。

3. 基本部分

（1）任务：培养学生体育科学核心素养。

（2）内容：根据教学目标选择进行运动项目、游戏等教学。

（3）组织：全班教学、分组教学。

（4）时间：占课的总时间的 70% 左右。

4. 结束部分

（1）任务：身心逐渐放松、恢复，结束教学，总结，评价，布置课后作业。

（2）内容：逐渐降低运动负荷的游戏、身体练习。

（3）组织：全班教学、分组教学。

（4）时间：占课的总时间的 10% 左右。

三、体育课的组织

体育课的组织是指体育教师根据教学目标、教学内容、学生实际和场地器材等因素,为达成体育教学目标而合理安排教学活动所采取的各种组织措施。实际工作中,体育课的组织包括理论课的组织和实践课的组织。这里只介绍实践课的组织。

体育课的组织,主要包括体育教学常规、教学组织形式的选择和运用、场地器材设施的布置、队列队形的安排与调动、课堂活动的调控、违纪和突发事件的处理等内容。这里主要介绍前两个方面。

(一) 体育教学常规

体育教学常规是为了保证体育教学工作正常进行而对师生提出来的系列基本要求,是体育教学管理的一项重要内容。在体育教学过程中,师生共同遵守体育教学常规,不仅有助于建立正常的教学秩序,严密课的组织,而且对加强学生的思想品德教育、建设文明课堂都有十分重要的作用。根据教学流程,体育教学常规一般分为课前常规、课堂常规和课后常规。

1. 课前常规

(1) 每个学年和学期开始时,教师必须制定教学工作计划和教学进度;每节课前,教师要做好课时教学计划。

(2) 教师要了解学生情况,与同时上课的教师协调场地器材;上课前必须检查场地器材的准备和清洁卫生工作,以及服装的准备等。

(3) 学生因特殊原因(生病、受伤、女生生理期等)不能正常上课,应履行请假手续。

(4) 一般情况下,体育教师和值日生应在上课前 15 分钟到达教学场地并做好上课的准备;其他学生在上课前至少 5 分钟到达上课地点,等候上课。

2. 课堂常规

(1) 准时按指定地点集合上课。上课铃响后,由体育委员或值日生在指定地点集合整队,检查人数并向教师报告,师生相互问好,然后教师向学生宣布本课目标,提出教学要求,检查服装,安排见习生。

(2) 学生上课时,必须自觉遵守课堂纪律,爱护场地器材,听从教师安排,自觉主动地进行练习,努力完成教师提出的任务。

(3) 教师要按课时计划方案进行教学,不得随意更改,要及时掌握学生的学习情况,解决教学重点和难点,关心爱护学生。

(4) 教师要运用多种手段教会学生运动技能,并及时进行思想品德教育;要多做示范,加强保护帮助,激发学生学习热情,营造良好的课堂学习氛围,要照顾学习困难的学生。

（5）下课前做完放松活动后，教师要集合全班学生，进行小结和讲评，提出课后锻炼的要求，宣布下次课的内容。此外，要求值日生收回器材并送还。师生互道再见，按时下课。

3. 课后常规

（1）教师要检查督促学生归还器材等工作的执行情况。

（2）教师要认真总结课堂教学情况，写好总结，总结经验教训，不断提高教学质量。

（3）学生要认真完成教师布置的作业，并对课堂所学内容进行复习和练习，积极运用所学内容参加体育活动，坚持体育锻炼。

（4）学生要预习下次课教学内容，了解学习的重点和难点。

（二）教学组织形式的选择和运用

1. 编班分组排课

当前，我国大中小学体育课编班分组的方法主要有以下几种。

（1）按行政班上课。按行政班上课是指根据学生入学分班的情况编排体育课，一般是男女生混合上课的形式。这种形式，多见于小学阶段，或体育教师较少的中学。

（2）按男女生分班上课。按男女生分班上课是指把同年级若干班的学生先合起来，再按班容量分成男生班、女生班，分别编排体育课。这种形式多见于初中、高中和普通高等学校的体育课。

（3）按选项模块分班上课。按选项模块分班上课是指把具有相同兴趣、爱好或特长的学生按体育运动项目进行重新编班分别上体育课。选项可以是同年级内不同班级同时进行选项，也可以是同一班级内按运动项目选项，还可以是打破年级进行跨年级同时选项。这种形式多见于高中和普通高等学校的体育课教学。

（4）走班制教学。走班制教学是指根据学生的体能基础、体育兴趣、运动能力水平等分成不同层次的班级，然后学生选择符合自己层次的班级进行上课的形式。一般是同一年级的体育课排在同一时间，上课时打破行政班按学生的运动项目水平选择不同层次的班级进行教学的形式。由于普通高中体育课程结构的变化，目前在普通高中施行的比较多。随着人们体育意识的增强，学生在运动能力方面的个体差异日趋明显，有条件的小学和初级中学也可采用走班制教学形式。该教学组织形式更有利于学生熟练掌握1～2项运动技能，并且与大学阶段的"三自主"教学模式可以进行有机衔接，从而促进大中小学体育课程的一体化建设。

2. 分组教学

分组教学是把一个班级分成若干小组，学生以组为单位来进行学练的教学形式。

该教学形式既保留了班级教学的长处，又能在一定程度上解决区别对待的问题，教师可以根据各小组的不同特点进行针对性的教学；同时，各小组可根据小组实际情况调节学习策略，从而实现教学目标。分组教学需要分两步来完成：第一步，分组；第二步，教学。

1）分组

分组是指在教学过程中，依据教学目标，按某些条件对全班学生进行小组划分，常用的有随机分组、同质分组、异质分组、帮教型分组、合作型分组等。

随机分组就是指按照某种特定的方法或标准，将学生随机分成若干小组。小组内成员之间没有共性，小组间也没有显著差异。随机分组简单、迅速，具有一定的公平性，但无法很好地做到区别对待，无法考虑学生在兴趣爱好、能力方面的差异。

同质分组是指分组后同一小组内的学生在体能、运动技能、性别、兴趣爱好等方面大致相同。同质分组之后，组和组之间在分组依据方面存在显著差异。同质分组能够较好做到区别对待、因材施教，可以根据不同小组学生的能力、水平提出不同的练习要求，但有可能会使学生产生等级观念和弱势人群的自卑感，甚至挫伤其学习积极性。

异质分组是指分组后同一小组内的学生在体能、运动技能、性别、兴趣爱好等方面存在显著差异，即人为地把不同体能、运动技能、性别的学生分成一组，或根据某种特别的需要对"异质"进行分组，从而缩小小组之间的差距，以利于开展竞赛和游戏活动。

2）教学

分组是为了更好地实施教学。根据以上方法对学生进行分组之后就要开始具体的教学活动。实践中，分组教学有分组轮换和分组不轮换两种。

分组不轮换是指把学生分成若干个小组，在教师统一指导下，按教学内容安排顺序，依次进行学习的组织形式。该形式的优点是便于教师统一指导，全面照顾学生，合理安排教学顺序和运动负荷。这种教学组织形式，一般是在场地器材设备条件充足和班级学生数量较少的情况下采用。在场地小、器材少、班容量大、新任教师授课的情况下不宜采用这种形式。

分组轮换是指把学生分成若干小组，在体育教师的指导和小组长的协助下，各组学生先分别学习不同性质的内容，到规定时间再相互轮换学习内容的组织形式。该形式的优点是：在场地器材不足、班容量较大的情况下，可使学生获得较多的练习机会，有利于培养和锻炼学生独立工作能力。不足之处是：教师不能全面照顾和指导学生，也不利于合理地安排教学内容顺序和运动负荷。分组轮换的形式多种多样，常见的有以下几种。

（1）两组一次等时轮换。在学生人数不多，新授内容比较困难，复习内容也比较复杂的情况下，可采用这种教学组织形式。如上课时，一组学习新内容，一组复习旧内容，到基本部分时间的二分之一时相互轮换一次。如基本部分的时间为32分钟，到16分钟时进行轮换。

（2）两组一次不等时轮换。在新授内容难度大、复杂，需要加辅助练习或诱导练习，而复习内容相对不太难时，通常采用这种形式。如上课时，第一组学习新内容跳山羊（19分钟），前6分钟进行跳山羊辅助练习（踏跳、推手），后13分钟进行跳山羊练习；第二组复习旧内容徒手体操（13分钟）。到基本部分的13分钟时，第一组继续进行跳山羊练习；教师指导第二组进行跳山羊辅助练习；到基本部分的19分钟时，第一组复习，第二组进行跳山羊正式练习。

（3）三组两次等时轮换。在学生人数较多，器材较少，新授内容比较容易，复习内容比较简单或已熟练，以及考核前的复习课通常采用这种形式。如将全班学生分成三组，分别学习或复习三种不同的内容，到基本部分时间的三分之一时三组依次轮换一次，到基本部分时间的三分之二时，按照第一次的轮换方向再轮换一次。

（4）先合（分）组后分（合）组。课堂教学时，先全班集体练习同一内容，然后分组练习不同内容，并按时轮换；或先分开练习不同内容，之后再集中练习同一内容。一般在课中有三个教学内容，各内容难易程度相差较大，学生小组长能力较强的情况下运用这种形式。

分组教学形式较多，教学中采用哪种分组形式，要根据教学任务、教学内容难易程度、学生人数、场地器材设备和教师能力等具体情况而定。在具体选择运用分组轮换教学组织形式时，应注意以下几点：学生人数少、场地器材充足的条件下，尽量不采用分组轮换，有两个新内容的课也不适用分组轮换；分组轮换练习时，教师应重点指导学习新授内容的小组，或复习内容难度较大的小组；对于体弱组、基础水平较差组以及女生组，教师应给予适当照顾；课前要重视做好小组长或体育骨干的培养；教师在分组轮换教学中要加强巡回指导，站位既要便于指导所在的小组，又要便于观察其他小组。

四、体育课的负荷

（一）体育课的负荷的概念

体育课的负荷是指学生在体育课上学习时身心所承受的负担，即机体所产生的一系列生理、心理反应的强弱程度。体育课的负荷包括生理负荷（也称为运动负荷）和心理负荷两大类。生理负荷是指学生在体育课上进行练习时身体所承受的生理负担。心理负荷是指学生在体育课上所承受的心理负担，也就是由于课上的刺激而引起学生紧张和兴奋的强弱程度以及持续时间的长短。本书重点介绍体育课生理负荷（运动负荷）及测定方法。

（二）体育课运动负荷的组成

体育课运动负荷包含两大因素：一是运动负荷的量和强度；二是休息的量和恢复强度。

1. 运动负荷的量和强度

运动负荷的量是指完成练习的数量、次数、组数、时间、距离和重量等。运动负荷的强度是指完成练习时所用力量的大小和机体的紧张程度，包括动作的速度、练习的密度、练习的间歇时间、负重的重量、投掷的距离、跳高的高度等。

体育课运动负荷，应将量和强度综合起来加以确定。运动负荷的量和强度（指极限强度）的关系一般来说成反比关系：强度大的练习，持续时间要短；练习时间越长，强度相应要小。

2. 休息的量和恢复强度

休息的量是指机体能力恢复前休息时间的长短。例如，体育课教学内容为 400 米跑，在第一个 400 米跑完后可能需休息 5 分钟，而第二个 400 米跑完后可能需休息 10 分钟。休息间歇长短对机体的恢复程度和身体的影响是不同的。

恢复强度是指在休息间歇时间内，有机体恢复过程的水平和程度。根据有机体恢复程度不同，体育课的间歇可分为正常性间歇、硬性规定间歇和极值曲线间歇。正常性间歇是指有机体在承担一定运动负荷后，机体工作能力大致完全恢复到原来水平时再开始进行下一次练习；硬性规定间歇是负荷后机体工作能力得到一定恢复，但未完全恢复到原来水平就进行下一次练习；极值曲线间歇是指承担运动负荷后，机体的恢复过程使工作能力获得提高的情况下，再进行练习。这三种间歇都以机体工作能力的恢复或提高为标志。体育课中安排运动负荷时，应注意处理好休息间歇时间，使之符合练习过程所要求完成的教学任务和机体工作能力恢复的规律。

（三）安排体育课运动负荷的依据

体育课运动负荷应根据人体生理机能活动变化的规律来安排。不管是一节体育课还是一个学期的体育课，运动负荷都应由小到大，逐渐增加，并要大中小负荷合理交替。安排体育课运动负荷要依据以下几个方面。

1. 学生身心特点

不同年龄阶段的学生有着不同的身心特点，同一年龄段的学生又有着性别差异和个体差异，学生的年龄、性别、身体体能、运动基础、体质强弱、认知能力和意志品质等都会对体育课的运动负荷产生影响，因此，在安排运动负荷时要区别对待。如小学阶段的学生处于身体发育期，兴趣广泛、注意力分散、情绪外露易变化，体育课的练习强度应较小，密度相对大些，即课的平均心率小，负荷小。

2. 教学内容

学习内容是影响运动负荷的主要因素，不同教学内容的复杂性、难易程度是不同的，其运动负荷也存在明显差异（见表 5-1）。在安排体育课的运动负荷时，要考虑体育课的教学内容。

表 5-1 部分体育项目的运动负荷

项目	教学内容	心率	密度	强度	运动负荷
球类	篮球、足球、排球、羽毛球的各种单个或组合技术，教学比赛及比赛规则	大	大	大	大
田径	跑（短跑、长跑、接力跑、障碍跑）、跳（跳高、跳远、三级跳）、投掷（沙包、实心球）	较大	小	较大	较大
体操	翻滚、倒立、仰卧起坐、跳箱、跳马、悬垂、支撑、上下杠、动作组合	较小	较小	中	中
武术	手型、手法、步型、步法，简单动作组合、套路，武术表演	小	大	小	小

（注：本表参引自《中国学校体育》2010 年第 9 期）

3. 体育课的类型

不同类型的体育课，对运动负荷的要求不尽相同。新授课一般为中等负荷，复习课一般为中等以上负荷，发展学生身体素质课一般为较大负荷，测验课、考核课一般练习密度相对较小而练习强度相对较大。因此，在安排体育课的运动负荷时，还要考虑体育课的性质和类型。

4. 场地器材条件

体育场地器材设施的充足程度影响和决定体育课的组织形式与练习密度。在确定体育课的运动负荷时要充分了解学校现有的体育场地器材设施状况，以及同时上课班级使用场地的范围、器材设施的数量，要根据学校场地器材的现实条件来安排设计运动负荷。

此外，在确定体育课的运动负荷时还要考虑季节、地理、气候条件等其他因素。

(四) 体育课运动负荷的测定方法

测定体育课运动负荷的常用方法有观察法、自我感觉法、生理测定法等。

1. 观察法

观察法是指教师在体育课上通过观察学生完成动作的质量、控制身体能力、练习积极性、呼吸、脸色、汗量、面部表情、声音和注意力等方面来判断运动负荷是否合适的方法（见表5-2）。

表5-2 学生运动负荷情况的部分观察指标

观察内容	疲劳程度		
	浅	中	深
面色	微红	相当红	十分红或苍白、紫蓝色
呼吸	稍快	显著加快	急促、表浅、节奏紊乱
汗量	不多	较多（肩带部分）	大量出汗（特别是躯干部分）
表情	情绪愉快	略有倦意	精神疲乏、站立姿势不端正、纪律性和自制力显著下降
动作质量	动作准确	动作摇摆不定	动作失调、步态不稳、用力颤抖、反应迟钝

2. 自我感觉法

自我感觉法是指以学生的主观感觉来判断运动负荷的大小。学生主要通过身体练习来完成学习任务，对自身的生理活动变化感受最深。如运动负荷适宜时，则自我感觉良好，精力旺盛，动作反应灵敏、协调；如运动负荷过大，则会全身疲劳、乏力，较严重的可能出现头痛、头晕、恶心、肌肉痉挛，更严重的甚至会出现虚脱、晕厥等。

3. 生理测定法

生理测定法是指采用科学仪器的方法测量心率、血压、吸气量、呼吸频率、肺活量、吸氧量、尿蛋白、血成分、体温、视觉、心电图、肌电图等生理、生化指标，来判断和分析生理负荷的大小。这类方法的优点是比较准确、客观；缺点是技术含量较高，操作比较复杂，实施起来有一定的难度。随着科学技术进步，可以通过计步器、运动手环等智能穿戴设备进行测量，在不影响课堂教学和学生正常学练情况下，检测学生运动负荷的变化情况。

（五）体育课运动负荷的调控

在体育课教学过程中，体育教师可通过以下方法来调节运动负荷的大小。

(1) 改变练习内容，安排合理的休息时间，如原地传接球变成跑动传接球。

(2) 改变练习重复次数、延长或缩短练习时间以及练习间隔时间。

(3) 改变速度、速率、幅度等动作的某些基本要素。

(4) 改变课的组织教法，如分组练习改成集体练习；单一重复练习改成比赛。

(5) 改变场地的大小、器材的重量等练习条件。

五、体育课密度

(一) 体育课密度的概念

体育课密度是指单位时间内，有效教学活动所占的比例。体育课密度又分为一般密度（也称为综合密度）和专项密度。

一般密度是指一节体育课中各项教学活动合理利用时间之和与实际上课总时间的比例。通常一节体育课中的教学活动主要有：教师指导，学生练习，教学组织，观察与帮助，思想教育与休息（见表5-3）。

表5-3 体育课教学活动内容

教学活动	基本内容
教师指导	讲解、示范、演示教具模型、提问、纠错、个别辅导等
学生练习	准备性练习、辅助练习、诱导练习、整理练习、游戏、比赛等
教学组织	整队、队伍调动、变换地点、场地器材布置和回收等
观察与帮助	观察教师、观察学生、学生相互帮助、教师帮助
思想教育与休息	训导、说服、批评、表扬、练习后的休息等

体育课的专项密度是指一节体育课中某项教学活动合理运用时间与实际上课总时间的比例。专项密度有教师指导密度、练习密度、教学组织密度等。

《义务教育体育与健康课程标准（2022年版）》中，在原来体育课练习密度等基础上，提出了群体运动密度、个体运动密度的概念。群体运动密度是指一节体育实践课所有学生总体运动时间占课堂总时间的比例。个体运动密度是指一节体育实践课单个学生的运动时间占课堂总时间的比例。

体育课密度是评判上好体育课的重要指标，合理安排课的密度，能有效利用体育课的时间，使体育课重点突出，把有效时间适用于课的最重要的部分，提高课堂教学效益。因此，教师掌握安排、测试和研究体育课密度的技能是非常重要的，对于提高教学质量，增强学生体质有着重要的作用。

(二) 体育课密度的评价

1. 计算一般密度和专项密度

(1) 一般密度计算方法：

$$一般密度 = \frac{各项活动合理运用时间之和}{实际上课总时间} \times 100\%$$

(2) 专项密度计算方法：

$$专项密度 = \frac{某项活动合理利用的时间}{实际上课总时间} \times 100\%$$

(3) 群体运动密度计算方法：

$$群体运动密度 = \frac{全班学生总的运动时间}{实际上课总时间} \times 100\%$$

(4) 个体运动密度计算方法：

$$个体运动密度 = \frac{个体运动总时间}{实际上课总时间} \times 100\%$$

2. 评价因素

分析体育课密度时，要充分考虑教学目标、教学内容性质、学生实际、场地器材设备以及气候条件等多方面因素，做出综合、客观的评价。

通常体育课的一般密度（综合密度）、群体运动密度应越大越好；专项密度和个体运动密度则没有一个绝对的指标，要根据课的性质、内容、教学条件等具体情况，客观地做出分析和评价。

过去，我们对体育课练习密度的评价保持在35%～65%。随着教学实践的改革发展，体育课密度的评价标准也会发生变化。体育与健康课程标准中提出的运动密度强调让所有学生充分动起来，改变"不出汗"的体育课，增进学生体质健康，促进学生掌握运动技能。每节课群体运动密度应不低于75%，个体运动密度应不低于50%。

第二节 体育教学过程

体育教学过程是实现学校体育目标的主要途径，是一个多要素在体育教学系统运行中发挥各自作用，但又影响其他要素作用发挥的运行过程。正确认识体育教学的构成要素，遵循一定的体育教学规律，是明确体育教学本质，有效推进体育教学过程的前提。

一、体育教学过程的概念

体育教学过程是指在体育教学情境中为达成一定的体育教学目标，体育教师与学生等要素相互作用而展开的教学活动的进程。体育教学过程在时间上表现为各种体育教学活动的基本流程或程序，在空间上表现为体育教学活动的组成要素与活动结构。体育教学过程的概念包括以下四个方面。

第一，体育教学过程是师生双方统一的活动过程。不能把教等同于学，教的活动主要是教师的行为，学的活动主要是学生的行为。教主要是教师作用的外化，学主要是学生成长的内化。因此，教与学不可互相替代。教与学是互相依赖的关系，教与学互为基础、互为方向。体育教学过程是师生双方有目的、有计划、有组织地以教学内容为中介,通过教师的教和学生的学共同完成教学目标的统一活动过程。

第二,体育教学过程是一个系统运行的动态过程。体育教学过程的系统性是指它具有不同的发展阶段,各个阶段具有自己的持续时间和本身发展的规律,又相互联系,是一个有机的整体。动态性主要表现在组成体育教学过程的要素是相互联系、相互作用的,并处于一种不断变化却有规律可循的运动过程之中。

第三,体育教学过程是以身体练习为重要媒介的交往实践活动。体育教学过程是以学生的身体活动为载体,体育教学的内容以经过选配的身体练习为主,教师和学生相互作用的一种特殊的实践交往过程。在这个过程中,教师传授体育知识技能和学生接受体育知识技能的活动,学生的感悟、理解、领会等认知性活动,学生的情绪变化、角色体验、道德评判等心理活动,都是伴随着身体练习而进行的。因此,体育教学过程是以身体练习为媒介的交往活动。

第四,体育教学过程是发展学生体育学科核心素养的过程。体育教学过程着眼于体育课程目标的实现,是促进学生运动能力、健康行为和体育品德养成的过程。体育教学在强调运动技能学习的同时,应融合与学生成长相关的健康知识和方法,注重学生健康与安全意识的培养以及良好生活方式的形成,重视培养学生积极进取、不怕困难、挑战自我、顽强拼搏、追求卓越、团结合作、公平竞争和遵守规则等体育品德,通过运动能力、健康行为、体育品德等体育学科核心素养的培养,促进学生身心健康、体魄强健,获得全面发展。

二、体育教学过程应遵循的规律和原则

体育教学原则是体育教学实践经验的科学总结和概括,是体育教学客观规律的反映,是体育教学工作必须遵循的基本要求和准则。体育教师正确理解和贯彻体育教学原则,对优化教学、提高教学效果、有效达成教学目标,具有重要的指导意义。

(一)体育教学过程的基本规律

1. 保持与遗忘规律

人们在学习体育与健康知识、技术和技能过程中,离不开记忆和理解,从"记"到"忆"是一个过程,其中包括了识记、保持、再认和回忆。在学习知识的过程中,记忆效果、后期的保持和再认都同等重要。德国心理学家艾宾浩斯发现保持记忆是有规律的,他认为在记忆的最初阶段遗忘的速度很快,后来就逐渐减慢了,即"先快后慢"的规律;记忆和理解效果越好,遗忘得也就越慢。遵循艾宾浩斯遗忘曲线的规律,教师在体育教学过程中,要对所学知识、运动技术和记忆效果及时组织复习和测评;学生要重视学习经验,加强建立知识、技术动作之间的内在联系,加深

对所学内容的理解，以便获得更好的学习效果。

2. 人体生理机能活动变化规律

人体生理机能活动变化规律是关于身体活动从开始激活状态到结束状态的一种理论。人体生理机能活动变化呈现"上升－稳定－下降"的规律，即人类各器官系统的活动能力是从较低水平逐渐上升集中到稳定水平，保持一段时间后，机体工作能力下降。因此，在体育教学过程中首先要做好热身活动，防止机体在后续的学习或训练中因机体不适应出现损伤；要把主要的学习内容或训练任务放在稳定阶段才可取得良好的效果；结束时，要做好积极性恢复，为新的学习或训练做好准备。如果不能根据这一生理机能活动变化规律科学安排体育教学活动，有机体就会难以适应，产生病理或损伤。

3. 人体机能适应性规律

运动生理学指出，机体运动时受运动负荷的量与度的刺激，会随之产生一系列的能量代谢变化。它一般可划分为能量消耗的下降阶段、相对恢复阶段、超量恢复阶段与复原阶段四个有机联系、相互作用的阶段。在这个过程中，如果连续的体育学习或运动负荷都能安排在前一次负荷超量恢复的基础上，就会使机能水平持续地提高。反之，如果机体还没有恢复就多次练习，就会产生过度疲劳，这一过程俗称为"超量恢复规律"。

因此，在体育教学或训练时，教师应根据学生身体运动能力的水平，合理安排各种动作技能的练习，逐步地、有节奏地增加训练负荷，形成"提高—适应—再提高—再适应"的渐进过程，通过一系列体育运动负荷效应的累积，达成增强学生体质、提高机能水平的目标。另外，如果练习期间休息的间隔太长，机体工作能力就会重新降到原来的水平，也就是说如果不能在超量恢复阶段的峰区进行下次的练习活动，就会丧失超量恢复取得的效果。

4. 运动技能形成规律

体育教学过程中，学生运动技能的学习都会经历从不会到会、从不熟练到熟练的发展过程。这一过程就是运动技能形成的规律，包括泛化、分化、巩固和自动化三个阶段。每一个阶段都存在着特定的学习行为现象和认知状态，只有按照这些特点去设计教学方可取得效果。泛化阶段的特点是学生大脑皮质的条件联系处于泛化阶段，学生的动作表现出紧张、不协调，出现多余动作，呼吸急促。在此过程中，教师应抓住动作重点进行教学，不应过多强调动作细节，教师要用准确的语言强化示范动作，巩固、明确其轮廓，防止学生获得模糊、不定形的视觉表象。分化阶段的特点是学生大脑皮质的条件联系由泛化进入分化阶段。在教学中，教师应抓住学生存在的主要问题，注意对动作的纠正，可采用比较、对照和综合分析的方法，帮助学生体会动作细节，促进分化的进一步发展，使动作更趋准确。巩固和自动化阶段的特点是学生进一步反复练习，动作逐步熟练达到自动化程度，能轻松自如地完成整个动作，可以把注意力放到身体姿势、速度和技术上。同时，学生在不同条件下都能保持良好的技术。

（二）体育教学过程的基本原则

1. 学生主体性原则

学生主体性原则是指在体育教学过程中，学生始终是教学活动的主体，教学活动应以学生的发展为中心，一切教学活动围绕学生体育学科核心素养的养成而开展。教师是体育学习过程的设计者、引导者、组织者与评价者。教师的责任是引导学生在体育教学过程中发现问题、解决问题、学会学习、学会反思，帮助学生养成一定的创新意识和创新能力。体育教学过程中充分发挥学生的主观能动作用，给学生营造一个自主学习的环境，让学生主动、创造性地去学习。体育教学活动最本质的特点是学生必须要通过自身的练习才能体会体育动作的时空感觉，掌握完成动作的方法。要学习掌握每个运动技能，顺利完成身体练习，都要靠学生主动自觉的行为。只有学生主动参与，通过自主学习、探究学习和合作学习才能更有效地实现体育教学目标。

2. 直观性原则

直观性原则是指在体育教学中，利用各种直观手段调动学生的感觉器官去感知事物，获得直接经验与感性认识，启发学生积极思维，建立正确的运动表象，为体育知识、技术和技能学习奠定基础。在体育教学中要引导学生运用身体的各种感觉器官，感知运动过程中身体姿势、动作轨迹、动作时间、动作速度、动作速率、动作力量、动作节奏等要素，充分通过触觉和肌肉本体感觉来感知完成动作时肌肉用力的程度、方法及空间关系等，要充分发挥教师的动作示范、语言表述，学生的身体模仿等作用，充分运用各种现代化教学手段，如多媒体等科技手段，启发学生积极思维。

3. 合理安排运动负荷原则

合理安排运动负荷原则是指在体育教学中，要使学生承受适当的生理负荷，练习与休息合理交替，以便有效地完成教学任务，达成教学目标。学生运动负荷过大，容易造成身体疲劳或运动损伤，甚至从心理上感到畏惧，运动欲望减弱。运动负荷偏小，则达不到锻炼身体和增强体质的目标。教师要根据人体的生理活动变化规律和适应性规律，结合教学内容、学生实际水平和学习需要，合理确定适宜的运动负荷。

4. 安全性原则

体育教学应以学生的安全为前提，教学内容和教学组织的安排、教学方法和手段的选择应遵循学生的身心发展规律，做好安全措施，正确处理体育教学中的安全隐患问题，减少和避免体育教学中学生受伤事故的发生。在体育教学过程中，学生要通过身体练习承担一定的运动负荷才能达成教学目标，存在一定危险，因此，体育教学过程中必须对学生加强组织纪律教育和安全教育，不但要注意自身的安全，还要注意他人的安全，必要时在教学过程中要采取有效的安全措施，减少和避免运动伤害事故的发生。

5. 体验性原则

体育与健康课程标准确定了运动能力、健康行为和体育品德三个方面的体育学习目标，其中安全地从事体育活动、社会适应、情绪调控等健康行为方面和体育精神、体育道德、体育品质等体育品德方面的目标是需要学生通过运动体验得以发展和实现的。因此，重视学生体验自我与同伴的感觉，也是教学中的基本要求。学生在体育教学中的亲社会行为往往不是自己主动做出的，而是"被做出"的，产生这样的问题主要是因为学生没有体验，或者即使有体验也不深，或者更多的是体验了自我，而很少去体验他人。因此，教师要通过教学设计以利于学生产生和表达体验的感觉。亲和的、民主的教师，集体的体育竞赛活动，鼓励性、提示性的评价，启发式的教学方法等都有利于学生产生和表达体验感觉。

6. 学科核心素养导向原则

学科核心素养是学科育人价值的集中体现，是学生通过学科学习而逐步形成的正确价值观念、必备品格和关键能力。体育与健康学科核心素养是立德树人根本任务和健康第一指导思想在体育学科的具体化，主要包括运动能力、健康行为和体育品德。学校体育应根据体育与健康学科核心素养的三个维度，明确不同学段学生体育与健康核心素养应达到的水平，做好不同学段学生核心素养的纵向衔接，进而依据体育与健康核心素养设置小学、初中和高中三个学段相互衔接、逐步递进的学校体育目标和内容体系。体育教学过程是体育课程价值生成的核心路径，在体育与健康核心素养导向下，体育教学要做到效益精准化、效果实效化、效率最优化，促进学生身心健康发展。

体育教学原则相对稳定，但随着体育教学实践的发展和人们认识的深化，这些原则也将不断得到充实和发展。

三、体育教学过程的要素

体育教学过程是实现学校体育目标的主要途径，从系统论观点分析，体育教学过程是一个整体系统，是多要素相互作用的教学活动的展开和运行过程，一般有"三要素"论、"四要素"论、"五要素"论、"六要素"论、"七要素"论等观点。无论是体育教学过程的核心要素论，还是基本要素论，依据体育教学的研究对象和基本理论，体育教学过程都要解决四个方面的问题，即体育教学活动要达到哪些目标、哪些教学内容能实现这些目标、怎样才能有效组织这些教学内容、怎样才能确定这些目标正在实现。因此，我们认为体育教学过程包括体育教学目标、体育教学内容、体育教学方法和体育教学评价等四个要素。

（一）体育教学目标

1. 体育教学目标的概念

在《教育大辞典》中，教学目标被界定为"教学中师生预期达到的学习结果和标准"。在此基础上，体育教学目标可以界定为，在体育教学过程中，体育教师和学生通过体育教学实践活动预期达到的学习结果和标准。这个预期结果和标准是教和学双方都应遵循的，对教师来说它是教学的目标，对学生来说它是学习的目标。

2. 体育教学目标的功能

（1）定向功能。体育教学目标是体育教学活动的预期结果，它必然制约着体育教学活动的方向，既要为体育教师的教指明方向，也要为学生的学指明努力的方向。体育教学设计是为实现预期的体育教学目标制定的策略，体育教师和学生对体育教学方法、体育教学手段及教学组织形式的选择，学生做练习的步骤，体育场地器材的设置和布置，教学环境的创设等，都要以体育教学目标为依据，并指向体育教学目标的达成。因此，一个明确的体育教学目标，可以为体育教学中的师生活动指明方向，从而避免教学中的盲目性。

（2）激励功能。美国心理学家和行为科学家维克托·H.弗鲁姆于1964年在《工作与激励》中提出激励理论。他认为这个激发力量的大小，取决于目标价值（效价）和期望概率（期望值）的乘积。也就是说，人们对目标的价值认同程度越高，估计实现的概率越高，这个目标对动机的激发力就越强。

体育教学目标激励功能的真正实现，也取决于其价值是否被学生认同及其难易程度是否适中。体育教学目标的价值要想被学生认同，就必须与学生的内部需要相一致。只有体育教学目标符合学生的内部需要，才能够激发学生的动机，引起学生的兴趣，转化为学生积极参与体育教学活动的动力。

根据苏联心理学家维果茨基的"最近发展区"理论，体育教学目标的制定若高于潜在发展水平，就会由于过难而使学生望而却步、退缩不前；若低于或等于现有发展水平，又会因为过于简单、缺乏吸引和刺激，而使学生视若无睹，难以激发兴趣和动机。一个难度适中的目标应处于最近发展区内，才可以激起学生较为持久的学习动机，并激励学生为实现目标而不懈努力。

（3）评价功能。体育教学目标不仅是教学活动的出发点，也是教学活动的归宿。判断体育教学活动结束时师生是否达到预期的教学结果和标准，就是以体育教学目标作为测评教学效果的尺度和标准的。在体育教学中，对教学效果和学习结果的评价，就是以体育教学目标为依据，用客观的信息来显示教学效果是否达到。因此，进行科学的评价首先要有具体的、可测的体育教学目标。

3. 体育教学目标的结构

（1）体育教学目标的纵向结构。从体育教学目标的纵向来看，根据体育教学过程的时间特征，体育教学目标可以分为超学段体育教学目标、学段体育教学目标、学年体育教学目标、学期体育教学目标、单元体育教学目标和课时体育教学目标。其中，超学段体育教学目标，就是体育课程目标，是学生从幼儿园到高等教育阶段的体育教育过程中预期达到的体育教学的总目标。学段体育教学目标应体现出不同学习阶段体育教学的侧重点，因此不同学段的教学目标应既相对独立，又各具特色。同时各学段之间的教学目标又是彼此衔接、相互协调的整体。《义务教育体育与健康课程标准（2022年版）》中将体育教学目标划分为四个：水平一教学目标（对应小学一至二年级学段）、水平二教学目标（对应小学三至四年级学段）、水平三教学目标（对应小学五至六年级学段），水平四教学目标（对应初级中学一至三年级学段）。学年体育教学目标是根据其上位的"学段体育教学目标"确定的，它是对该学段内每个学年体育教学活动的进一步设计和安排，是在该学年体育教学学习结束时预期的教学结果和标准。学期教学目标是根据学年教学目标而设计的更具体的教学目标，是把一个学年的教学（一个学年包含两个学期）要求根据教学活动的逻辑性和每个学期气候条件等因素分到每个学期去的教学要求和标准。单元是指"各门课程教学中相对完整的划分单位，它反映着课程编制者或教师对一门课程及其概念体系结构的总的看法。单元体育教学目标就是依据学年体育教学目标和学期教学目标的分配计划，对其中的单元教学的具体要求。课时体育教学目标是一次体育课的教学要求。

总而言之，超学段体育教学目标、学段体育教学目标、学年体育教学目标、单元体育教学目标、课时体育教学目标构成了体育教学目标的纵向结构，上位目标为下位目标的确立提供依据，下位目标是对上位目标内容的具体化，并为上位目标的实现提供前提。它们相互呼应、彼此衔接，在体育教学活动中引导着教学活动的方向。

（2）体育教学目标的横向结构。从体育教学目标的横向来看，新中国成立初期，我国对体育教学目标的分类一直采用增强体质、掌握"三基"、品德教育三分法。1956年美国心理学家布卢姆制定出《教育目标的分类系统》之后，世界各国开始相继展开目标分类理论的研究。其中，布卢姆等人认为，教学目标可分为三大领域：

认知领域、情感领域和动作技能领域。布卢姆本人提出了认知目标的分类,根据学生的心理发展水平,把体育教学的认知目标由低级到高级分为知识、理解、应用、分析、综合和评价。克拉斯沃尔、布卢姆等在1964年出版的《教育目标分类学 第二分册 情感领域》一书中把情感领域目标分为五个亚领域,即接受(注意)、反应、价值评价、组织、由价值或价值复合体形成的性格化。《义务教育体育与健康课程标准(2022年版)》围绕核心素养,确立了体育课程和体育教学目标的三个方面:运动能力、健康行为和体育品德。

4. 体育教学目标的设计

1)体育教学目标设计的原则

(1)整体性原则。体育教学过程中的任何一个体育教学目标都不是孤立的,它是一系列教学目标中的一个有机组成部分,与其他教学目标具有一定的关联性。纵向上,体育教学目标要体现不同学段、不同学年、不同单元、不同课时之间的贯穿性和衔接性。横向上,不同学习方面的目标之间应相互配合、相互联系。这样纵横连贯地设计教学目标,才能保证体育教学的总目标及其教育目的的实现。

(2)科学性原则。体育教学目标设计应遵循科学性原则:一是要体现体育学科的特点;二是要兼顾全面性要求,即包括各个学习领域的教学目标;三是要根据教学内容的特点,突出重点和难点的教学要求;四是要做到具体、明确、可操作;五是难度要适中,所设立的体育教学目标应该是全班大多数学生经过一定努力能够达到和实现的。

(3)灵活性原则。体育教学目标设计应遵循灵活性原则,主要表现在两个方面。首先,体育教学目标要关注学生的个体差异。由于不同学生在体育基础和能力等方面存在一定的差异,因而目标应具有一定的灵活性。这就要求教师要尽可能地将教学内容按照难度设置不同等级,并根据每个学生的实际水平确定其应达到的相应等级。其次,体育教学目标不是一成不变的,是灵活多样的。教学活动受多种可变因素的制约,需通过教学实践评价加以判断,教师可根据这一反馈信息对原定目标或下一阶段目标进行调整。

(4)可测性原则。体育教学目标是体育教学活动的出发点和落脚点,是体育教学效果评价的尺度和标准,因此要遵循可测性原则。在设计体育教学目标时如果只是使用"了解""掌握""熟练掌握""理解"等词,缺乏质和量的具体规定性,那么这样的目标可测性、可比性就较差,很难准确测量和评价最终的教学效果,也难以指导教师正确选择教学方法、妥善组织教学过程。因此,一个具有明确要求的体育教学目标一般需要表明教师可观察到的学生学习的结果,还需要表明学生行为结果衡量的条件与标准。

(5)发展性原则。体育教学目标最终要落实并体现在学生的学业成就表现方面。

由于有些教学效果具有一定的滞后性，其结果将在短期内无法显现出来，确切地说，教学效果最终是要落实到学生的下一个阶段的学习或未来的专业发展方面。所以，体育教学目标的设计，既要着眼于学生现有的发展水平和学习需要，又要放眼于未来的专业发展需要。

2）体育教学目标表述的基本要素

美国体育教学论专家拉里·西登托普认为，具有指导性的体育教学目标应包括"达成什么样的课题""在什么条件下达成课题""用什么标准来评价"三个要素，即课题、条件和标准。新课标颁布以后，我国体育理论研究者经过多年探讨和实践，一般认为体育教学过程中一个规范的、明确的教学目标表述应包含五个要素：行为主体、行为动词、行为主题、行为条件和行为水平。

（1）行为主体。体育教学目标中的行为主体指的是学习者，即学生。也就是说，体育教学目标所预期和描述的是学生的行为，而不是体育教师的行为。因此，规范的教学目标开头应是"学生……"，虽然在表述教学目标时行为主体也可以省略不写，但目标表述的方式仍应较明显地体现出学生是行为完成的主体，如（学生）模仿出脚背内侧踢球的动作过程，如果写成"教会学生……"或"培养学生……"的教学目标，明显是对体育教师教的行为要求，而不是对学生学的行为要求，这属于行为主体错位。

（2）行为动词。体育教学目标中的行为动词是用来描述学生所形成的可观察、可测量的具体行为，可分为模糊动词与明确动词。模糊动词如掌握、初步掌握、理解、知道、了解、喜欢、相信等，明确动词如陈述、比较、模仿、示范、改编、接受、服从、拒绝等。在表述相对宏观的体育教学目标时，可以适当地选择模糊动词，但在表述体育课堂教学目标时，应尽可能选用意义明确、易于观察的行为动词。

（3）行为主题。体育教学目标中的行为主题是用来描述学生练习的具体行为内容，可以为学生的练习指明方向。例如，教授篮球的投篮技术时，应在体育教学目标表述中具体指出学生学习的是双手胸前投篮还是单手肩上投篮，而不能笼统地描述为投篮技术动作。

（4）行为条件。体育教学目标中的行为条件是指影响学生学习结果的特定的限制或范围，主要说明学生在何种条件下完成指定的操作。对行为条件的表述，体育教学中经常使用的有以下几种。

第一，对环境因素的表述，包括对学习空间、学习地点的限制，如"在沙坑里完成跳远练习"。

第二，对作业条件因素的表述，包括对器材的高度和重量的规定，在什么地点完成动作练习等，如"在浅水区练习蛙泳动作"。

第三，提供信息或提示，如"借助人体解剖图，说出股二头肌的位置"。

(5) 行为水平。体育教学目标中的行为水平是指学生对目标所达到的最低表现水准，用来评估学习表现或学习结果所达到的程度。行为水平应尽可能地采用定量的指标或标准。对行为水平的表述，体育教学中经常用到以下两种。

第一，对完成时间限制的练习内容的表述，如"5分钟内，跑完1000米"。

第二，对练习动作准确性的表述，如篮球投篮练习"命中率达到60%以上"。

由于实际体育教学过程具有复杂性和多样性，体育教学目标的表述未必严格套用以上格式。一些较复杂、高层次的运动认知、情绪调控、环境社会、体育精神品质等方面的目标，只有少数时候能用可观察和可测量的术语来描述，大多数时候要采用定性的语言，并且表达也不尽准确和清晰。因此，在表述教学目标时，既要考虑其具体化、可测性，也要考虑某些目标的特殊性。

（二）体育教学内容

体育教学内容是实现体育教学目标的重要条件，是教师和学生开展体育教学活动的重要依据，是学生认识和掌握的主要对象。任何时代的学校体育教学，都要选择科学的教学内容，都要符合具有时代特征的体育教学内容的规定性要求。人类知识的快速增长和学校体育教育活动的专门化，要求体育教育工作者选择的教学内容既要符合教育目标的要求，又要适应学生的身心发展特点，还要使学生在有限的接受教育的时间内，学到最有价值的知识，形成基本的体育实践能力，具备基本的体育素质。

1. 体育教学内容的概念

在体育教学理论界，有关学者对体育教学内容有不同的观点。金钦昌等人认为，体育教学内容是指为实现体育教学目标而选用的体育卫生保健基本知识和各种运动动作。体育教学内容既包括体育卫生保健基础理论知识，又有可以不断重复和交叉组合的丰富的锻炼身体的实践内容。周志雄等人认为，体育教学内容是指为了实现体育与健康课程标准规定的教学目标，要求学生全面、系统学习的体育知识原理、运动技能和行为规范的总和。它具体体现在制定的体育与健康课程实施方案、体育教学计划、体育教学大纲和编写的教科书、教学软件里。

根据有关教学内容的基本含义和我国新时期颁布实施的体育与健康课程标准中的基本教育理念及价值取向，我们认为，体育教学内容是指为了达成或实现体育与健康课程标准规定的学习领域目标，要求学生全面、系统学习的体育与健康知识、运动技能、情意态度和行为规范的总和。

2. 体育教学内容的特点

(1) 运动实践性。体育与健康课程遵循健康第一的指导思想，强调实践性特征。运动技能是体育教学或学生学习的主要内容之一，体育教学主要是通过学生的身体练习或身体运动形式进行的，学生的体育学习过程需要通过身体大肌肉群的运动参与。与其他学科课程的教学内容或学习内容相比，体育教学中运动技能的学习和掌握光靠学生的观察、思考、记忆等途径是无法掌握的，运动技能的学习和掌握必须通过大量的身体运动实践体验，提高运动中的本体感觉才能实现。

（2）健身性。体育教学过程中，学生学习体育与健康知识、运动技能和方法主要通过身体练习和运动参与的方式，而在进行身体练习和运动实践过程中，学生的机体需要承担相应的运动负荷，在适宜的运动负荷刺激下，学生的机体会发生生理反应，产生相应的生理效应，从而逐渐提高体质健康水平。

（3）娱乐性。体育教学内容中包括许多体育运动项目和体育游戏等，这些体育教学内容本身内含着运动的乐趣和娱乐性，主要体现为在身体练习及运动技能学习和运动竞赛过程中，学生经历成功与失败、体验竞争与合作，给人的心理感受、情意态度等以深刻而丰富的影响。

（4）综合性。体育教学内容要充分发挥育人的功能，以体育与健康知识、技能和方法为主要内容，同时融合部分健康行为与生活方式、生长发育与青春期保健、心理健康与社会适应、疾病预防、安全应急与避险等方面的知识和技能。相比其他学科教学内容而言，体育教学内容的综合性更强。

（5）非阶梯性。体育教学内容的非阶梯性主要是指各体育教学内容之间没有非常清晰或严密的内在联系，即由易到难、由简到繁的阶梯性结构，以及明显的必须从基础到提高的逻辑结构体系，具有较大的跨越性特性，特别是运动技能内容。学生学习和掌握体育教学内容时可以跨越某一知识、技能而学习另一知识、技能。而其他学科课程的教学内容之间具有较为清晰和严密的内在逻辑体系，学生学习和掌握内容时必须严格按照知识的逻辑结构展开。

3. 体育教学内容的选择

选择与分析体育教学内容要以体育与健康课程标准为基础，其目的在于明确体育教学内容的广度、深度及教学内容各组成部分的联系，以确定最佳的教学内容。教学内容的广度是指学生必须达到的知识和技能的范围；教学内容的深度是指学生必须达到的知识深浅程度和技能水平；明确教学内容各组成部分的联系，合理安排教学内容的顺序，既要让学生知道"学什么"，又要让学生明白"如何学"。

在体育教学实践中，选择体育教学内容应坚持以下基本原则。

（1）基础性原则。青少年学生，特别是处于义务教育阶段的学生，他们机体各个系统的机能还不成熟，正处于生长发育的关键时期，他们基本不掌握体育运动与健康的有关知识、技能。基础性教学内容可使全体学生学习掌握体育与健康的基本知识、基本运动技能和方法，为学生终身体育学习和健康生活奠定良好的基础。

（2）健身性原则。体育与健康课程是以增进学生健康，培养学生终身体育意识和能力为主要目标的课程，所以，所选的体育教学内容要有利于增进健康、增强体质，特别要选能全面发展身体基本活动能力和身体素质，健身效果明显的教学内容。健身性是学校体育健康第一的指导思想的要求，体育教学内容的选择要符合不同学段学生的生理、心理发展的特点，能够有效发展学生的体能，增强其体质，使其身心协调、全面发展。

（3）趣味性原则。学生对体育运动的兴趣决定着学生对体育运动的关注，并在很大程度上决定着学生的体育学习行为取向，成为学生体育学习的内在动力。因此，体育教学内容的选择应充分考虑学生的运动兴趣、需求，注重与学生的学习和生活经验相联系，引导学生体验体育运动的乐趣，提高体育学习动机水平。

（4）规定性与灵活性相结合原则。在宏观上，体育与健康课程标准重视规定性与灵活性相结合。规定性主要体现在指导思想、课程理念、课程目标与学习方面、学习内容体系框架、教学方式、教学评价等有整体统一要求。灵活性主要体现为在规定性的统一指导下，学校和教师可以根据自身实际情况灵活运用和组织实施具体的教学内容及教学手段方法、教学组织形式、学习评价等，如体育与健康课程标准中提出的"关注地区差异和个体差异"的课程理念，就是灵活性的反映。

（5）与《国家学生体质健康标准》相结合原则。《国家学生体质健康标准》是国家学校教育工作的基础性文件和教育质量基本标准，是评价学生综合素质、评估学校工作和衡量各地教育发展的重要依据，是《国家体育锻炼标准》在学校的具体实施。它的目的在于激励青少年学生参加身体锻炼，引导学校深化体育教学改革，推动各地加强学校体育工作，促进青少年身心健康、体魄强健、全面发展。体育教学内容和体育教学考核评价的内容及要求应是一致的，因此，体育教学内容的选择要与《国家学生体质健康标准》相结合。

4. 体育教学内容的组织

学校体育的目标不仅仅是让学生掌握体育相关的概念、理论和原理等内容，还要让学生通过身体练习，掌握体育锻炼的方法，增强体质健康，养成体育锻炼的习惯和健康的生活方式，在运动体验过程中培养良好的心理品质、人际交往能力和合作精神。因此，对不同性质的体育教学内容应采用合理有效的组织。

（1）纵向排列方式和横向排列方式。体育教学内容都有一定的系统性和内在联系性，一般都是由浅入深、由简到繁、由具体到抽象。因此，学生在学习体育教学内容时，是以相对简单的、具体的体育知识和运动技术为基础，然后过渡到复杂、抽象的体育知识和运动技能。这种按照由简单到复杂的纵向发展顺序进行组织安排的方式称为纵向排列方式。

不同体育教学内容之间，尤其是运动技能学习过程中可能存在正迁移和负迁移现象、体育教学内容功能的多元性和局限性特点，因此，在体育教学内容组织时做到合理搭配教学内容就显得特别重要。例如，在学期教学计划中要完成发展学生综合身体素质教学目标时，既要安排发展速度、力量的教学内容，也要考虑安排发展耐力、柔韧性和灵敏性的体育教学内容。这种按照体育教学内容横向之间的联系而排列的方式称为横向排列方式。

（2）直线排列方式和螺旋排列方式。直线排列方式是指某项体育教学内容教过之后，不在其他学习阶段重复安排的排列方式。螺旋排列方式是指某项教学内容教过之后，在其他学习阶段还会再安排学习，但是只有部分体育教学内容重复，并逐步提高其教学要求的安排方式。

具有以下特点的体育教学内容可采用直线排列方式：①比较简单，具有局限性的教学内容，如少年拳和五步拳不适合安排在高中或大学阶段；②教学内容比较复杂，但教学计划规定不需要深入进行学习，只需要了解的体育教学内容，如通过体验性达到情感性教学目标的体育游戏等；③关于体育知识的理论性内容。

具有以下特点的体育教学内容可采用螺旋排列方式：①教学内容比较复杂，教学计划要求需要深入学习掌握一定的运动技能的教学内容；②娱乐性比较强的教学内容，如体育舞蹈或健美操教学；③健身性比较强的教学内容，有时会作为辅助性练习内容，经常安排在主体教学内容之后的教学内容，如发展平衡能力的动作技能、发展协调能力的动作技能安排在体育课基本部分主要内容的后面进行练习；④以上三点中相结合的两点或三点同时具备的教学内容。

（三）体育教学方法

1. 体育教学方法的概念

体育教学方法是指在体育教学过程中，体育教师和学生为了实现体育教学目标而采取的相互作用的有效活动方式的总称。体育教学方法不能割裂开来单独讲教师教的方法和学生学的方法，应是教与学相互作用、相互影响的有机整体。

2. 体育教学方法的分类

长期的体育教学实践和研究形成的体育教学方法系统，存在着不同的分类方法。依据师生双边活动可把体育教学方法分为教授法和学习法；依据学生获得知识的主要途径和来源，可把体育教学方法分为语言法、直观法、练习法；依据教学目标可把体育教学方法分为传授与掌握体育知识、技术和技能的方法，发展学生体能的方法，加强学生思想品德教育的方法；依据体育教学方法的信息传递途径可把体育教学方法分为以语言传递信息为主的方法、以直接感知为主的方法、以身体练习为主的方法、以比赛活动为主的方法、以探究性活动为主的方法。

在以上分类的基础上，考虑到体育教学实践中应用教学方法的实用性，我们根据教师传递体育信息的方式和学生获取体育信息的主要途径把体育教学方法分为：

语言感知类方法、感官感知类方法、机体感知类方法、复合感知类方法四类，详见表 5-4。

表 5-4 体育教学方法分类表

语言感知类方法	感官感知类方法	机体感知类方法	复合感知类方法
讲解法	动作示范法	分解练习法	比赛法
提问法	演示法	完整练习法	游戏法
问答法	观察法	循环练习法	探究法
自我暗示法	……	重复练习法	发现法
口令和指示法		变换练习法	……
口头评定成绩法		……	
……			

3. 中小学常用的体育教学方法

（1）动作示范法。动作示范法是指在体育教学过程中，体育教师或教师指定的学生，以他们自身完成的动作作为教学的范例来指导学生进行学习的一种方法。

动作示范法根据示范的方式可以分为直接示范法和间接示范法。直接示范法是指教师和学生在面对面的情况下，教师现场进行动作示范的教学方式。间接示范法是教师借助一定的媒介来展示教学范例，然后指导学生进行练习的方式。体育教学过程中，运用动作示范法要注意以下几个方面。

第一，示范要有明确的目的性。根据动作示范的目的不同，可以把示范分为认知示范、学法示范和错误示范。认知示范是为了让学生建立完整的、正确的动作概念而进行的示范，通常在某项运动技术教学初期选用，示范的过程一般采用完整示范，常规速度。学法示范是指为了使学生明白如何进行学练而进行的示范，当动作简单或不能分解时，就采用整体示范，常规；当动作比较复杂或比较难时，示范过程就采用局部示范，慢速示范。错误示范是为了给学生纠正错误动作而做的示范，示范的过程一定是局部示范，慢速。

第二，示范要正确、熟练。示范动作要符合动作的技术规格和技术要求等。教师的动作示范做得轻松、优美，具有感染力，能够激发学生的学习动机。

第三，选择合理的示范面。体育教学中动作示范有正面示范、侧面示范、背面示范、镜面示范四种。实践中为了显示动作的左右距离，可采用正面示范；为了显示动作的前后部位，可采用侧面示范；对于方向、路线变化比较复杂的动作，可采用背面示范；对于动作技术结构简单、学生易于模仿的动作，可采用镜面示范。

第四，示范的方向和位置要利于学生观察。为了使动作示范便于学生观察，教师要正确地选择示范的位置和方向。示范的位置要根据学生的队形、动作性质及安全等因素决定，示范的方向要根据动作结构和要求学生观察的动作部位而定，示范应以每个学生都能清楚观察为原则。

第五，示范要与讲解相结合。在教学实践中，根据教学目标、练习的内容及学生的身心特点，可采用先讲解后示范、先示范后讲解、边讲解边示范等讲解与示范相结合的方式。示范与讲解相结合可充分发挥学生的视觉、听觉等感知觉的能力，使直观和思维紧密结合，提高教学效果。

（2）完整法和分解法。在体育教学过程中，采用分解法来分解掌握动作不是目的，分解教学法是为了更好地、完整地掌握动作过程。

完整法是指从动作开始到结束，不分部分和段落，完整地、连续地进行教学的一种方法。完整法的优点是能使学生完整地掌握动作，不至于破坏动作结构。完整法的缺点是不易于较快地掌握动作技术中较为复杂的要素和环节。分解法是把一个完整的动作合理地分成几个部分（或段落），按部分逐次进行学习，最后达到全部掌握的一种教学方法。分解法的优点是能够降低动作的难度，突出对教学难点的学习，能够帮助学生树立信心；缺点在于不利于学生对完整动作的领会，容易造成分解掌握动作的习惯。运用分解法时，需要把完整的动作技能分解成不同的技术环节，然后才能进行教学。体育教学过程中，分解的依据主要有按动作结构进行分析，如跳远运动可以根据动作结构分为助跑、起跳、腾空和落地四个技术环节；按身体不同部位的动作进行分解，如健美操动作，先学习步伐，然后学习手臂动作，最后手脚协调运动；按学习难度进行分解，如游泳教学，先在岸边学习蛙泳动作，然后在浅水区练习，再到深水区练习。

分解法通常采用分进式、直进式和递进式三种形式。分进式分解方式，就是先分别学习分解后的每一部分的动作，各部分逐一学会后，然后全部联系起来进行完整练习的方式。直进式分解方式，就是先学第一部分，然后把要学的下一个部分的动作直接加进来进行练习，以此类推，直至完整地学完。递进式分解方式，就是每学习完一部分动作，然后把它与前面学过的内容串联起来学习，以此类推，直至全部学完。

（3）重复练习法。重复练习法是根据教学目标的需要，在相对固定的练习条件下，反复进行同一技术动作练习的方法。相对固定的条件有体育动作的结构、体育场地器材、运动负荷的表面数据等。如在一定高度（1.30米）上用背越式反复进行跳高练习的方法。

重复法的特点是练习的条件固定并反复进行练习，且每次练习的间歇时间没有严格规定。重复法有利于学生在反复的练习中掌握和巩固动作技术，提高运动负荷量，发展体能，培养意志品质。因此，通常在掌握动作技术、技能和发展各种身体素质的练习中采用重复法。重复法可分为单一重复练习、连续重复练习和间歇重复练习三种形式。

（4）变换练习法。变换练习法是根据教学目标的需要，在变换的练习条件下进行练习的方法。变换的条件通常有动作内容、运动负荷的表面数据或体育场地设备等，如障碍跑、变速跑等。变换练习法可以有效提高学生中枢神经系统和身体各器官系统间的协调能力、对环境和负荷的适应能力，以及练习的积极性和运动技术水平。

变换练习法有连续变换和间歇变换两种形式。连续变换练习法是指在动作内容、运动负荷的表面数据或体育场地设备等变化的条件下，无间歇地进行练习的方法，如越野跑中环境的不断改变等。间歇变换练习法是指在间歇后改变动作、运动负荷的表面数据或体育场地设备等条件再进行练习的方法。例如，跑100米结束后，休息2分钟，然后加快跑动的速度。

（5）循环练习法。循环练习法是根据体育教学目标的需要，选择若干练习内容或练习手段，分设若干练习点，让学生按一定的顺序、路线和要求，逐站依次练习的一种教学方法。做完一轮可再重复下一轮练习。循环练习法有流水式循环和分组轮换式循环两种。运用循环练习法要注意以下事项。

第一，合理设置练习站点和循环方式。一般情况下，如果站点的练习内容复杂，负荷大，那么站点的安排不宜过多；如果站点的练习内容简单，负荷小，那么可多安排几个站点，但不宜超过6个。人少时可以流水方式进行循环练习，人多时可以分组轮换方式进行循环练习，不能让学生等待时间过长。

第二，站点练习内容的安排要合理。不同站点的练习内容要考虑功能的互补性，既有上肢运动，也有下肢运动，既有速度练习，也有灵敏性练习，应有利于身体全面发展。站点的顺序安排也应由易到难，负荷安排应由小到大。

第三，注意站点练习的安全性。各站点的练习内容应简便易行，不宜选择刚学过还不熟悉的动作和有危险性的动作。缜密安排学生轮换秩序，防止发生拥挤、碰撞。划定练习与等待区域，避免器械造成伤害。在学生没有掌握各站点练习内容时，不易进行比赛练习和测试。

第四，重视每个站点完成动作的质量。明确每个站点的练习任务和练习要求。对不明确练习任务、不按动作要求完成动作的，应及时进行指导和提示。应重视动作质量，防止单纯求数量和速度。应安排学生监督每位学生的练习次数和组数，教师及时进行指导、检查与评价。

（6）比赛法。比赛法是在竞赛情景下组织学生进行练习的一种方法。比赛法竞争性强，对学生的体能与心理素质要求较高，因而有利于调动学生的潜能，有效提高身体素质，巩固和提高动作技能水平，培养竞争与合作精神，以及勇敢、顽强的意志品质。体育教学中采用比赛法的形式多种多样，可以是游戏比赛，也可以是教学比赛或专门组织的测验比赛；可以是个人与个人之间的比赛，也可以是小组与小组间的比赛；此外，按教学的具体目标和动作性质既可以比快、比高、比远，也可以比完成动作的质量或课堂中学生组织纪律性等。运用比赛法要注意以下事项。

第一，应根据教学目标、教学的性质、学生的特点和具体条件，正确、灵活地运用各种比赛形式和方法，并注意在比赛过程中，切实贯彻教学要求。

第二，重视比赛的安全性和公平性。比赛时，学生争先恐后，会尽最大努力发挥体能和技能水平，注意力也会特别集中，容易造成伤害事故，因此，教师在场地器材、运动负荷的安排，比赛的组织控制上，都应尽力避免伤害事故的发生。分组比赛时，各组的水平应大致相等，如果相差太大，比赛就失去公平的基础。比赛失去公平，比赛就会失去竞争性。

第三，要注意明确比赛规则，在比赛过程中应及时进行公正的评定。客观公正的评判，也会培养学生有意识遵守社会行为规范的优良品质，提高学生公平竞争的意识。

(四) 体育教学评价

1. 体育教学评价的概念

一般而言，评价泛指衡量人物或事物的价值，它既针对人也针对物，而且还要对人或物做出价值的判断。评价是人们对有价值的事物进行判断的过程。体育教学是指以体育教学内容为中介，以学生实际参与为特征的师生双边活动。因此，对体育教学进行评价，就是对体育教学的教和学生的学的各种活动进行价值判断的过程。由此，我们认为，体育教学评价是指根据一定的体育教学目标和标准，对教师的教学和学生的学习进行系统的检测，并判断其价值和优缺点以求改进的过程。

2. 体育教学评价的功能

(1) 信息反馈功能。在体育教学中无论是对教师的评价还是对学生的评价，都必须要搜集相关的信息，如运动量和运动强度，练习次数，练习密度，教师的教学技巧、方法的选择等，这些信息都会在评价中反映出来。一方面，这些信息可以反馈给体育教师，教师可以调节教学工作，也间接地提高学生的学习效果。另一方面，这些信息可以反馈给学生，让学生对自己的练习程度有清楚的认识，判断自己和教学目标的差距。

体育教学评价所反馈的信息，不仅可以使师生明确教学目标，而且可以判定教学目标的实现程度、教学活动中所采取的形式和方法是否有利于促进体育教学目标的达成。

(2) 诊断功能。在体育教学设计的分析阶段、决策生成阶段和实施阶段，可以通过教学评价找出其方案的优缺点及原因，进而修改体育教学方案，直到取得最优的教学效果为止。通过体育教学评价，体育教师不仅可以了解学生在某一教学阶段掌握知识、技能、技术的状况和存在的问题，还可以了解自己的教学目标制定得是否合理，教学方法、手段运用是否得当，教学的重点、难点是否突出，分析原因，确定对策和具体措施。这种反复的过程可以使体育课程达到尽可能完善的程度。

(3) 考察鉴别功能。通过体育教学评价既可以了解体育教师的教学质量和水平，对教师的教学进行鉴别、区分和评定，还可以考察和鉴别学生的学习能力和潜力、学生体育学习的状况和发展水平，给学生评定体育成绩，为国家选拔、使用人才提供参考。

(4) 激励功能。体育教学评价的激励功能是指评价对师生具有一种激发情感、鼓舞斗志的功效和能力。体育教学评价是促进师生达成体育教学目标的重要手段，科学、合理的体育教学评价可以调动体育教师教学工作的积极性，激发学生体育学习的动机，挖掘他们体育学习的潜能，提高他们体育学习的积极性等，从而对教师的教学和学生的学习起到激励作用。对体育教师来讲，适时、客观的教学评价，可以让自己明确体育教学工作的努力方向；对学生来讲，每位学生都有渴望了解自己学习结果的心理趋向，并会自发地与同学、与某种标准进行比较，从而激发学习动机，提高体育学习的积极性。相应地，教学效果也提高了。

3. 体育教学评价的理念

随着学校体育教学的发展，体育教学评价在力求突破注重终结性评价而忽视过程性评价的基础上，重视学习评价的激励和反馈功能，淡化其甄别、选拔功能。体育教学评价的新理念重视综合性学习评价，主要体现在以下几个方面。

(1) 强调评价内容的全面性。体育教学评价的内容包括对教师教的评价和对学生学的评价。对教师教的评价包括教师专业素质和课堂教学的评价，其中课堂教学评价包括课前准备工作、课中教学目标、教学的组织和课的结构、教学内容的质与量、师生间的交流和关系、教学技巧和授课能力以及教学目标的实现程度等方面的综合评价。对学生学的评价是对学生学习效果的综合评价，体育与健康课程标准把学生的学习内容划分为运动参与、运动技能、身体健康、心理健康和社会适应几个领域。因此，体育教学评价在强调体能和运动技能评价的同时，重视学生的学习态度和参与情况、情意表现和合作精神等方面的评价，以真正体现促进学生全面发展的教育理念，真正体现评价的教育功能，从而也保证评价内容和体育课程目标的一致性。

(2) 强调评价方法的灵活性。随着素质教育和终身体育教学理念的发展，传统教学中只采用终结性评价、定性评价和绝对评价的方法已不能适应体育与健康课程改革发展的需要，应该强调诊断性评价、过程性评价和终结性评价相结合，定量评价和定性评价相结合，绝对评价和相对评价相结合等多种评价方法的灵活运用，从而更加突出体育教学评价的激励作用。

体育教师要想取得良好的教学效果，必须要在体育教学过程中把诊断性评价、过程性评价和终结性评价结合使用。教师在教学时，应先对学生进行诊断性评价，在单元开始时对学生的现有学习水平进行摸底，了解学生是否具有达到新的体育学习目标所必需的基础知识和技能。然后在教学过程中对学生体育学习的情况进行过程性评价，发现每个学生的运动潜质，及时了解学生体育学习的进展情况和存在的问题，以便及时、有效地调整体育教学过程，以改进教师的教和学生的学。最后，在单元结束时再对学生体育学习各方面的发展做一个终结性评价。

从学生体育学习内容的评价角度来分析，需要定量评价和定性评价相结合。学生的体能和运动技能方面的评价可以采用定量评价的方法；对低年级学生的评语式评定或等级制评定、学生的体育学习态度和参与情况、情意表现和合作精神的评价等指标适合采用定性评价。

（3）强调评价标准的多元性。传统的体育教学评价只注重从学生的体能和运动技能方面制定统一的内容和标准来评价不同地区、不同学校的学生。这显然与新的体育与健康课程标准不符，无法适应教学要求。体育与健康课程要培养既有强健体魄和一定水平的运动技能，又具有健康的心理和良好的社会适应能力的学生，就需要相适应的体育学习评价标准。体育学习评价标准必须要多元化，把相对性评价标准（含个体内差异性标准）和绝对性评价标准相结合。

绝对性评价标准有助于学生认识到自己目前所处的实际水平及其与社会要求之间的差距，但不能兼顾学生的个体差异；相对性评价标准不仅能激发学生间相互竞争的意识，还能充分照顾到学生的个体差异，但不能衡量学生的实际水平。因此，体育教师应根据教学计划的要求，在尊重学生个体差异的基础上，根据学生的实际条件制定不同的评价标准，将相对评价和绝对评价相结合，以便发现学生的优点，激发学生学习积极性，让每个学生在自尊、自信中快乐地学习体育课程。具体做法是：单元学习开始时，通过诊断性评价建立一套学生成长记录袋，包括学生的运动知识和技能、体能等方面的情况，作为学生单元学习的起点成绩，单元结束后的终结性评价成绩与此成绩对照，可得出每个学生的进步幅度。每个学生看到自己的进步，可获得成功的运动体验。

（4）强调评价主体的多元性。传统体育教学评价形式往往是由体育教师对学生进行的外部评价。而大部分体育教师可能会由于所教班级多、学生人数多而出现无法熟悉每一位学生的情况，甚至到了单元结束还不能认识所有的学生，以致影响评价的公平性和客观性。因此，体育教学评价既要强调教师对学生的外部评价，也要强调学生间的相互评价和学生的自我评价，还可以让家长等参与到评价中来，从而实现评价主体的多元性。这样既有利于发挥学生的自主性和能动性，又有利于学生正确地认识和评价自己与他人，了解体育课程的教学目标，因而能促进学生进一步发展。

（5）关注学生的发展性。体育教学的效果往往具有滞后性，有的效果可能一段时间后才能显现，有的效果可能要几年后才能显现，因此，对学生的学习进行评价要有利于学生以后的发展，不仅要评价学生学习的最终结果，还要关注学生在学习过程中的态度和表现，是否领会有关知识要领，是否有效发挥了主体性。体育教学评价要有利于促进学生体育意识、体育情感、体育能力等方面的综合发展，为其终身体育打基础。

4. 体育教师教学评价

（1）体育教师教学评价的目标。教师教学评价的目的，是通过客观、公正、及时、可靠地评定体育教师教学工作的质量和效果，发现教学活动中的优点和不足，提供具体、准确的反馈信息以帮助教师改进教学工作，促进教师自身的发展和教学水平的不断提高。

（2）体育教师教学评价的内容。教师教学评价是对教师完成各方面工作的数量、质量和价值的评定，包括对体育教师的专业素质评价和课堂教学评价。

对体育教师的专业素质评价，应包括对教师职业道德、教学能力和教育科研能力三个方面的考核评价。职业道德主要是指教师的敬业乐业精神以及对学生的热爱和尊重。教学能力主要包括对标准、教学内容的领会和掌握程度；对现代教育教学理论和教学方法的掌握及运用程度；从事体育教学必需的基本技能；激发和保持学生运动兴趣、促进学生形成体育锻炼习惯的能力；运用计算机和多媒体辅助教学以及开发和运用体育资源的能力等。教育科研能力主要包括学习能力和研究能力。

对体育教师的课堂教学评价包括对教学目标、教学的组织和课的结构、教学内容的质与量、师生间的交流和关系、教学技巧和授课能力以及教学目标的实现程度等方面的评价。

教师教学评价既可用于对某一堂课的即时性评价，也可用于对阶段性课程或整个课程的评价。评价时应关注教学活动的有效性，即教学活动对达成教学目标的有效程度。同时，教学评价不但应注意对教师教学行为的评价，还应该特别注意对学生在学习过程中的反应和学习前后变化的评价。

5. 学生体育学习评价

（1）学生体育学习评价的目标。《义务教育体育与健康课程标准》（2022年版）强调要重视每一位学生的全面发展，强调体育学习评价应是促进学生不断发展的评价，而不是选拔式的评价。因此，体育教师在确定体育学习评价的目标时，应关注以下几个方面。

第一,了解学生的体育学习和发展情况,以及达到学习目标的程度,为制定下一步教学计划做好准备。

第二,判断学生在体育学习过程中存在的不足及原因,以便改进教学。

第三,发现学生的学习潜能,为学生提供展示自己能力、水平和个性的机会,鼓励和促进学生进步与发展,提高教学效果。

第四,培养与提高学生自我认识、自我教育、自我发展的能力。

(2)学生体育学习评价的内容。根据体育与健康课程标准中核心素养和课程目标的要求,学生体育学习评价应包括运动能力、健康行为和体育品德三个方面。运动能力评价主要包括体能、运动认知和技战术的运用。体能评价要根据体育教学的实际情况和《国家学生体质健康标准》,确定学生体能测试的指标,评价学生的体能水平。健康行为评价要结合学生体育与健康课的出勤率、课堂表现,根据体育与健康课程标准中体育锻炼意识和习惯、健康知识的掌握和运用、情绪调控和社会适应维度的要求以及教学的实际情况,选择相应的体育与健康行为评价指标,评价学生健康知识运用、安全从事体育活动、情绪调控和社会适应等方面能力,为养成健康的生活方式打基础。体育品德的评价主要是对学生在体育学习与锻炼中的体育精神、意志品质、人际交流与合作行为等进行评价。

第三节 体育教学设计

体育教学设计是学校体育工作的重要组成部分,是国家体育与健康课程标准和体育教学实践的中介,起着承上启下的作用。体育教学设计是落实教育思想,体现体育课程教学理念的载体,直接关系到体育教学的效果和质量。因此,树立新时代体育教学设计的理念,明确体育教学设计的概念、类型、原则和方法,学会学段体育教学设计、学年体育教学设计、学期体育教学设计、单元体育教学设计、体育课堂教学设计的步骤与方法,对于发展体育教师核心素养具有重要的价值与意义。

一、体育教学设计的概念

体育教学设计是根据体育学科的特点,从体育教学系统的整体出发,综合考虑体育教学各方面的因素,详细分析体育教学可能出现的问题,有针对性地设计出解决这些问题的教学行动方案,并在体育教学实施过程中评价行动方案的可靠性,同时做出修正,直到体育教学活动取得最优教学效果的过程。

体育教学设计是体育教师依据学生体育学习基础和发展需求,在对体育教学活动各个要素进行全面分析和系统优化组合的基础上，制定体育教学方案的过程。要准确把握体育教学设计的概念，应从以下几个方面理解体育教学设计的内涵。

第一，体育教学设计是一个系统的规划过程。体育教学是一个由教师、学生、教学目标、教学内容、教学方法、教学环境、教学评价等要素组成的系统，这些要素在体育教学过程中彼此联系，针对一个特定的共同目标发挥着各自的作用，组成了一个有机的整体。体育教学设计就是运用系统论方法来协调配置，使各要素有机结合，发挥体育教学系统的整体功能。

第二，体育教学设计是探究解决一系列复杂的教学问题的最优化路径和经验的过程。

第三，体育教学设计的结果是能实现预期目标的体育教学计划或方案，可以直接指导体育教学过程。

第四，体育教学设计是一种具有整合性、决策性、创造性的实践活动。它既强调对体育学科中的知识、技能、经验、感受或体验的整合，也突出教师在设计中的决策能力和创新能力。

二、体育教学设计的类型和一般程序

（一）体育教学设计的类型

依据体育教学过程的时间特征，体育教学设计可以分为超学段体育教学设计、学段体育教学设计、学年体育教学设计、学期体育教学设计、单元或模块体育教学设计、课堂体育教学设计。它们之间是一种承上启下的关系，上位教学设计是下位教学设计制定的基础。不同层次的体育教学设计在教学目标、教学内容、教学组织与实施等方面的规划和安排不尽相同。

（二）体育教学设计的一般程序

我们这里只从体育教学设计的基本规律来分析体育教学设计的一般程序。体育教学设计包括分析阶段、决策阶段和评价阶段。

1. 体育教学设计的分析阶段

体育教学设计的分析阶段主要做好以下几个方面。

（1）分析体育教学的目标任务。

（2）确定学生的起点状态，包括他们的原有知识水平、技能和学习动机、状态等。

（3）分析学生从起点状态过渡到终点状态应掌握的知识技能或应形成的态度与行为习惯。

2. 体育教学设计的决策阶段

体育教学设计的决策阶段主要做好以下几个方面。

（1）制定体育教学目标、确定体育教学内容、选择体育教学策略、布置场地器材。

（2）考虑选用哪些方法给学生呈现体育教学内容，提供学习指导。

（3）考虑选用哪些方法引起学生的反应并提供反馈，从而创造性地设计出行动方案，并考察其可行性。

3. 体育教学设计的评价阶段

体育教学设计的评价阶段主要做好以下几个方面。

（1）选择测量与评价的方法。

（2）对测量与评价的结果进行分析。

（3）分析产生不良教学效果的原因，并进行修正。

三、体育教学设计制定的步骤与方法

体育教学设计是根据国家颁发的体育教学指导文件，结合各学校和学生的实际情况所制定的体育教学指导方案及其实施的工作程序，其主要载体是体育教学计划。因此，要制定超学段体育教学设计、学段体育教学设计、学年体育教学设计、学期体育教学设计、单元或模块体育教学设计、体育课堂教学设计，以满足不同教学要求。这些教学设计呈现的规律是，每个上位设计都是下位设计制定的依据，下位设计则是对上位设计的具体细化和执行，计划逐步详尽而具体。

（一）超学段体育教学设计

超学段的体育教学过程是学生从小学到大学毕业所接受的国家规定的体育课程的教育过程，可以理解为是体育课程的总教学过程，因此超学段体育教学设计是对整个体育教学过程的指导方案的制定过程，一般是由国家和地方教育行政部门来制定和设计的，包括国家层面的体育与健康课程标准、《全国普通高等学校体育课程教学指导纲要》，以及各个省（区、市）制定的地方体育课程实施方案。

（二）学段体育教学设计

学段体育教学设计是体育教师根据国家颁布的各学段体育与健康课程标准，结合学校的实际情况，针对某一个学段的体育教学工作进行的总体设计方案及其实施修正的过程。学段体育教学设计的总体方案就是学段体育教学计划。学段教学设计不是传统学年教学计划的简单合并，而是针对同一水平的不同学习领域所规定的学习目标而进行的教学工作计划的设计，它在范畴上属于中观教学设计。

学段体育教学设计的成果可以因人而异，或者因不同水平阶段而异。因此，每个教师可以按照自己对体育与健康课程标准精神的理解，结合学校和学生的实际情况制定符合自己学校特色的学段体育教学计划。学段体育教学设计的具体步骤和方法如下。

1. 确定同一学段的不同领域的体育教学目标

《义务教育体育与健康课程标准（2022年版）》中水平一至水平四目标对应的学段分别为小学一至二年级、小学三至四年级、小学五至六年级和初级中学一至三年级等四个学段。根据相应学段学生的特点，结合学校的实际情况确定同一学段的运动能力、健康行为和体育品德三个方面的体育教学目标。

《普通高中体育与健康课程标准（2017年版2020年修订）》中体育课程目标对应的学段是普通高中一至三年级。然后根据相应学段学生的特点，结合学校的实际情况确定高中学生的运动能力、健康行为和体育品德三个方面的体育教学目标。

2. 确定学段的教学时数和教学内容

义务教育和普通高中阶段的体育与健康课程标准中规定，小学一至二年级每周体育课时数为4学时，三至九年级每周体育课时数为3学时，高中阶段每周体育课时数为2学时。依次可计算出各学段体育课教学时数，如普通高中阶段每学年36周，每周2节课，则每学年教学时数为72学时，高中学段体育课总学时为216学时。

根据体育与健康课程标准在各水平阶段的内容标准与要求，结合学生体育基础、本校体育传统、场地设施器材条件和体育师资等方面具体情况，选配该学段体育教学内容。

3. 把学段教学内容和教学时数合理地分配到每个学年中

根据每个学习领域的体育教学内容的难易程度、数量多少等因素，确定各领域的学习内容的教学时数，将其合理分配到各学年和学期中。

4. 确定考核项目、标准及要求

结合本学段体育教学活动特点、学时情况等，确定本学段的考核项目及标准。学段教学计划设计完毕后，必须进行全面检查，发现不合理之处及时调整，使每学年的体育教学内容的分量与教学时数相吻合。

（三）学年体育教学设计

学年体育教学设计是根据学段体育教学设计的要求，结合学生特点和学校的实际情况，将学年体育教学内容和教学时数相对合理地分配到两个学期中，并提出考核内容与标准的总体设计方案及其实施修正的过程。学年体育教学设计的总体方案就是学年体育教学计划。

学年体育教学设计的教学内容安排要充分考虑气候变化,如夏天可以安排游泳,冬天可以安排长跑,北方还可以安排滑雪与滑冰等。可根据学校具体情况、学生学习压力、学生体质特点等适当调整学年教学目标与内容,如初三、高三年级学生面临升学考试,则可以适当调整为教学难度小的教学内容。学年体育教学设计的具体步骤与方法如下。

1. 确定学年体育教学目标

根据学段体育教学目标与要求,结合学生特点、学校场地器材条件与学校传统项目等具体情况,从运动能力、健康行为、体育品德三个方面确定学年体育教学目标。

2. 明确学年教学时数

根据国家体育与健康课程标准中规定的各年级体育课时数,结合学校体育教学进度,计算出学年体育教学时数,如高中阶段每学年36周,每周2节课,则高中每学年教学时数为72;初中每周有3节体育课,则初中每学年的教学时数为108。

3. 确定学年各项教学内容的时数

根据学年教学的总体要求,结合各项教学内容容量大小和学习难度,以及学生的体育学习能力,参考上学年的教学反馈,确定各类教学内容的时数。

4. 把教学内容和教学时数合理地分配到两个学期中

分析各项教学内容的技战术特点、各教学内容之间的逻辑关系,结合气候、气温等环境条件,将教学内容和教学时数合理地分配到两个学期中。

5. 确定考核项目、标准及要求

结合本校体育教学活动计划特点、学生特点等,确定学年考核项目与要求,学年考核项目为重点教学内容,一般以3~5个考核项目为宜。

(四)学期体育教学设计

学期体育教学设计是根据学年体育教学设计的要求,结合学生特点和学校的实际情况,将学期体育教学内容和教学时数相对科学地分配到每次课中,并提出考核内容与标准的总体设计方案及其实施修正的过程。学期体育教学设计的总体方案就是学期体育教学计划。

学期体育教学设计集中反映了一个学期教学活动的整体进程,是教师备课、编写教案的内容依据,也是体育教学必不可少的文件之一。学期体育教学设计方案采用的是符号式教学进度表,采用先安排重点教学内容,再安排一般教学内容的方式。编排教学进度时要考虑季节特点,还应该考虑场地器材的使用情况以及同时在操场上课的班级的多少，以免发生冲突。学期体育教学设计的具体步骤与方法如下。

1. 确定学期教学目标

依据学年体育教学目标与要求，结合学生特点、学校场地器材条件与学校传统体育项目等具体情况，从运动能力、健康行为、体育品德三个方面确定学期体育教学目标。

2. 确定各项教学内容时数与上课次数的关系

在中小学体育课教学过程中，若一节课有两个主要教学内容，那么上课次数为教学时数的2倍；若一节课只有一个教学内容，那么上课次数与教学时数等同，如篮球教学单元共有10学时，若每节课都有另一个教学内容出现在篮球课中，那么篮球就要上20次课；如果每节体育课只有篮球一个教学内容，那么只要上10次课。

3. 把各项教学内容排入每节课中

教学内容排列按照先排重点项目、考核项目，后排其他项目的原则进行。教学内容排列方法有三类：连续排列法、间隔排列法和混合排列法。难度较大的、技术比较复杂的、季节性较强的教学内容可采用连续排列，如挺身式跳远、游泳等；比较简单的、技术性不强的、体能消耗较大的教学内容可采用间隔排列，如广播体操、耐久跑等。学时较多的教学内容可采用混合排列。

4. 确定考核项目、标准与要求

学期考核项目为重点教学内容，一般以2～3个考核项目为宜。

（五）单元体育教学设计

单元体育教学设计是根据学期体育教学设计的规定与要求，按运动项目的内在结构与逻辑排列体育课次顺序、目标、内容与方法等，并提出考核内容与标准的总体设计方案及其实施修正的过程。单元体育教学设计的总体方案就是单元体育教学计划，单元体育教学工作计划是单元体育教学设计的结果。单元的本意是指一个有机的教学过程和与之配套的教学内容"集合"或"板块"。在体育教学实践中，基本上是以各项运动技术来划分单元的，每个单元是一个完整的教学过程。单元的顺序主要是按运动技术的传授顺序来设计的，但也有一些辅助性的其他教学单元。单元体育教学设计的基本步骤与方法如下。

1. 确定单元或模块教学目标

根据学期体育教学目标与要求，结合学生特点、学校场地器材条件与学校传统项目等具体情况，从运动能力、健康行为、体育品德三个方面确定单元体育教学目标。

2. 确定每次课的教学目标

每次课的教学目标，主要是指运动技能学习方面的目标，通过技能目标明确体育教学内容。根据单元教学内容的课次及教学总目标，合理分解，确定每次课的教学目标。

3. 确定每次课的重点和难点

单元教学是一个比较完整的结构，如挺身式跳远单元可以分为助跑、起跳、腾空、落地四个环节，前后环节紧密相连、不可分割，单元教学的关键在教授重点、难点内容，所以要根据每次课的教学目标，先确定每次课的重难点，如助跑与起跳相结合就是挺身式跳远单元教学的重点。

4. 选择每次课的教学方法和手段

按单元教学的内部结构、目标、重难点、学生特点与学校具体情况等，选择适合的教学方法和手段，合理安排单元教学中每节课的教学目标与教学内容、教学重难点、学生学练步骤等。

5. 确定考核项目、标准与要求

根据学年、学期教学计划的要求，确定单元教学考核或考查项目、标准与要求。

(六) 课堂体育教学设计

课堂体育教学设计是根据单元体育教学设计的规定与要求，在分析学情、学校场地器材条件等基础上，合理设计每节课的教学目标、教学方法与手段、学练步骤、组织措施、运动负荷、运动密度、场地器材等，针对体育课堂教学的总体设计方案及其实施修正的过程。

课堂体育教学工作计划（简称教案）是课堂体育教学设计的结果，在安排教学活动时，应注意2022年版国家体育课程标准提出的每节课安排10分钟左右的体能练习、群体运动密度达到70%以上的要求，进而对各项教学内容的时间进行分配。课堂体育教学设计的具体步骤和方法如下。

1. 确定课堂体育教学目标

课堂体育教学目标是学生学习本课教学内容后所要达到的结果，体育教学目标的制定必须准确、严密，不能用模棱两可的术语来表达要求学生完成的学习任务。课堂教学目标应包含运动能力、健康行为和体育品德三个方面。教学目标是学生学习和努力的方向，是评价体育教学效果的客观尺度和依据。因此，教师和学生都需要清楚每次课的教学目标。

2. 合理安排教学内容和组织教法

（1）开始部分和准备部分的内容安排。开始部分和准备部分的时间约占一节课的20%，一般要根据教学内容性质、学生特点和季节气候等具体情况来确定。内容包括集合整队，教师宣布课的内容、目标和要求，检查服装，处理见习生和集中注意力的练习，以及根据不同的天气安排不同的准备活动。准备活动内容很多，大致可以分为两类。一是一般性准备活动，目的在于使学生集中注意力，使全身各主要肌肉群和关节韧带得到充分活动，经常采用的准备活动有各种走跑练习、徒手操、轻器械体操、队列队形练习、舞蹈、游戏等。二是专门性准备活动，主要是为掌握所要学的技术动作创造条件，安排动作性质、结构与基本教学有关或相近的练习，包括模仿练习、诱导练习或辅助练习，以及掌握该项教学内容所必需的身体素质练习等。开始部分和准备部分的练习方式通常采用集体形式，也可以采用分组形式，既可以定位练习，也可以行进间练习。

（2）基本部分的内容安排。体育课的基本部分是整节课的核心，约占一节课的70%。在安排教学时应注意根据体育课的类型、教学性质和难易程度以及季节气候条件等，处理好教学的先后顺序。如果课中安排两个以上教学内容，则应先确定其先后顺序。课内教学内容的排列要符合运动负荷的基本要求，除特殊的教学目标和教学设计外，一般按照先易后难、先简后繁、负荷量先小后大、先局部后全身的原则排列。然后，根据各项教学内容的重点、难点排列教学内容的练习顺序，通常是将新的、较复杂或难度较大，以及发展速度和灵敏性的内容放在基本部分的前面，将消耗体力较大的内容，如教学比赛、力量和耐力的练习放在基本部分的后面。基本部分的组织教法，可先根据学生人数、场地器材条件和练习的需要，选用集体、分组或个人练习的形式，分组教学时需考虑分组不轮换教学或分组轮换教学，然后安排讲解示范、提示、讨论、分解练习、比赛等。

（3）结束部分的内容安排。结束部分的时间约占一节课的10%。教学内容根据基本部分最后一个教学的性质和运动负荷大小的情况，选用一些动作结构简单、节奏舒缓、负荷较小的练习，如活动性游戏、徒手操、舞蹈或慢跑等。结束部分通常采用全班集体的形式，也可分组进行整理放松活动，然后全班集中小结。

3. 安排各项教学内容的时间和练习次数

（1）确定"课的各部分"的时间。结合前面体育课三个部分的比例关系，即开始部分和准备部分约占一节课的20%、基本部分约占一节课的70%、结束部分约占一节课的10%，根据各中小学体育课的实际时间，计算出各部分应占的时间。

（2）确定"各项教学内容"的时间。各项内容的教学时间的总和应等于或小于课的总时间。

（3）确定"练习的次数"并算出时间。练习次数是各个教学内容中每项练习中一个学生的练习次数。练习次数应根据各项教学内容的时间和相应的组织时间来确定。

4. 确定课中学生的生理负荷和练习密度

为了达成课堂教学目标，根据教学内容、学生的身体素质、场地器材条件、气候条件等，设计课中学生的运动负荷，预测课中最高心率、全课的平均心率及基本部分的练习密度等。

5. 设计课中场地器材布局

明确本节课所需要的场地器材，确定该节课应使用的场地位置、范围，需要器材的数量、规格等，以便课前就能充分准备并布置到位。安排课堂教学的体育场地时，要相对集中并便于指导，要充分利用学校现有的体育场地器材，以增加学生的练习密度和个体运动密度。

6. 设计学习评价

学习评价是课堂教学设计中不可缺少的组成部分，也是激发学生学习积极性的有效方法。根据教学过程的进度安排和进展情况，针对课中教学内容的相关要求及学生课中学习的情况，对学生完成动作时的时间、距离远度、高度、次数、百分比、失误率等做出预测评价。

7. 课后小结

每位教师应在课后将本次课教学目标的完成情况、主要优缺点及改进措施等简要地写在"课后小结"的栏目中，为今后教学工作改进和教学检查提供参考和依据。

扫码获取更多资料

思考题

1. 阐述体育课的类型和结构。
2. 体育课中测量运动负荷的常用方法和要求有哪些？
3. 体育课的练习密度、专项密度、群体运动密度、个体运动密度在含义和测定上有什么区别？
4. 体育教学过程中应遵循哪些教学规律和原则？
5. 分析体育教学过程中的基本构成要素及其相互关系。
6. 体育教学设计的类型有哪些？制定时一般要遵循什么样的程序和步骤？
7. 如何理解课堂体育教学设计？编写一份课堂体育教学设计方案，学习目标和教学对象自行选定。

第六章

学校课外体育

　　课外体育活动是实现学校体育目标的基本途径之一,是体育课堂的延伸。为了让学生充分认识到开展课外体育活动的重要性,本章主要介绍课外体育活动的地位、特点和价值,并对课外体育锻炼、课外体育训练和课外体育竞赛三种组织形式进行详细介绍。

第一节　课外体育活动概述

课外体育活动是学校体育的组成部分，是广义体育课程的组成部分，设计、组织和管理课外体育活动是体育教师的职责，也是现阶段促进学生身心全面发展、扭转体质下降趋势最重要的措施之一。正确把握课外体育活动的特点、选择合适的课外活动内容，制定合理的活动要求对学生的全面发展具有重要意义。

一、课外体育活动的概念和地位

课外体育活动是学校体育的重要组成部分，是体育课堂教学的补充和延伸，是实现学校体育目标和"立德树人"教育任务的重要途径，在学校教育中的地位越来越重要。

（一）课外体育活动的概念

课外体育活动是指学生在体育课以外的时间里，以巩固提高课堂所学技能、提高体质健康水平、提高运动技术水平、丰富课余文化生活、养成良好的体育行为习惯为目标而参加的校内外的体育活动。

课外体育活动是相对于体育课中的体育活动而言的，从时间来看，是学生用体育课堂学习以外的时间从事的体育活动；从内容上看，可以是在体育课堂上学习过的运动项目或体育技能，也可以是学生通过其他途径获得的课堂以外的运动技能；从目标来看，既能促进学校体育目标的实现，又能满足学生自身体育兴趣爱好需求的体育活动。根据课外体育活动参加人群的特点和活动的性质，课外体育可分为课外体育锻炼、课外体育训练和课外体育竞赛。

（二）课外体育活动的地位

2013年11月15日，《中共中央关于全面深入改革若干重大问题的决定》提出强化体育课和课外锻炼，促进青少年身心健康、体魄强健。2014年国务院印发的《关于加快发展体育产业、促进体育消费的若干意见》（国发〔2014〕46号）中明确提出学校应实行课间健身制度，倡导每天健身1小时，而且要"切实保障中小学体育课时，鼓励实施学生课外体育活动计划，促进青少年培育体育爱好，掌握一项以上体育运动技能"。这些法规文件的出台，进一步说明课外体育在学校体育中具有重要的、不可取代的地位。

1. 是学校体育的重要组成部分

1990年3月12日，国家教育委员会发布的《学校体育工作条例》中规定："普通中小学校、农业中学、职业中学每天应当安排课间操，每周安排三次以上课外体育活动，保证学生每天有一小时体育活动的时间（含体育课）。中等专业学校、普通高等学校除安排有体育课、劳动课的当天外，每天应当组织学生开展各种课外体育活动。"可见，课外体育是学校体育的重要组成部分是有法规文件明确规定的。由于课外体育不像体育课那样受上课时间和学生人数的制约，所以课外体育还是实现学校体育多元化目标的重要途径。

2. 是终身体育意识和习惯养成的重要途径

在终身教育的影响下，为了满足人们追求健康长寿、改善生活方式和提高生活质量的要求，终身体育思想应运而生。从时间跨度来看，终身体育包含了婴幼儿时期、青少年时期和中老年时期的体育。学校体育要为终身体育打基础就要充分发挥自身的文化功能和辐射功能。因此，结合学校体育的特点和青少年儿童获得体育信息资源的主要途径来分析，体育课的主要目标在于让每个学生充分利用有限的时间掌握体育的基本知识、基本技术和基本技能。而课外体育的主要目标则是结合学生个体的兴趣和体育需求，让学生将所学的体育知识、技术和技能转化为终身体育的意识，养成体育行为的习惯。

3. 是实现素质教育的途径之一

教育部自1999年推行素质教育以来，就对学校体育提出了明确的改革要求，学校体育不仅要树立全面的体育人才质量观，还要注重体育能力的培养，要从注重学生掌握"三基"向注重学生运用体育知识、技术发展健康能力转化，使学生学会健体。从素质教育的内容来看，素质教育是以提高学生基本素质为宗旨的教育，一般认为，学生的基本素质包括身体素质、科学文化素质、心理素质、思想道德素质和审美素质等方面，而从体育学科的特点，以及近几年学生的体质健康水平来看，课外体育是提高学生身体素质的有效途径已经是一个不争的事实。

从素质教育培养人才的能力特征来看，素质教育要培养学生学会求知、学会共同生活、学会做事、学会劳动、学会健体和学会审美的能力，而课外体育活动是学生学会健体的重要途径。由于我国各级学校体育课受到课时和大班教学的影响，各级学校体育课堂教学侧重的是体育的基本知识和运动技术的传授，学生的运动技能并不容乐观，例如，许多高中生和大学生学习了篮球或足球等项目的单元教学，考核合格或良好，但有的学生并不会打篮球或踢足球，有的学生甚至从没有参加过一场篮球比赛或足球比赛。而课外体育可以弥补体育课堂教学效果的不足。课外体育有课外体育锻炼、课外训练、课外竞赛、家庭体育、社区体育等多种多样的组织形式，有利于学生结合自己的运动兴趣和体育需求，养成体育锻炼的习惯，真正通过学校体育学会健体。另外，素质教育还要培养学生学会共同生活的能力，能与他人进行良好的交流和沟通，而课外体育就是一个很好的实践平台。从参加课外体育活动的人数来看，课外体育不仅有单人的活动、双人的活动，还有多人的活动；从课外体育活动的交往特点来看，既有合作性的交往也有竞争性的交往；从课外体育活动的空间范围来看，既有校园内的体育活动又有校园外的体育活动；从课外体育活动的交往对象来看，既可能是早已熟悉的同学、朋友、家人，也可能是临时组合或对抗的陌生人，课外体育活动的这些特征都为学生学会共同生活提供了良好的实践和锻炼机会。

4. 是引领全民健身的有效途径

学校体育是实施全民健身计划的基础工程，数以亿计的青少年学生，是全民健身计划实施的重要对象；数以十万计的各级各类学校，是推进全民健身计划实施的关键主体。而课外体育不仅支撑着全民健身，而且是引领全民健身的有效途径。

课外体育不仅在锻炼时间和锻炼内容方面引领示范全民健身，而且在体育活动组织形式和方式等方面也起着引领作用，在组织形式上可以是个人、和朋友一起、和社区成员一起、和家庭成员一起，也可以是参加体育俱乐部、体育协会等；在体育活动方式上可以是体育锻炼、体育训练、体育比赛，也可以是体育欣赏、体育旅游等。

二、课外体育活动的特点

（一）目标的多向性

课外体育活动是学校体育的重要组成部分，对学校来说，通过课外体育活动实现学校体育的目标，是学校为社会培养全面发展人才的目标之一。学校通常在学校的作息时间列入早操、大课间活动、课外活动等内容，要求每个学生必须参加；在学校课外活动计划中列入体育竞赛、校园文化活动等，鼓励学生积极参与。对学生来说，参加校内外各种各样的课外体育活动既是学校的要求也是他们自身身心发展的需要，尤其是结合自己意愿参加的校外课外活动。有的学生是为了增进身心健康，有的学生是为了提高自身体质健康水平，有的学生是为了提高运动技术水平和竞赛能力，有的学生是为了通过体育教学单元考核、"体测达标"等。有的学生可能是为了满足娱乐、交际等需要而参加课外体育活动的。学生参加课外体育活动的不同目的也体现了课外体育活动目标的多向性特点。

（二）主体参与的规定性和自愿性相结合

从学校作息制度来看，早操、大课间体育活动、班级体育锻炼等校内体育活动体现了学生主体参与的规定性。一般来说，各级各类学校，尤其是寄宿学校都规定无特殊原因的学生必须参加这类课外体育活动。

学生参加的学校作息制度外的大部分课外体育活动，都是根据自身的体育兴趣、爱好和特长而自愿参加的。学生可以自愿参与学习周内体育课余时间或节假日的校内外的体育锻炼、体育训练、体育竞赛、体育欣赏、体育旅游等体育活动。

（三）内容选择的多样性

课外体育活动不同于体育课的教学，除一部分活动时间和少数内容是由学校统一计划安排外，大部分活动内容都是以学生的兴趣爱好、价值取向为转移的。而学生的兴趣爱好、价值取向是发散性的，在现代媒介的影响下呈相对稳定的动态变化，如对奥运会、国际锦标赛等大型赛事的报道，对各种各样健身健美活动的渲染，对社会新兴体育活动项目的介绍，对丰富多彩的民族民间体育类项目的发掘、改造和宣传等，激发了青少年学生的运动兴趣，有效提高了学生参与各种各样的课外体育活动的积极性。因此，课外体育活动的内容也呈多样性的特征。

（四）组织形式的灵活性

课外体育活动的性质决定其组织形式具有灵活性。课外体育活动面对全体学生，由于学生的年龄、性别、身体素质、运动能力、技术水平、兴趣爱好、价值取向等不同，所以运动需求也是多种多样，加上学校的场地、设备器材等硬件的差异，课外体育活动采用灵活多样的组织形式是必然的选择。

校内课外体育组织形式的灵活性主要表现为，场地条件较好的学校在组织早操、课间操时会采用全校性的组织形式，除此以外，大都以年级、班级、小组为单位的组织形式来开展课外体育活动。而相对比较松散、灵活的小团体和个人锻炼的形式更受学生欢迎。近些年来，经过学校体育改革尝试，体育俱乐部的组织形式正在实践，并不断趋于完善、成熟。

校外体育活动的组织形式更能体现出灵活性，学生课外时间参加的校外体育活动，可以是公益性的或营利性的，可以是自发的或有组织安排的，可以是和朋友、家庭成员或临时队友，可以是学校、社区、俱乐部、赛事机构或集团等组织的不同形式的课外体育活动。

（五）评价标准的差异性

评价标准是对课外体育活动效果进行价值判断的尺度，课外体育的评价标准具有差异性的特点。选择评价标准的依据不同，评价效果的类型就不同。从实现学校体育目标来看，对课外体育的效果评价侧重于补偿性，主要体现在对体育课的延伸效果，那么就要根据学校体育目标从复习和巩固课堂教学内容的效果方面来制定评价标准。从满足学生体育需求来看，学生从事课外体育可能是为了满足课外实践学分、体质测试、兴趣爱好、健身健美、交际需要、调整情绪等不同体育需求，那么评价标准的依据就要因人而异，评价标准的性质和尺度就有很大的差异性。

三、课外体育活动的价值

要实现学校体育目标和学生健康发展，仅依靠体育与健康课程标准和《普通高校体育工作基本标准》中规定的小学一至二年级每周 4 学时，小学三至六年级和初中每周 3 学时，高中每周 2 学时，大学一至二年级每周 2 学时的体育课是远远不够的，必须加强对课外体育活动的重视。体育课和课外体育活动之间关系密切，课外体育活动的部分功能和体育课是一致的，课外体育的独特功能更多地体现在对学生运动技能的熟练程度、体育兴趣和体育行为等个性化教育方面。课外体育活动对实现学校体育目标和学生的健康发展主要有以下几个方面的价值。

（一）增强学生体质健康水平

增强学生体质是体育与健康课程的核心价值之一，也是体育教师的主要职责。目前青少年体质健康问题不是中国特有的问题，而是世界各国面临的共同问题。尤其是近年来，青少年体质健康水平不断下降和肥胖引起世界各国的广泛关注。2013年，在《中共中央关于全面深入改革若干重大问题的决定》中提出强化体育课和课外锻炼，促进青少年身心健康、体魄强健。课外体育活动要起重要的辅助和补充作用，与体育课程一起共同实现增强学生体质的学校体育目标。

（二）培养学生体育行为习惯养成

培养终身体育的意识和经常参加体育锻炼的习惯是学校体育的目标之一。养成经常锻炼的习惯需要在学生个体兴趣、体育需求的基础上进行经常、多次的行为重复，最终形成一种无意识的体育行为，即习惯。课外体育活动给学生体育行为习惯的养成提供了很好的契机。

（三）提高学生学习效率

虽然我国教育领域推行素质教育理念多年，但是受应试教育的影响，学生的学习、学业压力依然很繁重，这不仅影响了学生的身心健康发展，还降低了学习效率。而课外体育活动不仅可以消除由于课堂学习带来的生理疲劳，还可以调节学生长时间学习下的压抑情绪，缓解压力，从而提高学习效率。

（四）丰富学生课余文化生活

课外体育是校园文化建设的组成部分，校内的课外体育活动，如班级体育锻炼、运动队训练、各种项目和形式的体育竞赛、校运动会、大课间活动等，丰富了校园文化。丰富的校园文化对培养学生具有独特的作用，也是体育隐性课程的主要体现。充分发挥体育隐性课程的作用，不仅可以丰富学生余暇时间的生活方式，还可以培养学生对体育的兴趣、态度和爱好，真正提升体育综合素养。

（五）培养体育人才

课外体育不仅是体育课堂教学内容的延伸，还是学生体育特长和运动成绩提升的延伸。由于体育课堂教学的大部分时间用于全体学生的体育基本知识、运动技术和基本技能的学习和掌握，所以对于有运动特长和天赋的学生来讲，就会出现"吃不饱"的现象，而课外体育对于发现和挖掘他们的运动潜力，把他们培养成体育骨干、体育后备人才有着重要的作用。

第二节　课外体育锻炼

一、课外体育锻炼的概念和特点

（一）课外体育锻炼的概念

课外体育锻炼是指全体学生在课余时间参加的各种身体练习，以巩固课堂教学技能、提高体质健康水平、丰富课余文化生活、养成良好的体育行为为习惯为目标。

素质教育显著的特点之一就是全体性，要求教育要面向全体学生。课外体育锻炼的对象是在校的全体学生。课外体育锻炼的全体性主要体现在：第一，学校规定了时间和地点等要求的锻炼形式，如早操、大课间和班级体育锻炼等；第二，体育教师要求的体育课堂作业或课外体育实践活动形式的锻炼，如小学生利用课外时间练习一分钟竞速跳绳，利用课外时间练习两种连续 10 次以上的花式跳绳，利用已经学过的篮球技战术和裁判规则，提高自己的裁判实践能力等；第三，为了满足学生个体体育需求而从事的体育锻炼，如周末参加市三人篮球选拔赛，参加学校拓展训练俱乐部的户外活动等。

（二）课外体育锻炼的特点

1. 娱乐性

课外体育锻炼的主要目的是促进学生全面发展，愉悦身心，各级学校可根据自己的实际情况（学生、体育教师等）和客观条件（如体育场地器材、经费等），自主选择活动内容和活动形式，娱乐性较强。课外体育锻炼不受课堂教学内容和时间的限制。可选择娱乐元素为主的游戏活动，也可选择结合娱乐形式的体育活动，让参与者感到愉快。

2. 群体性

课外体育锻炼对象具有群体性，课外体育锻炼关注每个学生，要求全体学生共同参与，全班、全年级，甚至全校学生共同参与是常见的活动组织形式，如课间操多数是全校性的或全年级的，班级体育锻炼是全班性的。

3. 组织的多样性

学校课外体育锻炼不同于社会体育的锻炼形式，强调学校组织全体学生参与，组织形式没有严格规定，可以是全校的、年级的，也可以是班级的、小组的、个人的；可以是正式组织的，也可以是非正式组织的，可以满足学生的不同需要。学生可以选择自己喜欢的活动内容、活动环境、活动形式，满足自己的需要，实现活动的目标。

二、课外体育锻炼的组织形式

积极开展校内课外体育锻炼是落实学生每天校内锻炼 1 小时、校外锻炼 1 小时的重要保证，也是扭转青少年体育下降的重要措施，因此必须认真组织好。课外体育锻炼的组织形式根据活动范围的不同，可以分为校内课外体育锻炼和校外课外体育锻炼。

（一）校内课外体育锻炼的组织形式

1. 早操

早操（早晨锻炼或课前操）是指清晨进行的体育锻炼。它具有健身、振奋精神和培养意志品质的作用，也是管理学生（住校生）的手段之一。早操的运动负荷要适宜，可选择跑步、广播操、健身健美操、武术和提高身体素质的练习等，并应根据季节、环境和条件等因素的变化进行调整；为增加持续性，避免单调、枯燥，可经常更换早操的内容。早操可以全校、全年级、全班的方式进行，也可以锻炼小组或个人的方式进行。

寄宿制学校要坚持每天出早操，并将早操列入学校体育工作计划进行管理。

2. 大课间体育活动

大课间体育活动是由学校统一组织的全校性的体育活动。大课间体育活动一般安排在上午第二、三节课之间进行，活动时间一般为 25～40 分钟。相对于课间操，大课间体育活动的内容更丰富多彩、组织形式也更灵活多样。

大课间体育活动内容有统编内容和自选内容两部分。统编内容包括教育部组织编排的在全国范围内推广实施的广播体操、校园集体舞、武术健身操；不同地区根据所在地区气候、自然环境及民俗民风等实际情况设计、规定的内容。自选内容比较多样：学生感兴趣的游戏；民族传统体育项目，如踢毽子、跳皮筋、竹竿舞等；学校自编自创的体育项目，如各种韵律操等；新兴的体育项目，如轮滑、攀岩、独轮车等。

大课间体育活动的组织形式并不拘泥于某一种固定的套路，各地区各学校可以根据现有的资源条件、活动内容、季节气候特点随机进行调整，可全校集体开展，也可以兴趣小组为单位开展，还可以年级、班级为单位开展小型比赛或活动。

大课间体育活动的运动负荷要适中，运动负荷太小，则会使大课间体育活动锻炼不够，流于形式；运动负荷过大，不仅不利于学生的身心健康发展，还会影响接下来的文化课学习效率。因此，大课间体育活动的内容设计从静到动，节奏由慢到快，运动负荷由小到大，总体运动负荷适中。

大课间体育活动有助于促进学生身体正常发育、消除疲劳，起到保护视力、调节精神、保护脑力、提高学习效率的作用。集体组织形式的体育活动也是培养学生集体主义精神，进行组织性和纪律性教育的重要手段，对学生养成锻炼身体的习惯、培养终身体育意识具有重要意义。

3. 班级体育锻炼

班级体育锻炼是指以班或锻炼小组为单位，在班主任和体育教师的领导和帮助下，由班体育委员和锻炼小组组长主持进行的体育活动。

班级体育锻炼的内容丰富，主要包括以下内容：根据国家体育锻炼标准规定的项目；复习、巩固体育课上所学的基本技术与技能；结合学校传统的体育项目和竞赛项目，组织锻炼，开展小型群众性比赛；根据季节、场地器材等条件，开展长跑、游泳、跳绳、踢毽子、游戏、健美操、武术、舞蹈等多种多样的活动。

班级体育锻炼有助于巩固体育课的效果，是实施达标的重要方式，也是培养体育兴趣与习惯的重要途径，有助于发展学生个性。

班级体育锻炼要列入课表，不得随意占用，最好与体育课错开安排，每周至少两次，每次1小时左右。

4. 体育节

体育节是高等学校组织课外体育活动的形式。高等学校的体育文化节常常将全校学生运动会和教职工运动会合在一起举办。体育节有助于促进校风建设，增强集体荣誉感，提高运动技术水平。它具有活动内容的多样性和参与者的广泛性等特点。为了使全体师生参加，体育节的内容要丰富多彩，尽量满足和引起多数人的需要和兴趣，有以竞技性为主的活动项目、以趣味性为主的活动项目，以及全校性的广播体操比赛等。体育节活动应被列入学校体育工作计划，学校应成立临时指挥机构。该机构组织协调体育节活动，并做好充分准备，活动结束后要做好总结工作。

(二) 校外课外体育锻炼的组织形式

1. 自我锻炼

自我锻炼是指学生在离开学校以后的课余时间和节假日自发地结伴或个人进行的体育锻炼。自我锻炼有助于学生丰富业余文化生活，扩大社会交往，提高体育素养，完善自我，培养现代文明生活方式，实现个体社会化。自我锻炼的地点可以在庭院、街头巷尾、公园、广场、宿舍、山中小径、山头林间、江河湖泊、冰雪场地。自我锻炼的内容有跑步、跳跃、做操、跳舞、打球、游泳、滑冰、滑雪、打拳、跳绳、健美、踢毽子等各种活动。体育课布置的锻炼作业和学校布置的假期体育锻炼作业，也是校外自我锻炼的内容之一。

2. 家庭体育

家庭体育是指学生与家庭成员一起参加的体育活动，它有助于促进家庭人际关系，培养良好的生活习惯。家庭体育的形式有晨练、比赛（含家庭运动会）、郊游、体育旅行（如骑自行车旅行）和做游戏等；内容包括散步，跑步，爬山，做广播操、健身操（健美操）、眼保健操，游泳，划船，滑冰，滑雪，跳舞（适合于学生的），打球（乒乓球、羽毛球、网球等），做游戏，参加民间体育项目（跳绳、踢毽子等），旅游等各色各样的体育活动，不拘一格，因时因地因人而定。

家庭体育主要在每天的早晨、傍晚，周末，节假日进行，可以在家中进行，也可以到体育场（馆）锻炼。到空气清新、环境优美的大自然中进行锻炼活动，对健康更为有利，可选择家庭体育比赛、亲子体育活动、体育欣赏、体育旅游等形式。

3. 青少年体育俱乐部

党的十八大以来，各地认真贯彻落实《中共中央 国务院关于加强青少年体育增强青少年体质的意见》精神，大力推动青少年体育俱乐部的改革创新，取得显著成效。青少年俱乐部发展环境进一步优化，青少年体育俱乐部能力建设和作用发挥逐渐增强，涌现出一批积极进取、大胆实践、勇于创新，具有引领示范意义的国家示范性青少年体育俱乐部。各示范俱乐部要从本地实际出发，大力开展公益性、品牌性的青少年体育活动和赛事，为广大青少年提供优质体育服务。

4. 青少年户外体育活动营地

青少年户外体育活动营地是指由政府倡导，体育彩票公益金资助，依托江河湖海、山地森林、公园景区等自然资源，按照一定标准建设与管理，具有相应服务设施，以户外体育项目活动为主要内容，培养青少年热爱大自然、热爱体育活动良好品质的青少年户外体育活动场所。

《中共中央 国务院关于加强青少年体育增强青少年体质的意见》提出"积极倡导和鼓励创建青少年体育俱乐部和青少年户外体育活动营地"的要求，文件下发两年，国家体育总局和地方就投入资金约 5500 万元，在全国扶持性地创建了 734 个青少年体育俱乐部和 16 个青少年户外体育活动营地。

第三节　课外体育训练

一、课外体育训练的概念和特点

（一）课外体育训练的概念

课外体育训练是指在课余时间里，各级学校对部分有一定运动天赋和运动特长的学生，结合其爱好和意愿，通过参加运动队、代表队、体育俱乐部等形式进行较为系统的训练，全面发展学生身心素质，增强其体质，提高其运动技术水平，为培养竞技体育后备人才而专门组织的一种课外体育活动。

（二）课外体育训练的特点

相对于专业性运动训练和职业性运动训练，课外体育训练具有业余性和基础性两个基本特点。业余性是指学生根据自愿原则，利用课余时间，在不影响完成原有学习目标的前提下进行体育活动。基础性是指从竞技体育的运动训练阶段和运动员成才规律方面分析，课外体育训练处于基础训练阶段，主要目标是为有可能成为专业或职业运动员的学生创造优异成绩打下良好的身心基础。另外，课外体育训练还具有广泛性。

1. 业余性

课外体育训练的显著特点是业余性，即利用课余时间进行运动训练。课外体育训练必须遵循学期、学年的周期性特点，学生在校学习期间，应以学文化课为主，运动训练为辅，而在寒暑假以及临时集训期间，则可以运动训练为主，坚持全天训练，或者半天训练、半天参加文化课学习。

2. 基础性

课外体育训练的参加者都是儿童青少年，他们正处于生长发育的重要时期，所以，这一阶段着重要抓好身体素质和基本技术的训练，不宜过早地对他们采用成年人的训练方法，合理安排运动负荷，要本着"选好苗子，从小培养，打好基础，系统训练，积极提高"的原则开展课外体育训练。同时，青少年时期是世界观、人生观、价值观逐步形成的重要阶段，思想的可塑性很大，所以，在体育训练过程中，应该不失时机地对学生进行思想作风和道德品质教育，使他们从小树立坚定的信念，全面健康地成长。

课外体育训练的基础性表现在：训练内容要全面，即包括身体、技术、战术、思想、心理和智力等方面；训练负荷的增加、负荷变化的幅度，要根据学生的年龄特点，坚持循序渐进的原则，以培养和保持他们参加课外体育训练的兴趣和积极性，为将来进行专项训练奠定坚实的基础。

3. 广泛性

课外体育训练的广泛性是指各级各类学校除了通过运动队、校代表队或专项体育俱乐部训练外，还以学生体育俱乐部的形式组织课余运动训练的爱好组和提高组，扩大训练对象的范围，不断壮大运动训练队伍，满足更多学生参加运动训练的需要，并从中发现和吸收大批有发展前途、热爱体育运动的好苗子。

二、课外体育训练的组织形式

我国竞技体育运动员的培养可分为两个系统：一是体育系统，有业余体校、体育运动学校、省市专业运动队、国家运动队等；二是教育系统，有普通中小学校运动队、体育传统项目学校、国家高水平培养体育运动后备人才基地、普通高等学校高水平运动队等。这两大系统需要整合资源，结合起来共同为培养竞技体育优秀人才服务。课外体育训练的组织形式属于教育系统。

（一）普通中小学校运动队

普通中小学校运动队是我国学校最基础、最普遍、最富有活力的运动训练组织形式。学校应当在开设体育课教学和课外体育锻炼的基础上，开展多种形式的课外体育训练，提高学生的运动技术水平。有条件的普通中小学校也可经省级教育行政部门批准开展国家高水平体育后备人才的运动训练。

普通中小学校应挑选学习努力、身体健康、具有一定运动特长或具有培养运动潜力的学生进入运动队，并进行科学系统的运动训练。部分中小学也可把具有运动天赋的学生组织成体育特长班，进行针对性、专门性的运动训练，提高体育特长班学生的运动水平。

普通中小学校运动队又可分为班级代表队、年级代表队和学校代表队等。班级代表队、年级代表队是校内以班级、年级为单位组建的代表队，主要是以参加校内运动会，班级、年级之间的比赛为目的。学校代表队是以学校为单位而组建的代表队，在训练的时间、地点、学生、教师都相对固定的条件下开展运动训练，主要是代表学校参加校际之间和校外比赛。

学校对参加运动训练的学生运动员，应当处理好运动训练与科学文化知识学习的关系，切实安排好学生运动员文化课的学习，注意改善他们的营养，并加强思想品德教育，确保学生德智体美劳全面发展。

（二）体育传统项目学校运动队

体育传统项目学校（简称"传统校"）是指开展学生体育活动形成传统，并在至少两个体育运动项目技能上具有特色的中小学校。传统校在广泛普及学生课外体育活动，增进学生身心健康，积极开展特色项目训练，提高学生运动技术水平，培养体育后备人才等方面发挥骨干示范作用。

体育传统项目学校于1983年开始创办。2003年4月2日，国家体育总局、教育部公布了《国家级体育传统项目学校评定办法、标准及评分》，决定从2003年开始，每四年评选命名一次国家级体育传统项目学校，并进行表彰奖励。2003年11月20日，《国家体育总局 教育部关于命名100所国家级体育传统项目学校的决定》发布，首次命名了全国100所国家级体育传统项目学校。

我国体育传统校的申请级别分为国家、省（区、市）、普通三级，实行审定命名制度。国家级传统校由各省（区、市）体育、教育行政部门向国家体育、教育行政部门提出申报，国家体育、教育行政部门组织审核并命名。具体标准和评定办法由国家体育、教育行政部门联合制定。省（区、市）级传统校由各省（区、市）体育、教育行政部门审定，报国家体育、教育行政部门备案。具体标准和评定办法由各省（区、市）体育、教育行政部门参照国家级传统校标准和评定办法，自行制定。凡符合普通传统校命名条件的学校，可以向所在地体育、教育行政部门书面申报，经审核批准并报省（区、市）体育、教育行政部门备案后，由所在省（区、市）体育、教育行政部门联合命名。国家体育、教育行政部门对全国传统校进行管理。县级以上（含县级）地方各级人民政府体育、教育行政部门负责对本行政区域内传统校进行管理。体育行政部门负责传统校的体育业务指导工作，教育行政部门负责传统校的日常管理工作。

2008年，根据《中共中央 国务院关于加强青少年体育增强青少年体质的意见》的精神，结合教育部"体育、艺术2+1项目"实验工作积累的实践经验，全国各地开展的体育特色学校创建工作，成为体育传统项目学校建设与发展的新动力。2014年教育部将"校园足球"列为重点项目，为全面提高校园足球普及水平，奠定中国足球发展的人才基础，开始在全国范围内遴选建设校园足球特色学校。教育部从组织领导、条件保障、教育教学、训练与竞赛等四方面，完整地制定了《全国校园足球特色学校基本标准》。校园足球特色学校将享有本地有关部门给予的有关校园足球教学、训练和竞赛、招生、经费和条件保障等方面的政策支持。国家将对特色学校在校园足球教学、训练和竞赛、师资培训、选送学生培训等方面给予一定的专项支持；并将特色学校情况纳入对地方政府教育和各级教育行政部门年度目标考核的重要内容。通过校园足球特色学校的建设，推动全国中小学全面普及校园足球，进一步强化体育课和课外锻炼，推动学校加强体育师资和场地设施建设，满足学生足球学习与训练的需求。

目前，我国体育传统校的主要运行模式有：体育传统校独立办学模式；体育传统校和体校专业队联合办学模式；体育传统校和青少年体育俱乐部联办模式；体育传统校与体育俱乐部联办模式；体育传统校与高水平运动队联办模式；体育传统校与培养体育后备人才试点学校相结合模式。

（三）国家高水平体育后备人才基地运动队

为贯彻国家"十一五"规划和实施《奥运争光计划纲要》，促进体育运动学校建设再上新台阶，以培养更多的高水平体育后备人才，保证我国竞技体育持续稳定发展，国家体育总局实施了国家奥运战略后备人才精品工程——国家高水平体育后备人才基地（以下简称"基地"）。

基地采用国家认定的方法实施。基地认定工作按奥运会周期每四年进行一次。凡是体育运动学校、竞技体育学校、单项运动学校、少年儿童体育学校、体育中学均可申请参加基地认定，但根据基地认定条件，达到基地认定条件优秀标准，且大赛成绩满40分的学校方可作为基地备选学校进行申报。

经统评达到基地条件的学校，由国家体育总局统一命名为该奥运周期的基地，凡被命名基地的学校，国家体育总局将予以表彰奖励，在本周期内每年对学校进行适当资金投入，基地学校所在省（区、市）体育行政部门应按照不低于1∶1的标准进行配套投入。资金投入主要用于基地学校改善训练、科研、教学等条件。凡被认定为基地的学校，应根据奥运项目的要求来设置运动队，并严格按学校运动训练的要求进行训练，实现培养高水平体育后备人才的预期目标。

基地认定的条件主要有三个方面。一是基本条件，包括教练员的职称、学历、培训、论文，训练计划（年度训练计划、阶段训练计划、周训练计划、课时训练计划、年度训练总结），保证全天候训练的标准设施设备，训练大纲考核，人才库等。二是人才质量，输送率，包括向上级单位输送人才。三是人才效益，大赛成绩等。基地认定的具体时间安排是：每届奥运会举办当年9月为学校申报和自评时间；每届奥运会举办当年10月为各省（区、市）体育局复评时间；每届奥运会举办当年11月为各省（区、市）体育局向国家体育总局申报基地备选学校和有关运动项目管理中心复审时间；每届奥运会举办当年年底为国家体育总局统评和公布认定结果时间。

（四）普通高等学校高水平运动队

1986年4月17日国家教委与国家体委发布《全国培养高水平学生运动员试点

学校申报审批暂行办法》，1987年7月30日国家教委发布《试点高校培养高水平运动员的管理办法》，从1987年起在全国51所条件较好的高等学校开展高水平运动队的试点工作。

2005年4月，《教育部 国家体育总局关于进一步加强普通高等学校高水平运动队建设的意见》（教体艺〔2005〕3号）中明确提出了今后普通高等学校建设高水平运动队是为国家培养全面发展的高水平体育人才，目标是完成世界大学生运动会及国际、国内重大体育比赛的参赛任务，为国家奥运争光计划和竞技体育可持续发展作贡献。到2010年我国共有北京大学等268所高校的运动队通过了教育部的评审，综合评审结果为合格，涵盖了田径、游泳、篮球、排球、足球、乒乓球、羽毛球、网球、橄榄球、手球、棒球、垒球、武术、击剑、射击、定向越野、跳水、攀岩、自行车、体操、艺术体操、健美操、摔跤、柔道、跆拳道、帆船、帆板、赛艇、皮划艇、龙舟，以及棋牌、冰雪运动等32个项目。

高校试办高水平运动队促进了学校体育的开展，给学校注入了新的活力，促进学校体育场馆建设，活跃校园文化生活。普通高校高水平运动队的建设已成为高等教育的有机组成部分和奥运争光计划的基础，也是我国竞技体育健康发展的重要途径。

三、课外体育训练的内容

课外体育训练属于基础训练阶段，为参训学生将来创造优异运动成绩奠定身体和技、战术基础。所以，课外体育训练的内容包括为提高运动成绩进行基础训练的一切措施，如对身体、技术、战术和心理等方面的训练，其中身体训练和技术训练是课外体育训练最主要的内容。

（一）身体训练

身体训练是指在体育训练过程中运用各种有效手段和方法，增进学生运动员的身体健康，改善体型，全面提高身体素质和运动能力，为掌握运动技术和战术，创造优异成绩打好基础的训练过程。

身体训练是技术、战术训练的基础，包括一般身体训练和专项身体训练两种。一般身体训练经常采用多种多样的手段和方法，旨在提高各器官系统的功能，全面提高身体素质，改善身体形态和姿势，为专项身体训练打基础。课外体育训练主要侧重于一般身体训练，包括力量、耐力、速度、灵敏性、柔韧性等各种身体素质的训练，并以此作为专项身体训练的基础。只有对运动水平较高或参加了多年系统体育训练的学生，才采用与专项运动紧密联系的专门性练习，以进一步提高学生运动员的机体功能，发展专项运动素质，以保证学生运动员切实掌握运动技术和战术并在比赛中有效发挥。

课外体育训练中的身体训练，要根据不同年龄阶段学生身体素质发展的敏感期，有针对性地加以训练，促使该素质在相应的年龄阶段得到充分发展。同时，还要通过全面的身体训练，使他们身体各器官的系统功能和综合素质得到整体提高，并逐步发展专项运动素质。此外，在年度训练计划中，要根据运动项目的特点、不同阶段的训练任务和训练对象的具体情况，确定身体训练的比重，例如，田径项目身体训练的比重一般比球类项目要大，在训练准备期比竞赛期要大。

（二）技术训练

技术训练是指学习、掌握和提高运动技术的训练过程。技术是提高运动成绩的重要因素，只有掌握先进技术，才能充分发展运动员的身体能力，创造优异的运动成绩。技术又是形成战术的基础，全面和熟练的运动技术可以增加战术的数量和提高战术的质量。

技术训练包括基本技术训练和高难技术训练。基本技术是专项运动技术的主要技术结构部分，是掌握高难技术的基础。高难技术是与基本技术相对而言的，是指专项运动技术中难度较大，比较复杂和要求较高的一些动作，如体操项目，以技术水平论实力，而田径项目，个人技术虽然不十分重要，但如何使动作经济、实效和节省能量，则是运动员获胜的关键。

遵循动作技能形成规律，运动技术训练要经过三个阶段：掌握基本运动技术结构的初级阶段，进一步加工运动技术的中级阶段和实现运动技术自动化运用的高级阶段。可见，运动技术的掌握是一个循序渐进的过程。

处于基础阶段的课外体育训练，在进行技术训练时，第一，要抓好基本技术训练，使学生牢固掌握专项技术的基本功，为今后继续提高打下扎实的技术基础。要防止脱离学生运动员实际身体条件，片面追求学习高难动作，或者尚未具备相应的身体训练水平就勉强学习难度较大的技术动作。第二，技术训练必须从一开始就要帮助学生建立正确的动作概念和表象，重视技术规格与要求，杜绝错误技术动作的出现，形成正确的动作定型。第三，课外体育训练应将基本技术训练与身体素质训练结合并贯穿于全过程，使基本技术训练与身体训练相得益彰。因此，要有计划、有目的地安排基本技术训练与身体素质训练的比例，在良好身体素质的基础上，促进运动技术更全面、实用、准确和熟练。第四，除了要求学生运动员按统一的技术规格训练外，还应考虑到个人特点。这些特点在某些方面可能不符合技术规格，但对其本人来说是适宜有效的，如篮球投篮技术中的"怪球手"等。因此，也要因人而异地提出不同的要求，使训练更符合个人实际，以形成个人技术特点。第五，在选择技术训练内容时，不仅要注意从已知到未知，从易到难，而且要注意符合技术之间的迁移规律，尽量避免技术的消极迁移和互相干扰。

（三）心理训练

心理训练是指在运动训练中，有意识地对运动员的心理过程和个性特征施加影响，使他们学会在训练和比赛中调节自己心理状态的训练过程。

在课外体育训练中，针对学生的不同年龄、性别、训练水平等实际情况，要有目的地加强心理训练，培养他们的心理调控能力，提高心理稳定性，使其适应任何复杂的比赛环境，充分发挥最佳的运动水平，创造优异的运动成绩。

（四）战术训练

战术是在一定的身体训练和技术训练的基础上根据比赛的需要形成的，是根据比赛对手的水平和外部情况，正确地分配力量，充分发挥自己的特点，限制对方特长，争取比赛胜利的行动方案。战术可分为一般战术和专项战术，课外体育训练以一般战术训练为主，旨在适应一般性比赛的规律和特点。

无论是个人项目还是集体项目，都存在比赛战术的运用。战术体现了运动员在复杂多变的比赛中，及时关注和观察比赛情况，随机应变，迅速而正确地决定自己的行动或与同伴默契配合的一种心理素质。在一定情况下，正确地运用战术，能以弱胜强，反败为胜。例如，在个人项目中，长跑的体力分配或抢先或跟跑战术、跳高的免跳战术等。在集体项目中，当双方实力相当、僵持不下时，战术把个人在训练和比赛场上的行为组成一个统一的整体，成为最后取胜的关键。

对于以身体训练和技术训练为重点的课外体育训练，战术训练重在战术意识的培养。首先，引导学生运动员熟悉比赛规则，利用规则部署战术方案，如篮球的快攻战术，足球的造越位战术等，使运动员明确在场上的角色位置，具有配合意识。其次，引导学生了解专项技术的基本形式和比赛战术变化的规律，培养战术思维能力，自觉做到个人行动服从局部战术，局部战术服从整体战术。在形成较强战术意识的前提下，熟练掌握一两套基本战术，并以此为基础演练在各种情况下基本战术的变化，逐步建立对付不同对手的多种成套战术，提高基本战术的灵活性和实用性。

（五）品德与作风训练

课外体育训练是一个培养人、塑造人的教育过程，其最终目的是把学生培养成为社会所需要的全面发展的一代新人。因此，在体育训练过程中，可以根据学生的年龄特征与心理发育程度，进行针对性的教育，使他们明确训练动机，端正训练态度。在训练过程中对学生进行爱国主义和集体主义教育，培养勤学苦练、克服困难、勇敢、顽强、坚毅的意志品质和顽强拼搏、团结协作的精神，塑造尊重同伴和对手、胜不骄败不馁、赛出风格赛出水平的体育道德风尚。

运动员个人或运动队的思想品德与作风是逐步形成的，只有在日常训练和比赛中，严格要求，持之以恒，循循善诱，才能逐步使他们形成良好的行为规范和道德品质。教练员要言传身教，做他们的表率。教练员要善于观察日常训练和比赛中运动员自觉或不自觉表现出来的言行，抓住时机了解运动员的思想情绪和心理特征，适时地有针对性地运用谈话、讨论、比赛、参观座谈、奖励和处罚、家庭访问等方法，及时对学生运动员进行启发、疏导、说服和教育，促使他们自觉改正缺点，完善行为。

四、课外体育训练的方法

课外体育训练是一种专门组织的教育过程，特别是针对中小学生的课余体育训练，教学与训练是在同一个过程中实现的。因此，课外体育训练除了要正确运用体育教学的各种教法和学法外，还要根据运动训练的特点，大量运用竞技体育的训练手段和方法，以保证训练效果。在课外体育训练中，常用的训练方法主要有重复训练法、变换训练法、循环训练法和竞赛训练法等。

（一）重复训练法

重复训练法是指在相对固定的条件下，按照一定的要求，反复进行某一练习的一种方法。重复练习是在承受一定的负荷强度下进行的，它既有利于提高机体各器官系统的功能水平，又有利于建立和巩固动作技术定型和熟练地运用技术。因此，重复训练法被广泛运用于发展学生运动员的身体素质，掌握、改进和提高技术、战术，培养意志品质等方面。

（二）变换训练法

变换训练法是指在练习过程中，有目的地变换练习条件（环境、速度、重量、时间或动作的组合）进行训练的一种方法。变换训练可使学生运动员获得多种新鲜的运动感觉，提高对训练和比赛的适应能力，还能消除由于长时间固定在一定环境条件下练习所产生的枯燥厌烦情绪，从而调动他们练习的积极性和推迟疲劳的出现。所以变换训练法被广泛运用于技术与战术训练、身体训练和心理训练。

（三）循环训练法

循环训练法是指根据训练的具体目标，建立若干练习站（点），学生运动员按照既定的顺序、路线，依次完成每站（点）的练习，周而复始地进行训练的一种方法。循环训练法的主要特征是系统地、有顺序地进行两臂、两腿、腹部、背部肌肉的练习。这种方法既可用于身体训练，发展运动员的一般和专项素质，也可用于技术训练。因为循环训练法每站都有事先确定的练习内容、要求和负荷参数，并能结合其他训练方法形成不同的循环训练方案，所以，根据训练重点的安排、练习内容及循环顺序、每站练习的负荷和强度、站与站每次循环之间的间歇时间、站的数量和循环的次数等，可以有耐力循环、力量循环、速度循环、速度力量循环、协调循环等不同形式的循环练习。

（四）竞赛训练法

竞赛训练法是指运动员在比赛的条件和要求下进行练习的一种方法。它不仅是训练的一种手段和检查训练效果的有效方法，而且能有效提高运动员创造性地运用知识、技术和战术的能力以及提高身体训练水平，对培养运动员的应变能力和提高运动训练的实战能力等，具有十分重要的意义。

根据训练目标，体育训练常用的竞赛训练法包括游戏性竞赛、训练性竞赛、身体素质竞赛、测验性竞赛和适应性竞赛等。

第四节　课外体育竞赛

一、课外体育竞赛的概念和特点

（一）课外体育竞赛的概念

课外体育竞赛是指利用课外时间，各级学校组织学生以取得优异运动成绩为目标，以运动项目、游戏活动、身体练习为内容，根据正规的、简化的或自定的规则在体力、技能和心理等方面进行的个人或集体比赛的体育活动。

课外体育竞赛是实现我国学校体育目标的基本途径之一，它和体育与健康课、课外体育锻炼、课外体育训练相辅相成、相互配合，共同构成学校体育目标实施途径的完整体系。

（二）课外体育竞赛的特点

1. 课余性

学生在校以学习为主，完成学校教学计划中所规定的各门学科的学习任务是前提。因此，课余性是课外体育竞赛区别于运动竞赛的一个特点。课外体育竞赛应充分利用学生的课余时间或节假日，并注意学期划分与季节的特点，合理安排。

2. 群众性

苏联教育学家苏霍姆林斯基认为，学校运动竞赛"首先不应该为了在比赛中获胜，而应该是为了锻炼健壮的体魄"，"学校内的竞赛，必须坚持真正的'群众性'，不能以学生有无运动能力，作为能否参加体育运动的依据，使学校内的体育竞赛仅仅成为少数运动尖子角逐的场所"。学校体育是面向全体学生的教育性活动，不存在选拔与淘汰，课外体育竞赛应考虑到全体学生的需求。体育运动竞赛项目的设置、竞赛规程和比赛规则的制定都应从全体学生出发，让大多数学生都有机会参加，防止比赛变成只有少数体育尖子生参与、大多数学生只能旁观的运动竞赛。

3. 教育性

学校是教育和培养人才的场所，课外体育竞赛则是教育的一个环节。学校课外体育竞赛具有鲜明的教育性。学校课外体育竞赛不仅要创造好的运动成绩，取得好的名次，选拔和输送运动员后备人才，还要以体育竞赛为手段，促进和推动学校体育各项活动的开展，培养学生团结协作、勇于进取的上进心，培养迎难而上、勇往直前的坚强的意志品质，培养学生遵守规则、自律的良好品行。

4. 多样性

课外体育竞赛的对象是全体学生，为了吸引、鼓励不同水平和层次的学生参加，突出对学生的教育，就必须考虑其多样性。一是竞赛内容的多样性，学校的运动竞赛不仅仅限于正规的运动项目，还应结合本地、本校的气候、地理条件和学校的传统项目、重点项目、体育教学、体育锻炼特点，学校课余文化活动，以及学生喜闻乐见的健身项目来确定竞赛内容，充分体现群众性、实用性、趣味性、娱乐性和健身性，开展小型多样又易于组织的竞赛项目。二是竞赛的组织形式、场地器材、方法等方面的多样性，在参加办法、记分方法等方面注意调动广大学生参赛的兴趣与热情。

二、课外体育竞赛的组织形式

课外体育竞赛种类很多，按照竞赛对手所属范围，可分为校外竞赛和校内竞赛。

（一）校外竞赛

校外竞赛是指基层学校之间或参加上级政府、部门组织的以外校学生为比赛对手的各种体育竞赛。按规模分主要有世界级、国家级，及省、市、县（区）（小学生比赛不出区内）、镇（乡）级；按性质分主要有综合竞赛、单项竞赛、体育联赛等。综合竞赛一般多采用运动会的形式，比如综合运动会、民族运动会、阳光体育运动会、武术运动会等；单项竞赛一般多为正式运动项目的比赛，如田径、篮球、排球、足球、乒乓球、武术、游戏、野外定向、越野跑等。

（二）校内竞赛

校内竞赛是指单个学校开展的针对学生的体育比赛。一般在主管体育工作的校长直接领导下,以体育组为主,各个部门、科室分工协同负责进行。体育竞赛根据年度计划确定指导思想、目标任务、竞赛经费、竞赛规模,由学校领导机构提出基本方案,具体的规程、筹办与组织实施由体育组或相关部门负责落实。另外,各校根据本校的规模与管理要求,结合学校体育赛事的规模,可有的放矢地安排筹办单位,由党、政、工、团、学生会以及体育组、教务处、政教处、总务处等处室负责人组成竞赛组,全面负责学校体育赛事工作,如拔河、跳绳、定点投篮等,可由学生会、共青团、少先队、体育俱乐部、体育社团等群众性组织,在教师的指导下组成竞赛组负责组织比赛。对于年级内或班内开展的班与班、小组与小组、个人之间的比赛,如越野跑、仰卧起坐等,可在年级主任或班主任指导下,由年级长或班长负责组织。

三、课外体育竞赛的原则

(一) 竞争性原则

课外体育竞赛之所以称为竞赛,就与竞技比赛一样具有竞争性。竞赛是体育运动最吸引人之处,也是体育运动的基本特征之一。从青少年的心理来看,在群体之间、个体之间竞赛中的对抗、较量、争先、取胜等意识行为符合学生的心理特点,能激发学生形成参与的动机,有利于调动学生参加竞争的积极性,发挥自己最大的潜能,从而在竞赛中得到锻炼和提高。

(二) 全体性原则

课外体育竞赛要改变"少数人干,多数人看"的局面,设计、引入一些大多数学生乐于参与的团体项目,使学生都能找到适合自己的项目,人人都有项目参与,人人有事做,在运动过程中体验成功的感受,让课外体育竞赛名副其实地成为学生自己的运动会。同时,以学生为主体组织搭建体育竞赛舞台,改变以往由教师承担全部工作的局面。如一些竞赛由学生会或体育社团等负责组织实施,或让学生参与某项竞赛的组织工作和裁判工作,让学生成为运动会的主人,借此锻炼学生的组织能力、交际能力、策划能力、处理事件的能力。

(三) 大众性原则

比赛项目设置应大胆革新,要淡化竞技体育的观念,树立健康第一的思想。要充分注意到学生在身体条件、兴趣爱好和运动技能等方面的个体差异与不同需求,选择操作简单、对动作技术和体能要求不高,广大学生力所能及和参与人数众多的竞赛项目,既满足学生丰富课余生活,锻炼身体及自我表现的需要,又能激发他们对体育活动的持久兴趣。这样,学生参加体育锻炼的热情会更高,会更积极,学生的整体素质也会逐渐提高。

(四) 多样性原则

课外体育竞赛的组织形式灵活，项目种类繁多，既有规模大的学校运动会（如田径运动会、趣味运动会、体育节），还有规模相对较小的单项体育比赛或年级比赛，还有班级间或小组间的小比赛。竞赛内容不仅仅限于传统的竞技运动项目（如田径、体操、球类），还可以是民间体育项目（如拔河、跳绳、踢毽子），新兴或创编的体育项目（如轮滑、街舞、趣味体育），也可以是体育文化、卫生保健知识。只要学生喜欢，又有利于增进学生身心健康的内容，都可以组织比赛。

(五) 教育性原则

学校是教育和培养人才的地方，课外体育竞赛也是教育的组成部分。学生通过体育竞赛，既可以了解竞赛体育文化、掌握体育知识技术，又可培养良好的心理素质与品行，如培养不畏困难、勇于挑战的顽强意志品质，培养团结协作、互相配合、奋勇争先的精神，遵守竞赛规则，体验成功的快乐，展现自我价值，增强自信心。

四、课外体育竞赛的方法

(一) 顺序法

顺序法是指比赛中参赛者按一定先后顺序表现成绩的比赛方法。这种比赛方法在基层比赛中采用较好，一般适用于以时间、次数、远度、高度、重量、环数等客观标准确定成绩的项目，如田径项目、单项运动竞赛项目等。顺序法可以使参赛者的比赛条件基本相同，比赛更为合理、公平，比赛对抗性强、竞争激烈，有一定的观赏性。根据比赛项目的特点，顺序法可分为分组和不分组两种形式。

分组顺序法是指将参赛者分成若干组，然后按组序分别进行比赛的方法，如田径比赛中的短跑和中长跑、单人跳绳等比赛；根据比赛规模与场地大小，可采用一次比赛（决赛）决定成绩，也可采用预赛、次赛、复赛、决赛来决定成绩。

不分组顺序法是指同一比赛时间内只能有一人或一队依次进行比赛的方法，如田径比赛中的跳高、跳远、推铅球等，还有要求裁判员一致性的比赛项目，如广播操、健美操、武术等比赛。不分组顺序法在参赛者较多的情况下，存在比赛时间长和难以评定全部名次的缺陷。

(二) 淘汰法

淘汰法是指在比赛过程中逐步淘汰成绩差的，最后决出优胜者的一种比赛方法，有单淘汰和双淘汰两种。

淘汰法一般适用于短时间内进行、参赛者多的比赛。但是除了确定第一名外，其他名次不能合理确定，胜负具有一定的偶然性，且相互学习的机会也相应减少。

为了弥补不足，可采用种子法和补赛法等作为补充。种子法是赛前经过调查了解，经过协商，确定若干实力较强的参赛者或参赛队作为种子选手或种子队，也可以根据上一次比赛的名次来确定，然后有目的、有计划地编排，使其最后相遇，防止他们过早相遇而被淘汰出局，尽可能客观反映竞赛水平。补赛法是在决赛后用补充比赛来确定第二名以后名次的方法。

单淘汰是指参赛者按编排秩序进行比赛，胜者进入下一轮比赛，负者被淘汰，直到决出冠军。这种方法合理性差，不完整性和随机性强，每个参赛者只能有一次失败机会，所以，对参赛者的编排至关重要。

双淘汰是指参赛者按编排秩序进行比赛，失败两次即被淘汰，最后全场胜者为冠军。这种方法可以避免一次失败就被淘汰的缺点，失败一次的参赛者也有可能最终获得冠军，但由于编排较为复杂，基本不用。

（三）循环法

循环法是指在比赛中参赛者都要按照一定次序相互轮流进行一次或两次比赛，最后按成绩计算名次的比赛方法。这种比赛较多运用于球类比赛和其他对抗性项目的比赛（如拔河、棋类等）。这种方法可以给参赛者相互学习和交流经验的机会，合理、客观地评定参赛者的名次，但需要较长的赛期。循环法可分为单循环、双循环和分组循环三种。

（1）单循环。单循环是所有参加比赛的参赛者均能相遇一次，最后按参赛者在全部比赛中的得分决定名次。单循环一般是在参赛者不多，比赛时间、场地较为充足的情况下运用。

（2）双循环。双循环是所有参加比赛的参赛者均能相遇两次，最后按参赛者在全部比赛中的得分决定名次。双循环通常在参赛者不多，比赛时间、场地较为充足，想创造更多的比赛机会的情况下采用。双循环的不足是赛期较长。

（3）分组循环。分组循环是把所有的参赛者先分成若干个小组，在组内进行单循环比赛，然后排出各小组的名次，再根据各小组名次重新分组进行循环，直到最后决出优胜者的一种比赛方法。这种比赛方法一般是在参赛者较多，赛期有限的情况下采用，既不过多地增加比赛场次，又能客观地反映出各队名次。

（四）混合法

混合法是比赛中采用两种方法进行比赛的方法。一般把比赛分成两个阶段进行，根据比赛性质采用较多的是循环、淘汰混合法和资格、正赛混合法两种。

（1）循环、淘汰混合法。第一阶段采用分组循环法，第二阶段采用淘汰法，也可先循环后淘汰。在决赛阶段采用淘汰法时，大多数采用"交叉赛"或"同名次赛"来决定名次，一般出现在篮球、排球、乒乓球等项目。

（2）资格、正赛混合法。该方法是把比赛分成资格赛（及格赛）和正赛两个阶段，参赛者只有通过第一阶段的资格赛或及格赛，方可参加正式比赛。一般由比赛组织者根据实际情况制定一个评定标准，资格赛中以此标准作为评判依据，正赛中可安排顺序赛，或循环赛，或淘汰赛。

（五）轮换法

轮换法是指比赛时将参赛者分成若干组，并在同一时间内按规定的轮换顺序分别进行不同项目的比赛，最后综合各项目的成绩来决定名次的比赛方法，通常用于竞技体操和综合性项目。这种方法能节省比赛时间，但参赛者参加比赛项目顺序不同对参赛者存在一定影响，竞争的气氛不太浓。

（六）特殊的比赛方法

在课外体育竞赛中，常常采用一些非正规的、游戏性的比赛方法，一般由竞赛的组织者和参加者共同商讨确定执行。例如，定向跑采用隔时出发；越野跑比赛可分组在不同时间出发等。随着体育内容的创新，特别是趣味性、娱乐性的体育项目的出现，比赛所采用的方法也越来越多样。

以上介绍的比赛方法都是基层学校常用的，我们设计和选择体育竞赛方法，应使参加竞赛的各方在竞赛中获得机会均等的条件，同时还要考虑比赛的结果应该符合或者基本符合各参赛者的技术水平。

扫码获取更多资料

 **思考题**

1. 如何理解课外体育活动的含义，以及它在学校体育中的地位？
2. 课外体育活动有什么特点和价值？
3. 如何理解课外体育锻炼、课外体育训练和课外体育竞赛的含义，以及它们之间的关系？
4. 分析课外体育训练的方法及其使用条件。
5. 分析课外体育竞赛的方法及其使用条件。

第七章

国家学生体质健康标准

  国家学生体质健康标准通过科学的体测项目和评估标准，对学生的身体状况进行综合评估，为学校、家长和教育决策者提供重要的健康参考和数据支持。本章主要介绍国家学生体质健康标准及其实施，包含标准的定义、标准的制定历程、标准的内容等，并详细介绍标准的评估指标与测试项目。

第一节　国家学生体质健康标准概述

国家学生体质健康标准（以下简称"标准"）是一项重要的教育政策和健康管理措施，旨在全面关注学生的身体健康，促进全民健康的发展。该标准通过科学的体测项目和评估标准，对学生的身体状况进行综合评估，并为学校、家长和教育决策者提供重要的健康参考和数据支持。国家学生体质健康标准致力于培养健康的未来公民，推动全民健康意识的提升。在未来的发展中，该标准将持续优化和完善，以更好地服务于学生的身心健康和社会的全面健康发展。

一、国家学生体质健康标准的定义

国家学生体质健康标准是由国家相关教育、卫生和体育等部门制定的，用于评价学生身体健康水平的一套指标和准则，旨在全面反映学生的体型、体能、生理素质等方面的情况，为学生体育锻炼提供科学依据和指导，促进学生全面发展和身心健康。

国家学生体质健康标准一般包括身高体重指数、肺活量、灵敏度、柔韧度、爆发力、耐力等多个指标，不同年龄段和性别的学生有不同的标准。标准的制定通常经过大规模的体质测试和数据分析，结合国内外研究成果和实践经验，经过专家论证和政府部门批准后正式发布实施。这些体质健康标准的制定和应用，对于监测学生的身体健康状况、指导学生体育锻炼、提高体质素质、预防疾病、培养积极向上的生活态度以及形成良好的体育锻炼习惯都具有重要意义。科学地推动学生体质健康水平的提高，有助于培养更加健康、积极、有活力的新一代。

国家学生体质健康标准的推广和应用对于提高教育质量、培养健康有素养的学生，具有重要意义。

第一，促进学生全面发展。学生体质健康标准不仅关注学生的身体素质，还涵盖了心理、社交等多方面因素的评估。通过综合评价学生的生长发育、体能、身体素质和健康行为，有助于发现学生的潜在优势和问题，为学生提供个性化的发展指导，促进学生在身体、智力、情感和社交等方面的全面成长。

第二，提高学生学习成绩。学生体质健康与学习成绩有着密切的关联。良好的身体素质和健康状况有助于提高学生学习动力和注意力，减轻学习压力，缓解疲劳，提高学习效率和学习质量，从而对学生的学业成绩产生积极影响。

第三，优化学校教育环境。学生体质健康标准为学校提供了科学依据，有助于优化学校的教育环境和教学管理。学校可以根据学生体质健康的评估结果，制定相应的体育课程和活动计划，提高学生的体育锻炼积极性和兴趣，营造积极向上、健康的学习氛围。

第四，预防和治理学生健康问题。学生体质健康标准的实施可以及早发现学生的健康问题，有利于改善学生的健康状况。通过定期的体质健康测评和评估结果的反馈，学校和家长能够更好地关注学生的健康状况，及时采取干预措施，避免潜在的健康风险。

第五，培养健康生活方式。学生体质健康标准通过健康行为指标的评估，鼓励学生养成积极健康的生活方式。学校可以通过相关健康教育活动和宣传，引导学生形成良好的饮食习惯、科学合理的运动方式，养成终身受益的健康生活习惯。

第六，为公共政策提供科学依据。学生体质健康标准的实施为相关政府部门提供了重要的数据和科学依据。政府可以根据学生体质健康状况的评估结果，制定和调整相关的公共政策和健康促进措施，推动学生体质健康水平全面提升。

第七，培养社会责任感。学生体质健康标准的推广和实施需要学校、家庭和社会多方共同参与。通过共同关注学生的身心健康，培养学生的社会责任感和团队意识，促进学校与社会紧密联系，形成良好的社会氛围和社会共识。

总体而言，学生体质健康标准的重要性在于它为学生的全面发展提供科学依据，优化学校教育和健康环境，促进学生身体和心理健康良好发展，为学生的学业成绩和未来生活质量奠定坚实基础，同时对社会和国家整体发展产生积极影响。

二、标准制定的背景、发展历程与目标

（一）背景

标准是一套用于评估学生身体素质和健康状况的综合性指标和标准体系，通过科学化、客观化的评估，全面了解学生的身心健康状态，为学生的全面发展和健康成长提供科学依据。随着社会发展和教育理念的不断更新，各国对学生体质健康的关注逐渐增强，为标准的制定奠定了基础。

1. 教育体制改革与综合素质教育的倡导

在教育体制改革的背景下，越来越多的国家开始重视学生的综合素质教育，强调学生全面发展和身心健康的重要性。学生体质健康标准的制定与推广，成为教育体制改革的重要内容之一。学校不再单纯追求学生的智育成绩，越来越注重学生的身体素质和心理健康，为学生的全面发展提供多元化的支持和保障。

2. 社会健康问题的凸显

随着社会经济的快速发展和生活方式的改变，儿童和青少年健康问题逐渐凸显。

学生肥胖、近视、脊柱问题等健康隐患在不少国家呈现上升趋势，引起社会广泛关注。社会对学生健康问题的担忧对学生体质健康标准的制定起到重要推动作用。标准的实施有助于发现学生的健康问题并及早干预，减少慢性病风险，提高学生的生活质量。

3. 国际比较与竞争压力

随着全球化的发展，国际间的比较与竞争日益激烈。学生的体质健康水平也成为国际间比较的重要方面之一。一些国家在为学生体质健康制定标准的同时，也借鉴和学习其他国家的先进经验，以提高本国学生的体质水平和国际竞争力。在这种背景下，学生体质健康标准的制定成为国家战略，对于提高国家整体竞争力和形象具有重要意义。

4. 科技进步与测评手段的提升

随着科技的进步，学生体质健康评估手段也得到了大幅提升。高科技仪器和测评设备的引入，使学生体质健康标准更加科学、准确。例如，身体成分分析、心肺功能测试、运动灵敏度测试等技术的应用，提高了对学生身体素质和健康状况的准确测量和分析。这些技术手段的进步为学生体质健康标准的制定提供了有力支持。

总体而言，国家学生体质健康标准的制定背景是多方面的，教育体制改革、社会健康问题的凸显、国际比较和竞争压力，以及科技进步等因素共同推动了学生体质健康标准的制定与完善。这些标准的实施有助于关注学生的身心健康，推动学生的全面发展，为社会的长期繁荣和稳定奠定坚实基础。

（二）发展历程

标准制定的发展历程见证了体育科学与健康教育的不断进步与融合。从初步探索到定量指标体系建立，再到综合评估体系完善，学生体质健康标准逐步演变为一个多维度、科学化的体系。在国际接轨的推动下，学生体质健康标准已成为评价学生身体健康状况、促进其全面发展的重要工具，在培养健康生活方式、提高学生体质素质方面发挥着重要作用。

1. 初期体育测试阶段

20世纪初，一些国家开始开展学生体质测试，通常以体育课程为主要测试内容，重点关注体育运动技能和体能发展。然而，由于测试内容单一和科学性不足，这些初期体育测试并没有形成完整的学生体质健康标准。例如，瑞典是早期推动学生体质测试的国家之一。在瑞典体操测试中，学生被要求完成一系列体操动作，如跳跃、转体、爬绳等，以评估他们的体育运动技能和身体灵活性。美国也在20世纪初开始尝试学生体质测试。当时，学校体育课程以田径和体操为主，测试内容包括跑步、跳远、仰卧起坐等项目，以评估学生的体能发展和身体素质。这些初期的学生体质测试存在一些问题，测试内容相对单一，主要关注体育运动技能和体能发展，忽略了学生身体其他方面的健康状况。同时，这些测试缺乏科学性和系统性，无法提供全面准确的学生体质健康状况评估。

2. 体育与健康意识逐渐加强阶段

20世纪中期，随着健康意识的增强，越来越多的国家开始关注学生体质健康的综合评估。体育测试逐渐与健康检查相结合，开始涵盖学生的生长发育、心肺功能、骨骼健康等方面的评估内容。例如，日本在20世纪中期开始推行体力测试。这一测试不仅关注学生的体育技能，还包括了学生的身高体重、肺活量、握力、纵跳等多个项目。通过这些综合测试，学校能够更全面地了解学生的身体状况，制定相应的体育教学和体育活动计划，帮助学生培养良好的健康习惯。德国在20世纪中期也开始进行学生体质测试。除了传统的体育项目，德国的体质测试还涵盖了学生的柔韧性、身体平衡、心肺功能等方面。通过多项指标的评估，学校和家长能够更好地了解学生的身体状况，提供个性化的健康建议和培养计划。美国在20世纪中期推出了"总统体能测试"计划，旨在提高学生体质健康意识。该测试涵盖了跑步、仰卧起坐、引体向上、坐位体前屈等多个项目，以全面评估学生的体能和身体素质。这一计划在推动学生参与体育锻炼的同时，也鼓励学生树立积极健康的生活态度。这些国家在20世纪中期的努力，为学生体质健康评估奠定了更为综合、科学的基础。随着科技的发展和健康研究的不断深入，现代的学生体质健康标准已经更加全面和精确，为学生的全面发展和身心健康提供了更好的保障。

3. 国际合作与标准化阶段

20世纪后期，国际组织和学术机构开始推动学生体质健康标准的国际合作与标准化。世界卫生组织（WHO）等机构发布了一系列关于学生体质健康的指南和标准，为各国制定自己的体质健康标准提供参考。

世界卫生组织倡导了"全球推动健康"运动，鼓励各国加强学生体质健康的评估和促进措施。该运动提倡学校成为健康促进的场所，通过体育活动和健康教育，提高学生的身体活动水平，促进学生的全面健康发展。国际体育与健康联盟（ISCA）与多个国家合作，推动学生体质健康评估标准化，在全球范围内分享最佳实践经验，并提供培训和支持，帮助各国提高学生体质健康水平。国际体育科学学会（ISSS）在学生体质健康领域开展了多项研究，并制定了相关的指导方针。这些研究和指导方针为各国制定学生体质健康标准提供了科学依据。

随着国际合作与标准化的推动，各国在学生体质健康评估和促进方面取得了更多共识。通过借鉴国际经验和采纳国际标准，各国能够更好地了解学生体质健康的重要性，采取相应措施，为学生提供更健康、更全面的体育教育和身体发展环境。

学生体质健康标准的制定背景与发展历程是一个从体育测试到综合评估的过程，涵盖了国际合作与标准化的阶段，最终形成由各国制定的适用于本国学生的科学化、系统化的评估指标和标准，为学生的全面成长和健康发展提供了重要保障。

（三）目标

标准制定旨在全面了解学生的身心健康状况，促进学生的全面发展和健康成长。通过科学化、客观化的评估，学生体质健康标准涵盖了学生的身体素质、心理健康和健康行为等多个方面，为学生的全面发展提供科学依据。国家学生体质健康标准的目标表现为以下几个方面。

1. 评估学生身体素质和健康水平

标准可以全面、客观地评估学生的身体素质和健康状况，包括生长发育、体能水平、身体功能、心理健康和健康行为等多个方面。通过科学的测量和评估，了解学生的健康状况，及早发现潜在的健康问题，为学生的全面成长提供科学依据。

2. 促进学生全面发展

标准的目标是帮助学生实现全面发展，不仅关注学生的学业成绩，还注重学生身心健康的全面提升。通过定期的体质健康测评，学校可以根据学生的体质特点和健康需求，制定个性化的健康促进计划，提供个性化的教育与健康服务，促进学生的全面发展和个性成长。

3. 提高学生的健康意识和健康行为

标准的实施有助于培养学生积极健康的生活方式和行为习惯。通过健康教育和健康宣传，引导学生养成合理饮食、适度运动、保持良好的作息和心理状况等健康行为，提高学生的健康意识，降低不良生活方式对健康的不利影响。

4. 优化学校教育与体育教学环境

标准的实施促进了学校教育和体育教学环境的优化。学校可以根据学生体质健康的评估结果，调整体育课程和活动内容，提高学生体育锻炼的积极性和参与度。同时，学校可以建立健康教育和体育锻炼的监测与跟踪机制，持续改进体育教学质量，营造积极向上的学习氛围。

5. 促进社会公平与教育公正

标准的推行有助于促进教育公正和社会公平。通过定期测评学生体质健康状况，学校和政府可以了解不同学生群体的健康状况，采取针对性的健康促进措施，减少因健康差异导致的不公平现象，保障每个学生的平等健康权益。

6. 为国家整体发展和长远规划提供支撑

标准的实施对于国家整体发展和长远规划具有战略意义。学生是国家的未来和希望，其身体健康和全面发展关系到国家的繁荣和稳定。通过学生体质健康标准的评估，国家可以了解青少年的健康状况和趋势，制定相关的教育、健康政策，从根本上保障国家的长远发展。

综上所述，国家学生体质健康标准的目标是评估学生的身体素质和健康水平，促进学生全面发展，提高学生的健康意识和健康行为，优化学校教育与体育教学环境，促进社会公平与教育公正，为国家整体发展和长远规划提供科学依据和战略支撑。

三、标准的主要内容

标准的主要内容是根据不同年龄段学生的生长发育规律和身体健康水平，为评价学生身体素质和健康状况而制定的一套指标体系，鼓励学生关注自身身体状况，帮助学校和家长及时发现和关注学生体质问题，并采取相应措施进行干预和改善。此外，标准强调加强健康教育，教授学生正确的健康知识和行为，培养学生对健康的重视和保护意识，以养成良好的生活习惯。

（一）体测项目

标准规定了一系列科学合理的体测项目，如身高、体重、肺活量、力量等，用于评估学生的身体素质和健康状况。

（二）评估标准

针对每个体测项目，标准明确了不同年龄段、性别的学生所应达到的健康指标和评分标准，以便进行客观准确的评估。

（三）健康数据记录

学校和相关部门负责记录学生的体测数据，建立学生健康档案，追踪学生的身体发展情况，为健康干预和改善提供依据。

（四）健康教育内容

标准强调加强健康教育，包括传授正确的健康知识和行为，培养学生对健康的重视和保护意识，帮助他们树立健康的生活观念，养成良好的生活习惯。

（五）个体差异考虑

标准会针对学生的年龄、性别、身体发育等个体差异因素进行合理的调整和考虑，以确保评估的公平性和科学性。

（六）健康干预和指导

根据评估结果，学校和家长可以采取相应的干预措施，如制定个性化的体育锻炼计划和饮食指导，帮助学生改善体质和健康状况。

国家学生体质健康标准旨在全面关注学生的身体健康，通过科学的体测和评估，促进学生健康素养的提升，为学校、家长和教育决策者提供重要的健康参考和数据支持，进一步推动全民健康发展。

第二节　国家学生体质健康标准的实施

青少年的健康是国家繁荣昌盛的基石，也是教育事业的首要任务。国家学生体质健康标准的实施是我国教育和体育领域的重要里程碑，通过关注学生的身体健康，推动全民健康发展，实现体育强国目标。国家学生体质健康标准的实施是提升学生身体素质、培养健康有素养的新一代的有力工具，为学生的健康发展提供坚实保障。同时，它也将促进我国青少年健康素养的提升，为建设健康中国、实现中华民族伟大复兴贡献积极力量。

一、标准的实施范围

国家学生体质健康标准是为了评估学生身体健康状况而设定的一套标准，其中明确规定了适用学生的年龄范围和性别，以确保评估的准确性和公平性。

（一）适用对象

国家学生体质健康标准适用于全日制普通小学、初中、普通高中、中等职业学校、普通高等学校的学生。

（二）适用性别

国家学生体质健康标准适用于男性和女性学生。

二、标准的评估项目及结果

（一）评估项目

为了综合评估学生的体质健康状况，标准的评估项目设置较多，不同项目有不同目的，详见表7-1。

表 7-1 评估项目表

序号	项目	目的
1	体重指数（BMI）	评估学生的身高与体重之间的比例，用于判断是否存在超重或体重不足的问题
2	肺活量	测试学生的呼吸能力，反映心肺功能的健康状况
3	50 米短跑	测试学生的爆发力和速度
4	坐位体前屈	评估学生的脊柱灵活性
5	立定跳远	测试学生的下肢爆发力和协调性
6	800 米跑/1000 米跑	测试学生的耐力和持久力
7	引体向上/1 分钟仰卧起坐	测试学生的上肢和腹肌力量

（二）评估结果

根据学生在各项测试项目上的表现，教师将结合适用年龄范围和性别，制定出相应的体育教育计划。评估结果将分为优秀、良好、达标和未达标四个等级。

为了帮助学生改善体质健康状况，教师将根据评估结果制定个性化的体育教育计划。计划将包括针对学生的弱项进行有针对性的锻炼，提供合理的营养指导，以及培养学生良好的体育锻炼习惯。

三、标准的评估指标

（一）生长发育指标

制定国家学生体质健康标准时，生长发育指标是其中重要的评估项目，生长发育指标主要有身高、体重、BMI 等。这些指标可以帮助评估学生的身体健康状况、生长发育水平以及是否存在超重或体重不足等问题。以下对这些指标进行详细分析。

1. 身高

身高是评估学生生长发育的重要指标之一。在国家学生体质健康标准中，通常会按照不同年龄段和性别制定身高的标准曲线图或百分位数曲线。学生的身高将与相应的标准进行比较，从而得知其身高是否处于正常范围内。如果学生的身高明显低于或高于同龄同性别的平均水平，就需要进一步关注其生长发育情况，了解其是否存在生长发育障碍等问题。

2. 体重

体重是另一个重要的生长发育指标。类似于身高，国家学生体质健康标准也会根据不同年龄段和性别制定体重的标准曲线图或百分位数曲线。学生的体重将与相应标准进行比较，以评估其体重是否处于正常范围内。体重过轻或过重都可能对学生的健康产生影响，因此需要关注体重是否与身高相匹配，并根据实际情况采取相应的干预措施。

3. BMI

BMI是一个常用的身体健康指标。国家学生体质健康标准通常会以不同的年龄段和性别为基础制定相应的BMI百分位数曲线。学生的BMI将与相应的百分位数曲线进行比较，以评估其体重指数是否正常。常见的BMI评估等级包括偏瘦、正常、超重和肥胖。BMI的计算方法为体重除以身高的平方。其中，体重以千克为单位，身高以米为单位。例如，

一个人的体重是60千克，身高是1.75米，那么他的BMI计算如下：

$BMI = 60 / (1.75 \times 1.75) \approx 19.59$

然后可以根据BMI值的范围来评估其体重状态。

需要注意的是，BMI作为一个指标，虽然简便易行，但它也有一定的局限性。例如，它无法区分体重中的肌肉和脂肪成分，因此对于一些特殊人群（如运动员、老年人等），可能并不适用。在评估身体健康状况时，还应结合其他因素，如腰围、体脂率、肌肉质量等，来综合判断个体的体重状况。

在制定国家学生体质健康标准时，要根据大规模调查和统计数据对这些生长发育指标进行研究和分析，确保标准的科学性和适用性。同时，标准还可能会因不同地区、民族和文化背景的差异而有所调整，以确保评估的准确性和公平性。体质健康标准需要定期进行重新评估和调整，以保持其科学性和实用性。

（二）体能指标

国家学生体质健康标准中的体能指标涵盖了学生在不同方面的体能表现，包括心肺耐力、肌肉力量、灵敏性等。这些指标有助于评估学生的身体素质，指导体育教育和训练计划，帮助学生全面发展身体健康。以下是对这些体能指标的详细分析。

1. 心肺耐力

心肺耐力是评估学生心血管系统的健康状况和耐力水平的指标。常用的测试项目包括长跑（如800米或1000米跑）、跳绳等。测试时学生需要保持一定的持久运动，通过心率和呼吸频率等生理指标来评估其心肺功能和耐力水平。心肺耐力的好坏可以反映学生的有氧能力和运动健康状况。

2. 肌肉力量

肌肉力量是评估学生肌肉系统的力量和爆发力的指标。常见的测试项目包括引体向上、仰卧起坐、掌握杠铃等。测试时学生需要完成一系列的动作，以评估其肌肉力量。肌肉力量的好坏可以反映学生的肌肉发展和体能水平。

3. 灵敏性

灵敏性是评估学生身体的协调性和反应能力的指标。常见的测试项目包括50米短跑、坐位体前屈、立定跳远等。测试时学生需要快速、准确地完成各项动作，以评估其身体的灵活性和协调性。灵敏性的好坏可以反映学生在各种体育活动中的表现和反应能力。

4. 柔韧性

柔韧性是指肌肉和关节在运动过程中的伸展能力，也称为关节活动度。在国家学生体质健康标准中，常用的测试项目有坐位体前屈，可测试肩关节灵活性等。测试时学生需要完成一系列的伸展动作，以评估其身体的柔韧性。柔韧性的好坏可以影响运动技能的发挥、运动受伤的风险。柔韧性好有助于维持良好的身体姿态。

5. 协调性

协调性是指肌肉和神经系统在运动中的协调性能，即身体各部分之间的动作协调程度。在国家学生体质健康标准中常用的测试项目包括50米短跑、足球运球、篮球运球等。测试时学生需要进行各种复杂的动作，使用各种运动技巧，以评估其身体的协调性。协调性可以影响运动技能的准确性和流畅性，是学生参与各类体育活动的基础能力之一。

6. 其他指标

除了以上指标，国家学生体质健康标准还包含其他身体素质指标，如平衡性、速度耐力等。这些指标综合反映了学生的身体运动能力和技能水平。不同年龄段和性别的学生在身体素质指标上可能存在差异，因此在评估时需要考虑这些因素，并针对不同学生群体制定相应的测试项目和标准。

综合评估学生体能指标的表现，可以帮助学生了解自己的身体运动能力和潜力，发现自己的优势和改进的空间。这些体能指标也是教师制定学生的体育教育和训练计划的重要参考依据，有助于制定个性化的锻炼方案，提高学生的体能水平，促进其全面健康发展。体能是学生终身体育锻炼的基础，体能指标测评有助于学生养成良好的体育锻炼习惯，终身受益。

（三）健康行为指标

国家学生体质健康标准中的健康行为指标涵盖了学生在日常生活中的体育锻炼频率、饮食习惯等方面的表现。这些指标对于学生的身体健康和全面发展起着至关重要的作用。

1. 体育锻炼频率

体育锻炼频率是指学生每周参与体育锻炼的次数。国家学生体质健康标准通常会建议学生进行适量的体育锻炼，以维持身体健康。锻炼频率的建议可能因不同年龄段和性别而有所不同，一般来说，中小学生建议每周进行 3～5 次体育锻炼，每次锻炼持续 30 分钟以上。

体育锻炼对学生的身体发育、心理健康和学业表现都有积极的影响。适当的锻炼可以增强心肺功能、增强肌肉力量、提高灵敏性，同时有助于缓解压力，提高学习效率。因此，鼓励学生建立良好的体育锻炼习惯，定期进行体育锻炼，是国家学生体质健康标准中的重要内容之一。

2. 饮食习惯

饮食习惯是指学生在日常生活中的饮食行为和饮食选择。国家学生体质健康标准通常会强调学生要养成健康的饮食习惯，包括均衡饮食、多样化饮食和适量饮食。学生应该摄取足够的营养，包括蛋白质、碳水化合物、脂肪、维生素、矿物质等，以满足身体的生长发育和能量需求。

国家学生体质健康标准还关注学生是否有不良的饮食习惯，如吃零食过多、偏食、暴饮暴食等，这些不良饮食习惯对学生的健康可能产生不利影响。因此，教育学生养成健康的饮食习惯，引导他们选择营养丰富的食物，适量饮食，远离高糖、高脂、高盐的食品，是国家学生体质健康标准中的另一个重要内容。

3. 其他指标

除了体育锻炼频率和饮食习惯，国家学生体质健康标准还包含其他健康行为指标，如睡眠时间、避免烟酒等。睡眠对学生身体恢复和生长发育具有重要作用，建议学生保持充足的睡眠时间。避免摄入烟酒等有害物质，有助于保护学生的健康。

综合评估学生在体育锻炼频率、饮食习惯等健康行为指标的表现，有助于学生了解自己的生活习惯是否有改进的空间，促进他们养成良好的生活方式和健康习惯。教育学生养成健康的生活方式，对于预防慢性病、提高生活质量和促进全面健康发展非常重要。因此，健康行为指标也是国家学生体质健康标准中不可忽视的一部分。

三、标准的测评方式与周期

国家学生体质健康标准一般在一定周期内采用适当的测评方式对学生的体质健康进行测试和评估，以便对学生的身体状况进行全面了解和监测。

（一）测评方式

1. 体育课内测试

在学校体育课程中，教师会定期对学生进行体育测试，包括心肺耐力测试（如长跑）、肌肉力量测试（如引体向上、仰卧起坐）、灵敏性测试（如跳远、坐位体前屈）等。这些测试可以较为方便地评估学生的体质健康状况。

2. 体测大会

学校或区域可能会定期举办体测大会，将更多学生聚集在一起进行体质测试，以便对整个学校或地区的学生体质健康状况进行综合评估和比较。

3. 定点医学机构测评

有些地区可能会要求学生定期到指定的医学机构进行体质检查和体质测评，以确保测评的客观性和专业性。

(二) 测评周期

1. 学期周期

学校一般会将体育测试纳入学期评估计划，每学期进行一次体育测评，以跟踪学生的身体状况和进展情况。

2. 年度周期

有些地区可能会将体测大会安排在每学年开始或结束时进行，以评估整个学年内学生的体质健康状况。

3. 定期周期

定点医学机构测评，可能会按照一定的时间间隔（如每年、每两年）进行一次体质健康测评，以确保学生的身体状况得到持续监测和关注。

总而言之，国家学生体质健康标准的测评方式和周期旨在确保学生的体质健康得到全面评估和监测，有助于发现问题，以及提供相应的干预和改进措施；有助于指导学校和教师开展有针对性的体育教育和训练计划，促进学生的身体素质和全面健康发展。

四、标准的实施机构与责任部门

(一) 实施机构

国家学生体质健康标准的实施机构是国家体育总局。国家体育总局是我国政府主管体育事务的机构，负责制定和发布国家学生体质健康标准。该标准旨在评估和指导学生的体质健康状况，并为学校和相关教育机构提供参考，以制定合理的体育课程和健康干预措施。

(二) 责任部门

国家学生体质健康标准的责任部门是各级教育行政部门。各级教育行政部门是国家和地方政府的教育主管部门，它们负责在本辖区范围内的学校组织学生进行体质健康测试，并对测试结果进行监督、统计和分析。同时，各级教育行政部门还负责推动学校实施相关的体育健康教育和干预措施，以提高学生的体质水平和健康素养。

国家学生体质健康标准的实施机构是国家体育总局，而责任部门是各级教育行政部门。国家体育总局负责标准的制定和发布，各级教育行政部门负责监督和组织学校的体质健康测试，并负责推动相关的体育健康教育与干预措施。这样的体系有助于促进学生的体育锻炼和健康发展。值得注意的是，相关政策和责任部门可能在未来发生变化，建议随时查阅官方渠道以获取最新信息。

五、标准的积极意义与成果

（一）积极意义

1. 促进学生身体健康

国家学生体质健康标准通过科学的体测项目和评估标准，帮助学校和家长了解学生的身体健康状况。通过定期的体测，可以及时发现学生身体健康问题，采取相应措施进行干预和改善，从而促进学生的身体健康。

2. 引导合理锻炼

国家学生体质健康标准为学生提供了科学的体测项目和评估标准，鼓励学生积极参与体育锻炼。这有助于引导学生合理锻炼，养成良好的体育锻炼习惯，增强体质，预防体重过重或过轻等健康问题。

3. 促进体育教育发展

国家学生体质健康标准为体育教育提供了科学依据。学校可以根据标准的指导，制定合理的体育课程和教学计划，提高体育教育质量和水平。

4. 促进全民健康

国家学生体质健康标准有助于培养健康的未来公民，促进全民健康。学生在学校接受了科学的体育锻炼和健康教育后，掌握健身知识，养成体育锻炼习惯，体质水平和健康意识得到提高。学生将这些健身知识和锻炼习惯带到社会中，对全民健康起到促进作用。

5. 监督教育质量

国家学生体质健康标准的推广与应用，可以帮助监督学校和教育系统的教育质量。学生体质健康状况的改善与提高，可以作为评估学校和教育系统教育成果的重要指标。

6. 提供科学决策依据

体测数据和评估结果可以为教育决策者制定相关教育政策和措施提供重要的科

学依据。体测数据可以反映学生体质健康水平的整体情况和变化趋势，教育部门可依此调整健康教育方案。

国家学生体质健康标准在学生身体健康、体育教育发展、全民健康以及教育质量监督等方面具有重要的积极意义。同时，它还为教育决策者提供了科学依据，用于制定相关的教育政策和措施。随着时间的推移，标准的应用可能会不断优化和完善，以更好地服务于学生和社会的健康发展。

（二）取得的成果

1. 学生体质整体提升

国家学生体质健康标准的推广与应用，促使学生和学校更加重视体育锻炼和健康教育，学生体质的整体水平得到了提高。学生的体质水平得到提高，体力和体能增强，患病风险降低，学习效率和生活质量提高。

2. 健康教育加强

国家学生体质健康标准的实施促使学校加强了健康教育内容。学校将健康教育纳入日常教学中，向学生普及健康知识，提高学生对健康的认识和自我保健意识，养成健康的生活习惯和行为，这对预防疾病和促进身心健康起到积极的作用。

3. 教育教学质量提升

体育是学生全面发展的重要组成部分，国家学生体质健康标准的推广有助于提高学校体育教学质量。学校在实施体育教育时，更注重学生个体差异，根据学生的体质状况和需求，制定个性化的教学计划和活动。这样的教学方式有利于激发学生对体育运动的兴趣和热爱，提高学生的体育水平和运动技能。

4. 教育改革有支撑

国家学生体质健康标准的实施为教育改革提供了有力支撑。通过体质健康标准的评估，教育部门可以了解学校的体育教育水平和学生的身体健康状况。这些数据为教育决策者制定和完善相关的教育政策和措施提供了科学依据，推动教育改革。

5. 全民健康意识提高

国家学生体质健康标准的宣传与推广，不仅关注学生体质健康，也增强了社会各界对全民健康的重视。这种健康意识的提高有助于全民健康的推进与提升。

国家学生体质健康标准的实施在学生体质健康、健康教育、教育教学质量、教育改革和全民健康意识方面取得了积极的成果。随着标准的不断优化和实施，这些成果将进一步得到加强和巩固。

六、标准面临的挑战与改进方向

国家学生体质健康标准面临一些挑战，我们要明确改进方向以应对这些挑战。

以下是其中一些主要挑战和改进方向。

(一) 挑战

1. 体测数据的真实性

在一些地区或学校，可能存在对体测数据弄虚作假或人为操控，以追求好的测试结果的情况。这种不真实的数据可能导致对学生体质状况的评估不准确，影响健康干预的科学有效性。

2. 教育资源不均衡

教育资源不均衡，一些地区或学校面临体育教育资源不足的问题，包括场地设施不完善、体育教师数量不足等。这会影响到学生参与体育活动的机会和体育教育质量。

3. 健康教育深度与广度

虽然国家学生体质健康标准强调健康教育，但在一些学校，健康教育的深度和广度仍有不足。有的学校可能过于注重体育成绩而忽视了健康教育的重要性。

(二) 改进方向

1. 加强监督与考核

加强对体测数据的监督与考核，防止数据造假行为的发生。对于数据质量较差的学校，可以采取相应措施提升其体测和健康教育水平。

2. 平衡资源配置

政府和教育部门应该注重解决教育资源不均衡问题，向薄弱地区和学校提供更多的体育设施和教师资源，确保每个学生都能获得平等的体育教育机会。

3. 强化健康教育内容

在体育课程中加强健康教育的内容，包括饮食健康、心理健康、预防疾病等方面的知识，帮助学生全面了解和关注健康问题。

4. 推广多样化的体育活动

为了提高学生对体育锻炼的兴趣和积极性，可以推广多样化的体育活动，包括体育竞赛、户外运动、舞蹈等，满足学生的不同需求和兴趣。

5. 引入科技手段

可以借助科技手段，如健康 APP、智能设备等，对学生体质和健康状况进行实时监测和数据记录，更加便捷地进行体测和评估。

国家学生体质健康标准虽然取得了不少成果，但仍面临一些挑战，通过加强监督与考核、平衡资源配置、强化健康教育内容、推广多样化的体育活动以及引入科技手段等，可以进一步提高标准的实施效果，促进学生的体质健康和全民健康发展。同时，政府、学校、家长和社会各界都应共同努力，共同关注学生的健康成长，营造全社会关注健康的良好氛围。

七、国家学生体质健康标准的发展趋势

国家学生体质健康标准的发展趋势主要有以下几个方面。

（一）多维度评估

未来的国家学生体质健康标准可能会更加注重多维度评估学生的身体健康状况，除了传统的体测项目，还会引入更多的身体机能指标、心理健康评估等，以全面了解学生的健康状态。

（二）健康数据的数字化

随着科技发展，健康数据的数字化将会得到更广泛的应用。通过智能设备、健康APP等技术，学生的体质健康数据可以更加便捷地采集、存储和分析，为健康干预和政策制定提供更准确的数据支持。

（三）引入互联网教育

未来可能会借助互联网教育平台，推广健康教育的内容。学生可以通过网络学习健康知识，自主参与健康教育活动，增强健康意识和自我保健能力。

（四）强调个性化教育

国家学生体质健康标准可能会更加注重个体差异，根据学生的特点和需求，制定个性化的体育锻炼计划和健康教育内容，帮助每个学生实现全面健康发展。

（五）加强社会参与

除了学校和家长，社会各界也将参与到学生体质健康的推进中。政府、企业、非营利组织等都可能会提供更多支持和资源，共同关注学生的健康成长。

扫码获取更多资料

 **思考题**

1. 简述国家学生体质健康标准制定的背景及其发展历程。
2. 国家学生体质健康标准的目标和内容是什么？
3. 国家学生体质健康标准的评估指标与测试项目有哪些？
4. 国家学生体质健康标准面临的挑战与改进方向有哪些？

第八章

体育教师

　　本章主要介绍体育教师的地位、劳动特点、基本职责和教学技能，体育教师专业化的内涵和我国体育教师资格制度，新时代体育教师专业发展与角色转变，以及国际体育教师教育的当代特征与发展趋势等。

第八章 体育教师

第一节 体育教师概述

一、体育教师的作用

体育教师在认真学习领会习近平总书记关于教育的重要论述，全面落实有理想、有本领、有担当的时代新人培养要求，培养德智体美劳全面发展的人才过程中起着不可替代的作用。体育教师通过向学生传授体育与健康知识、运动技术和技能，帮助学生掌握科学锻炼身体的手段和方法，促进学生养成锻炼身体的习惯、优良的体育品德，聚焦中国学生发展核心素养，培养学生适应未来发展的正确价值观、必备品格和关键能力，引导学生明确人生发展方向，成长为德智体美劳全面发展的社会主义建设者和接班人。

二、体育教师的地位

中华人民共和国成立后，党和政府十分重视学校的体育工作，采取了一系列措施，加强学校体育工作，为了适应学校体育发展的需要，国家加强了体育教师师资队伍建设和培养。体育教师的地位随学校体育地位的不断提高而提高。中华人民共和国成立初期，我国在38所高等师范院校设立了体育系科，1952年至1954年，又先后成立了上海、北京、西安、武汉、沈阳和成都6所国家体委直属体育学院，之后又成立了8所省、市属体育学院，专门培养各级学校的体育教师和体育专门人才。

20世纪80年代以后，我国对学校体育工作更加重视，国务院、教育部针对学校体育工作制定了一系列方针政策。1995年，国务院发布的《全民健身计划纲要》中明确指出，全民健身计划以全国人民为实施对象，以青少年和儿童为重点。这既体现了党和政府对青少年学生的关心和爱护，也说明了学校体育和体育教师在实施全民健身计划中的重要地位和作用。学校实施全民健身计划，是提高全民族素质的奠基工程，而体育教师则是实施这一工程的工程师。随着全民健身计划的广泛推行，体育教师的社会地位也进一步提高。

1998年，国家教委规定，在全国逐步实行初中毕业生升学加试体育的制度。中招加试体育制度的出台，对加强学校体育工作，提高体育的学科地位和体育教师地位起到了积极的作用。

1999年，中共中央、国务院印发的《关于深化教育改革全面推进素质教育的决定》指出，"健康体魄是青少年为祖国和人民服务的基本前提，是中华民族旺盛生命力的体现。学校教育要树立健康第一的指导思想,切实加强体育工作,使学生掌握基本的运动技能,养成坚持锻炼身体的良好习惯"。该决定深刻地阐明了学校体育在素质教育中的重要地位和独特作用。

2001年,教育部制定了体育与健康课程标准(实验稿),将体育课更名为体育与健康课,并指出,它"是学校课程体系的重要组成部分,是实施素质教育和培养德智体美全面发展人才不可缺少的重要途径"。《义务教育体育与健康课程标准(2022版)》的颁布实施,进一步揭示了学校体育的健康价值,明确了学校体育在学校教育中的重要地位,同时为体育教师寻求与其他主干学科教师"平等化"地位提供了有效保障。

三、体育教师的劳动特点

体育教师是在各级学校中对学生进行体育教育的工作者,是完成学校体育工作任务的具体执行者和组织者。体育教师是整个教师队伍中的一个特殊群体,与其他学科教师相比,体育教师的劳动具有以下特点。

(一)工作的广泛性

学校体育是德智体美劳全面发展的教育活动的重要方面,是学校素质教育的重要内容与手段。可见,学校体育不仅是学校教育设置的一门学科,还是实现教育目的不可忽视的重要"一育"(体育)。为完成这"一育兼一科"的教育教学任务,体育教师不仅要承担多个班级的体育教学工作,而且还要组织全校的早操、课间操和班级体育锻炼以及校内外的各项竞赛活动。所以体育教师的劳动具有广泛性特点。

(二)工作的多样性

体育教师除完成体育教学任务外,还要承担组织早操、课间操、班级体育锻炼、群体活动、运动训练、运动竞赛等工作,而这些工作有的是在校内进行,有的是在校外进行,需要和校外单位、组织积极沟通、协调。体育教师还要面向社会承担社会体育指导员的工作,传授和指导运动技术等。可见,体育教师的劳动相对于其他学科教师而言,具有多样性的特点。

(三)教学工作的复杂性

体育教师的教学工作既有体力劳动,又有脑力劳动。体育教学任务和目标多,既要增强学生体质,又要传授知识、技术和技能,还要进行思想品德教育,包括认知、体能、技能、情感和社会行为等多领域目标。体育教学中既要考虑课的一般密度、运动密度,还要考虑课的生理负荷、心理负荷。体育教学是在动态中进行教学,学生要进行身体活动,体育教学组织工作复杂。所以体育教师的教学工作具有复杂性的特点。

（四）工作的艰苦性

体育教师主要是在室外进行教学活动的，历经酷暑严冬，经受风吹日晒。体育教师工作的广泛性、多样性以及体育教学工作的复杂性，这些都决定了体育教师工作的艰苦性。

四、体育教师的基本职责

（一）贯彻各项教育、体育工作方针、政策和法规，制定各种教育教学文件

体育教师要忠诚于教育和体育事业，热爱学校体育工作；根据学校的教育计划、体育课程标准及国家有关体育制度和法令，会同学校有关部门制定学校体育工作计划和体育相关的规章制度；深入钻研课程标准和教材，进行调查研究，了解学生和教学的实际情况，认真制定各种体育教学工作计划。

（二）优先做好体育教学工作

无论大中小学，体育教学都是实现学校体育目的的基本途径。体育教师的首要职责就是通过体育教学向学生传授体育知识技能，帮助学生形成正确的体育观，培养学生体育实践的能力。要做好体育教学工作，体育教师要做好以下几个方面。

（1）制定系统合理的教学工作计划。

（2）做好课前的教学准备工作，包括钻研课程标准和教材；了解学生的身心发展特点；设计和选择教学策略；布置、检查场地和体育器材。

（3）实施教学方案。在教学实施过程中，要注重发挥教师的主导作用和学生的主体作用，尽可能预防和避免伤害事故的发生，并做好教学过程的组织工作。

（4）制定合理的评价指标，实施科学的体育教学评价。

（三）组织指导课外体育锻炼

课外体育锻炼是学校体育的重要组成部分，具有体育课无可比拟的优势，因此，为提高学生的体育能力，培养其终身体育的意识和习惯，体育教师应善于组织和指导学生的课外体育锻炼工作，除组织早操、课间操外，还可以通过各种体育兴趣小组、体育协会等形式，对个人或小组、班级或年级进行体育锻炼的指导。体育教师向学生提供多种多样的课外体育活动，让学生根据自己的爱好和需要去选择，体育教师要尊重每个学生所选择的运动项目及时间安排。

（四）开展课余运动训练与竞赛

体育教师要多组织各种体育比赛。在赛前，要明确比赛的目的、规模、组织机

构与经费预算，制定竞赛规程，建立校内组织机构。竞赛期间，体育教师除做好裁判员工作之外，还要做好开幕式、闭幕式、观众与运动员等方面的管理工作，使竞赛协调有序地顺利进行。竞赛结束后体育教师还要积极做好总结工作。

体育教师有组织课余运动训练的义务和责任。体育教师发现和挑选具有优秀运动潜质的学生，并对其组织科学合理的课余训练，这是发展竞技体育的重要基础。

（五）从事学校体育科研

体育教师积极从事科学研究工作，对自身学识的增长、工作能力和水平的提高、事业心和责任感的增强，都有着极为重要的意义。因此，体育教师应具有勇于探索、勇于创新的精神，树立严谨求实的科学研究态度，掌握并能熟练应用各种研究方法，熟悉并能独立完成科学研究的流程，能独立撰写研究报告和科研论文等，从而培养和提高自身的科研能力。

（六）配合开展学生体质检测和健康教育工作

为了掌握学生的体质状况，了解其发展动态与趋势，体育教师必须协同学校医务室定期检查学生的身体，结合体育课教学，对学生进行体育卫生教育和身体机能、素质的测定工作，建立学生"体质、健康卡片"，关注体弱、伤残学生的体育活动，并加强对其体质和健康的监测。

（七）体育宣传与器材设施维护

体育教师还要做一名宣传员，通过体育课、课外锻炼、专题讲座、宣传栏、座谈会、竞赛活动以及新闻传媒等各种形式和方法，多视角、全方位地宣传党和政府制定的一系列关于体育运动和学校体育的政策法规，宣传体育在教育中不可替代的特殊作用，宣传终身体育思想和实施终身体育的深远意义，争取家庭、社会、学校各部门、班主任、任课教师对体育的理解和支持。

此外，体育教师在课内外还要做好器材设施的维护工作，如监督学生于课前和课外领取、收回体育器材，并保证不丢失、不损坏；平时应经常对器材设施进行认真、仔细检查，发现损坏，及时维修；教育和引导学生爱护体育器材设施，并正确使用等。

（八）参与社会体育工作

体育教师作为学校体育工作的主导者与实施者，从事校内体育教学和开展校内体育活动的工作，是学校教育工作中不可或缺的重要力量。随着全民健身计划的全面实施，影响全民健身的一个重要因素——社会体育指导员短缺的问题逐渐暴露出来。面对社会的需求，体育教师这一掌握体育知识与技能的群体，不能将工作范围仅仅局限在学校中，应在搞好本职工作的同时，增加一些为社会服务的内容，充分发挥自己的特长，为全民健身计划的实施做出更多贡献，如担当社会体育指导员，协助做好社区体育的宣传与组织工作等。

五、体育教师应具备的基本条件

一名称职的体育教师，必须具备以下几个条件。

（一）良好的师德

良好的师德是教师应具备的首要条件。国际教师教育的发展方向是教师专业化，教师专业化在确立教师地位的同时，特别强调教师的师德。教育部 2018 年印发的《新时代高校教师职业行为十项准则》《新时代中小学教师职业行为十项准则》《新时代幼儿园教师职业行为十项准则》，都对教师的师德提出了要求。教师要做到教书育人、堪为师表、敬业爱生、甘于奉献。无数的教育实践已证明，高尚的师德就是一部好的教科书，可以使学生受到"不求而至，不为而成"的潜移默化的影响。体育教师良好的师德具体表现在以下几个方面。

1. 爱岗敬业

爱岗敬业是指要热爱教师工作。爱岗主要体现在乐业上，只有乐业，发自内心地热爱体育工作，有强烈的事业心和高度的责任感，才能满腔热情地投入体育教学工作中。敬业体现在严谨治学上，严谨治学是教师的道德规范。

2. 为人师表

教师是人类灵魂的工程师，教师工作的示范性使教师的世界观、学识和言行对学生起着重要的影响。为人师表，以身作则，举止文明，作风正派，严于律己，坚持言行雅正。

3. 关爱学生

教师对学生的爱，就是对教育事业的爱，简称为师爱。师爱是师德的核心，即师魂。师爱是一种只讲付出不计回报的、无私的爱。

4. 朴实的工作作风

体育教师的工作任务多、范围广，工作复杂且艰苦，这就要求体育教师具有朴实的工作作风，能吃苦耐劳，任劳任怨，脚踏实地，认真工作，为体育教育事业奋斗不息。

（二）广博的知识

作为 21 世纪的体育教师，应具备广博的知识。体育教师的知识结构应包括教育科学知识、专业知识、人体科学知识、方法论知识、社会科学知识五个方面。

1. 教育科学知识

教学是一门艺术，更是一门科学。体育教师必须掌握教育科学知识，应学习教育理论，懂得教育规律，熟悉学生的心理特点，能根据不同年龄、性别学生的心理特点进行体育教学、训练等。体育教师要学习的教育科学课程有教育学、教学论、心理学、教育心理学、体育心理学、运动心理学等。

2. 专业知识

体育教师要向学生传授体育基础知识，就必须具备体育专业知识。体育教师必须掌握体育的地位、本质、功能及基本规律，明确和掌握我国体育教育的目的和任务，体育教学规律、特点，教学原则和方法等体育理论知识，同时还要掌握各个运动项目的基本理论、技术、战术和规则，以及各个运动项目的技战术教学与训练的原理和方法等。体育专业知识包括体育专业理论知识和运动技术理论知识。体育教师要学习的专业课程有体育概论、学校体育学、运动训练学、田径理论、篮球理论、体操理论等。

3. 人体科学知识

人体科学知识是体育专业理论的基础，也是体育教学、运动训练经常应用的知识。体育教学、运动训练的对象是学生，体育教师只有掌握人体科学知识，才能更好地帮助学生增强体质，增进健康，掌握运动技术，提高运动训练水平。体育教师要学习的人体科学课程有运动解剖学、运动生理学、运动医学、体育保健学等。

4. 方法论知识

体育教师掌握方法论方面的知识，可以提高工作效率，提高教学、训练、科学研究的水平。体育教师要学习的方法论课程有体育测量评价、体育统计学、体育科研方法等。

5. 社会科学知识

社会科学知识可以丰富体育教师的知识结构，提高其文化素养。现代社会，学生对知识的需求量越来越大、越来越广，这就促使体育教师要丰富自己的知识结构，拓宽自己的知识面，提高文化素养。除体育教学所必需的知识外，体育教师还应掌握体育社会学、体育哲学、体育美学、体育管理学、体育史、奥林匹克运动等相关知识。

一名合格的体育教师，其知识结构应具有多学科、厚基础、综合性和专业性的特征，这样才能更好地适应学校体育工作实践的需要。

（三）良好的专业技术

体育教学的特点要求体育教师必须掌握运动项目的技术，具有良好的专业技术。

人对事物的认识是从对事物的感知开始的，因此，体育教师规范的动作示范，引起学生的感知，有利于学生建立动作表现，对学生学习运动技术有着重要作用。体育教师要掌握各种运动项目的技术，即技术上的"多能"，在此基础上，要有所专长，即"一专"，只有这样，才能既满足体育教学的需要，又满足课余运动队训练和选修课的需要。

（四）现代体育教育思想和观念

教育思想和教育观念都是体育教师素质的主要组成部分，体育教师要依据现代体育教育思想从事体育教育实践。新世纪的体育教师，要树立健康第一的指导思想，要具有素质教育思想和观念，在培养学生体育与健康核心素养价值导向下，依据终身体育思想、快乐体育思想、成功体育思想等现代体育教育思想从事学校体育工作。

（五）多种能力

体育教师的能力是影响体育教育教学效果的关键性因素，体育教师的工作特点决定了体育教师必须具备多种能力。

1. 教学能力

体育教师的优先工作是体育教学，教学能力是体育教师应具备的最基本能力，也是体育教师综合能力的一个主要方面。体育教学要求体育教师会讲解、会示范、会保护帮助、会组织，体育教师应具备语言表达能力、动作示范能力、保护帮助能力、教学组织能力。教学能力不仅体现在课内，还体现在课外，体育教师要能制定各种教学计划、能选择和开发教材、能进行教学设计，所以，体育教师还应具备制定教学计划的能力、教材开发能力、教学设计能力等。

2. 教育能力

对学生进行思想品德教育是体育教学的三项基本任务之一，体育教师应具备教育能力。在体育教学与课外体育活动中，学生的思想品德表现较真实，体育教师与学生之间接触频繁，情感交流较多，学生相对容易接受体育教师的教育。体育教师要挖掘教学内容的各种教育价值，抓住有利时机，即时对学生进行思想品德教育，可取得良好的教育效果。

3. 训练能力

体育教师在搞好教学的同时，还必须在一两个项目的运动训练方面有较深的造诣，深入学习理论知识，熟练掌握技术、战术、训练方法、组织竞赛和裁判工作方法，以便更好地完成学校的课余训练和对外交往比赛的任务。训练能力主要包括制定和实施训练计划的能力，科学选材、科学训练的能力，管理代表队和组织比赛的能力。

4. 组织能力

体育教师要组织早操、课间操、班级体育锻炼，还要组织小型运动会、组织开展"达标"、组织学生体质检测等活动。所以，体育教师要具备较强的组织能力。

5. 科研能力

科学研究能提高体育教师的业务、理论水平，促使体育教师不断更新知识结构，了解学科的新动态，站在学科发展的前沿，使体育教学工作跟上时代的步伐。随着教师专业化的发展，教师不仅仅是一个只会教学的"教书匠"，还应是一个积极探索、不断审视自己教学活动的研究者。体育教师要以研究者的角色置身于教育过程和工作情境中，审视和思考体育教育理论和实践问题。所以，体育教师要具备较强的科研能力。

6. 社会交往能力

体育工作内容广泛，体育教师要与班主任、后勤、管理等部门发生联系，课余运动训练还要与学生家长联系，不仅要面向全体学生，进行教育教学，也要面向社会，参与社会体育指导工作。体育教育的开放性特征要求学校与社会结合起来，体现学校、家庭和社区体育的一体化。体育教师具备良好的社会交往能力，可以为学校体育工作创造良好的外部条件与环境。体育教师要努力成为具有社会交往能力的社会活动家。

（六）强健的体魄

体育教师的职业特点，要求体育教师具有强健的体魄。强健的体魄包括良好的身体素质和健美的身材。良好的身体素质是体育教师顺利进行职业活动的重要条件，没有良好的身体素质就无法胜任繁重的体育工作。体育教师健美的身材本身就是吸引学生参加体育锻炼的一种无声的号召力，常言道"言教不如身教"。

高尚的师德是前提条件，现代体育教育思想和观念是思想基础，良好的专业技术和广博的知识是工具、手段，多种能力是本领，强健的体魄是物质基础，一个体育教师只有具备了这些条件，并运用到学校体育教学实践中去，才能更好地驾驭自己的工作。

六、体育教师的教学技能

体育教学技能就是为了实现体育教学目标，在体育理论和教学理论的指导下，通过不断学习而逐渐形成的熟练完成教学任务的行为方式。体育教学技能的概念内涵强调技能是通过不断练习而形成的，该技能形成的标志就是能够熟练完成教学任务。体育教学技能包括体育教学内容编制技能、体育教学组织技能、体育学习指导技能、保护与帮助技能和负荷调控技能等。

（一）体育教学内容编制技能

体育教学内容编制技能包括教学内容的选择、改编和安排等技能。体育教学内容是影响学生发展的媒介，无论是教学内容选择还是改编、安排，都应在体育课程目标指引下，参考课程标准编制教学内容。

1. 体育教学内容选择技能

选择体育教学内容是开展体育教学活动和形成教学内容编制技能的初始阶段，必须在充分理解课程标准的基础上，在体育教学目标的引领下，结合教学对象的身心特点，兼顾认知和运动技能的形成规律，选择恰当的教学内容。

2. 体育教学内容改编技能

由于体育教材过于陈旧或难度过大，又或受到教学条件和环境等因素的限制，许多非常有教育价值的现有体育教学内容，无法在学校体育教学中实施，这时就需要运用体育教学内容改编技能。体育教师要具备丰富的体育理论知识和实践经验，熟悉并深入研究所需改编的内容，使其更适合体育教学。

3. 体育教学内容安排技能

无论是相对长期的学年计划、学期计划、单元计划，还是短期的课时计划，在安排体育教学内容时，都必须遵循认知规律、运动技能形成规律和教学内容编制规律等，考虑体育教学内容的内在逻辑以及内容之间纵向和横向的关联，按照一定的排列方式，兼顾整体规划的同时，注重细节的安排。

（二）体育教学组织技能

体育教学组织技能包括课堂常规贯彻、分组教学实施、队列队形调动和场地器材使用等技能，是提高课堂教学密度，提高教学效率的保障。

1. 课堂常规贯彻技能

体育教学需要提前制定保证教学工作正常、有序进行的一系列基本要求，并与学生共同遵守。加强课堂常规教育，采用规范的体育教学用语，调控课堂氛围，维持课堂良好秩序，强调安全注意事宜，避免伤害事故发生，机智灵活地处理突发事件，做到宽严并济、奖惩有度，从而保证体育教学安全顺利地进行。

2. 分组教学实施技能

课前要熟练掌握体育分组教学的原则、类型和方法，充分了解学生人数、运动基础、个性特征等基本情况和特点，结合教学内容、场地器材等实际情况，设计并执行教学分组，做到公正公平、随机应变。分组教学是为了提高教学效率，增强学生之间的交流互动或弥补场地器材不足，不能为了彰显多样的教学组织形式而分组。

3. 队列队形调动技能

根据体育教学内容、活动安排、教学环境等要素，以简便易行、便于调动为原则，恰当设计和调整队列队形。整队、调队等大部分口令与方式已有固定模式，也可根据实际需要，组合应用。

4. 场地器材使用技能

努力提高场地器材使用率，避免闲置浪费。场地器材的布置应有利于学生进行活动，提高学生的练习密度。要根据教学的具体需要，发挥场地器材的最大潜力，创造性完成学生练习与场地器材的有机结合。通过场地器材的布置，彰显运动项目的特色，给学生创造良好的运动环境。

（三）体育学习指导技能

体育学习指导技能包括内容讲解、问题导引、活动提示、动作示范、媒介演示和效果评价等技能。

1. 内容讲解技能

讲解时，要在深刻理解教学内容，概括中心思想基础上，层次分明、详略得当、重点突出、深入浅出、通俗易懂、语言流畅、抑扬顿挫。

2. 问题导引技能

问题设计要新颖明确，问题提出要有启发性，导引方式自然顺畅。在学生领悟和体会的过程中，适当进行点评，起到指导和引领作用。

3. 活动提示技能

注重学习前和练习中的提示而非学习后的纠正，要准确判断和分析练习活动当场情况，并选择恰当的时机实施提醒。提示语务必精炼，通俗易懂、切中要点，切忌使用笼统的、没有明确提示意义的语言，切勿过于频繁，影响学生注意力的集中。

4. 动作示范技能

示范动作标准、美观，端庄得体。除了具备示范标准动作的能力之外，还要根据体育教学的进程和学生学习情况，目的明确，恰当选择示范的类型、方式、速度和示范面及位置等。

5. 媒介演示技能

在运用多媒体课件、视频、音频等媒介时，应形象、直观，引起学生的关注和兴趣，但时间不宜过长，次数不宜过多，否则会占用学生练习时间，影响教学进程。

6. 效果评价技能

在评价学习效果时，应注意观察学生练习结果和情感态度等方面的情况，给予中肯的评价与建议，并以鼓励和表扬为主。努力做到评价主体多元、评价内容积极、评价标准统一、评价方式多样。多采用形成性和发展性评价，少采用绝对性评价和终结性评价。

（四）保护与帮助技能

保护与帮助技能包括安全措施落实、摆脱危险、助力完成动作、外部手段运用等技能。为了让学生克服障碍，安全练习，体育教师要熟练掌握这些技能。

1. 安全措施落实技能

要熟悉学校体育安全规章制度，认识安全教育的重要性，加强相关理论知识学习，合理预见运动过程中可能出现的危险，并能采取有效措施避免伤害事故的发生。一切以健康安全为前提，用规范严谨的工作程序来确保学生的安全和教学活动的开展。

2. 摆脱危险技能

在摆脱危险动作时，应保持头脑冷静，采取迅速、果断、合理、有效的技巧和措施摆脱危险。可通过改变学生的身体位置、动作方向和受力程度，停止、减缓、加快速度等，避免剧烈摔倒或撞击，保障学生的安全，也可以传授学生自我保护的技巧，使其自主预防和摆脱危险。

3. 助力完成动作技能

为尽快掌握、改进和提高运动技术动作，应钻研教学、了解学生特点，挖掘技术动作的重点和难点，以及完成动作的关键环节，寻找学生需要帮助的最佳时机，协助学生顺利完成动作。可以是直接助力，也可以是间接帮助，使学生建立完整的动作概念和自信心，克服恐惧心理，避免错误动作的产生。助力只能辅助配合，绝不能成为主导，否则就会让学生产生依赖感，反而无助于动作技能的形成。

4. 外部手段运用技能

运用外部手段时，应全面了解体育教学内容，动作技术的细节、重点、难点和关键因素，以及学生特点和外物的安全性能，在适当的时机采用外部手段（信号、标志物、限制物等），消除学生紧张害怕心理，起到警示、提醒或增强趣味的作用，辅助学生顺利学会动作技术、达成锻炼目标。

（五）负荷调控技能

负荷调控技能包括心率水平预计、练习疲劳判定、练习密度调整、练习强度调控等技能。运动负荷是保障学生安全、锻炼学生身心的一项重要指标。

1. 心率水平预计技能

心率水平预计是建立在熟知人体生理机能适应性规律和活动能力变化规律的基

础上的。体育教师只有明确体育教学目标，清楚体育教学内容和活动组织安排，才能正确预判教学活动中学生的心率范围、最高值以及可能出现的时间段和持续的时间。

2. 练习疲劳判定技能

负荷过高会使学生过度疲劳、恢复缓慢，甚至出现伤害事故。可通过学生主观自述评价、体育教师课堂观察和直接测量脉搏的方式，判定学生的疲劳程度，也可在适当时机以直接询问某一名或全体学生的方式，获得其生理和心理负荷的相关信息，还可根据经验，观察学生的脸色、表情、出汗量、气喘、反应速度及协调能力等，判断其承受运动负荷的情况和疲劳程度。

3. 练习密度调整技能

练习密度也称为课的密度，主要是整体练习安排的紧凑程度。调整练习密度要注重负荷调整与体育课的练习、指导相结合，辅以积极的评价，既让学生达到了锻炼目标，又不会产生心理疲劳。具体而言，运动负荷过大时，可以通过延长讲解和评价时间、增加间歇时间、减少练习次数和改变练习等方式，达到降低练习密度的目的。

4. 练习强度调控技能

练习强度主要指单位时间内安排练习活动的紧张程度。不仅要关注生理负荷，还要重视心理负荷的调适，以变换练习的距离、高度、速度、重量和方式等调整练习强度，使学生的心率水平处于合适的范围。学生的心理负荷过大时，可以通过游戏、鼓励等方式调节和舒缓，调适心理状态。

第二节　体育教师专业化

1966年联合国教科文组织和国际劳工组织提出《关于教师地位的建议》，首次以官方文件形式对教师职业化做出了明确说明，提出应把教育工作视为专门的职业，这种职业要求教师经过严格的、持续的学习，获得并保持专门的知识和特别的技术。1989年至1992年，经济合作与发展组织相继发表了一系列有关教师及教师职业化改革的研究报告，如《教师培训》《学校质量》《今日之教师》《教师质量》等。1996年，联合国教科文组织召开第四十五届国际教育大会，提出在提高教师地位的整体政策中，职业化是最有前途的中长期策略。培养具有专业化水准的教师成为国际教师教育改革的目标。

一、体育教师专业化的内涵

教师专业化是指教师职业具有自己独特的职业要求和职业条件，有专门的培养制度和管理制度。其基本含义包括：第一，教师专业既包括学科专业性，也包括教育专业性，国家对教师任职既有规定的学历标准，也有必要的教育知识、教育能力和职业道德的要求；第二，国家有教师教育的专门机构、专门教育内容和措施；第三，国家有对教师资格和教师教育机构的认定制度和管理制度；第四，教师专业发展是一个持续不断的过程，教师专业化也是一个发展的概念，既是一种状态，又是一个不断深化的过程。

体育教师专业化是教师专业化的组成部分。体育教师专业化是指体育教师在职业生涯过程中，依托体育教师的专业组织和培养机构，通过系统的专业训练，掌握专业知识和技能，在从事教育过程中实现专业自主、表现专业道德并逐步提高自身的专业素质，成为一名合格的体育教育工作者的专业成长过程。

体育教师专业化发展的过程可分为三个阶段：第一阶段是体育教师专业奠基阶段，即培养阶段；第二阶段是体育教师专业适应阶段，即入职阶段；第三阶段是体育教师专业发展阶段，即职后教育阶段。体育教师的专业化是我国基础教育课程改革的要求，是体育教师教育和终身教育发展的需要，有利于提高体育教师的社会地位。

二、体育教师资格制度

严格的教师资格认证制度，可以确定教师职业的专业性和不可替代性，教师资格认证制度是推行教师专业化的有力措施。1993年10月31日，第八届全国人民代表大会常务委员会第四次会议通过《中华人民共和国教师法》，其中第十条规定："国家实行教师资格制度。中国公民凡遵守宪法和法律，热爱教育事业，具有良好的思想品德，具备本法规定的学历或者经国家教师资格考试合格，有教育教学能力，经认定合格的，可以取得教师资格。"这从法律的角度首次确认了教师的专业地位，并首次以法律条文的形式确定了以教师资格证书制度作为我国的教师职业许可制度。教师法是实施教师资格制度的法律基础。2000年9月23日中华人民共和国教育部令第10号公布《教师资格条例》实施办法。2001年4月1日我国首次开始全面实施教师资格认定工作。教师资格制度的全面实施，使我国的教师专业化进入一个新的阶段。

（一）教师资格制度的内涵与意义

1. 教师资格制度的内涵

教师资格制度，又称教师资格证书制度，是在一定的历史条件下，国家对从事教师职业、专业或教育教学活动的人员所应具备的条件或身份的一种强制性的规定，是国家对教师实行的法定执业许可制度。具体来讲，它规定了教师资格的基本条件、教师资格的分类和适用、教师资格认定的程序等，是教师教育质量保障体系的主要组成部分。只有依法取得教师资格、持有教师资格证书者，才能在教育行政部门批准的各级各类学校和其他教育机构中从事教育教学工作。具有教师资格证书的人，并不意味着一定要从事教师工作，只有被学校或者其他机构聘任后，才能成为教师。

2. 教师资格制度的意义

（1）优化教师队伍，提高教师队伍的整体素质。教师资格制度作为一种职业准入制度，规定获得教师资格证书是教师入职的先决条件，它通过严格的考核和认定程序，严把教师入职的关口，提高教师队伍的整体素质。

（2）提高教师的地位，提升教师教育专业化。国家实行教师资格制度，用立法的形式规定了教师的任职资格，明确了教师职业的专业性和不可替代性，进一步确立了教师职业的法定地位。这将有利于提高教师的社会地位、保障教师待遇、增进全社会对教师职业的尊重、提升教师的专业化水平。

（3）建立法治体系，规范和提高了师资的管理水平。教师资格制度为教师队伍的法制化、规范化奠定了基础。教师法、《教师资格条例》等法律、法规的贯彻执行，保障了教师资格制度的组织实施，对规范和提高师资管理水平具有十分重要的作用。

（二）我国体育教师资格制度

体育教师资格制度是我国教师资格制度的重要内容。统一而完善的体育教师资格考试体系对顺利实施体育教师资格制度、培养和选拔合格体育教师、提高我国体育教师整体素质等都具有重要意义。体育教师资格证书是通过体育教师资格考试后才能获得的，是能证明一个人可以从事体育教师职业的有效凭证。体育教师资格认证是体育师资队伍建设的关键。

1. 体育教师资格的分类与适用

1) 体育教师资格的分类

根据教师法和《教师资格条例》规定，体育教师资格分为五类：

（1）小学体育教师资格；

（2）初级中学体育教师资格；

（3）高级中学体育教师资格；

（4）中等职业学校体育教师资格；

（5）高等学校体育教师资格。

2) 体育教师资格的适用范围

取得体育教师资格的人员，可以在本级及其以下等级的各类学校和其他教育机构担任体育教师。高级中学体育教师资格与中等职业学校体育教师资格相互通用。体育教师资格证书由教育部统一负责印刷，在全国相应的学校通用。

2. 体育教师资格的条件

《教师资格条例》规定，中国公民凡遵守宪法和法律，热爱教育事业，具有良好的思想道德，有教育教学能力，具有法定的学历或经国家教师资格考试合格，经认定合格，可以取得教师资格。

（1）学历。按照我国教师法的规定，申请体育教师资格应当具备一定的学历条件，详见表8-1。

表8-1 体育教师资格应具备的学历条件

类别	具备的学历条件
小学体育教师资格	大学专科毕业及其以上学历
初中体育教师资格	大学专科毕业及其以上学历
高中、中等职业学校体育教师资格	大学本科毕业及其以上学历

（2）思想道德素养。对体育教师资格申请人的思想道德素养的鉴定一般由体育教师任教学校、毕业生所在学校和社会人员户口所在地街道办事处进行，就申请者的私德、公德和职业道德给予评价。

（3）教学基本能力素养。根据《教师资格条例》及其实施办法的相关规定，体育教师资格条件中对体育教师的基本素质、能力、学历、普通话水平、身体条件和心理素质等做出了具体规定：①具备承担体育教育教学工作所必需的基本素质和能力，非师范教育类专业毕业的人员需参加教育学、心理学测试和教育教学能力测评，成绩合格；②普通话水平应当达到国家语言文字工作委员会颁布的《普通话水平测试等级标准》二级乙等以上标准，并取得相应等次"普通话水平测试等级证书"；③具有良好的身体素质和心理素质，无传染性疾病，无精神病史，按《申请认定教师资格人员体检标准及办法》，在教师资格认定机构指定的县级以上医院体检合格。

（三）体育教师报考程序

为建立国家教师资格考试制度，严格教师职业准入，保障教师队伍质量，依据教师法、《教师资格条例》和《国家中长期教育改革和发展规划纲要（2010—2020年）》，教育部制定并印发了《中小学教师资格考试暂行办法》《中小学教师资格定期注册暂行办法》（教师〔2013〕9号）。承担教师资格考试改革试点的省（区、市）组织实施教师资格考试，适用该办法。文件中规定：教师资格考试实行全国统一考试。考试坚持育人导向、能力导向、实践导向和专业化导向，坚持科学、公平、安全、规范的原则。申请幼儿园、小学、初级中学、普通高级中学、中等职业学校教师和中等职业学校实习指导教师资格的人员须分别参加相应类别的教师资格考试。

教育部考试中心（教育部教师资格考试中心），负责教师资格考试的组织实施。中小学教师资格考试的报考流程可分为三个部分。

1. 网上填报

（1）注册个人基本信息。已注册的考生填写密码进行登录，未注册的考生先进行注册。注册时，考生须填写本人的姓名、证件类型、证件号码、登录密码、电子邮箱等信息。

（2）诚信考试承诺。注册的考生必须先阅读考试承诺，同意承诺后才可以进行下一步的操作。

（3）阅读报考须知。考生要详细阅读报考须知，了解报考的注意事项和要求。

（4）填报个人信息。填报个人信息，包括个人姓名、证件号码、性别、民族、政治面貌、出生日期、户籍所在地、报考类别、学习形式、是否师范生、学校名称、是否大学在读、院系班级、最高学历、最高学位、电子邮箱、手机等信息。

（5）上传个人照片。考生上传的照片将打印在准考证和考场签到表上，并将在该网站保存以供使用成绩的高校核查。如使用不合格的照片，将无法通过资质初审。因此，建议考生到专业照相馆拍摄符合要求的电子照片，以免因照片问题带来不必要的麻烦。

2. 提交审核材料及付费

考生报名成功后，请及时到指定审核点进行资格审核、缴费确认。

3. 考试

教师资格考试包括笔试和面试两部分。

（1）笔试。笔试主要采用计算机考试和纸笔考试两种方式进行。采用计算机考试和纸笔考试的范围和规模，根据各省（区、市）实际情况和条件确定。

幼儿园教师资格考试笔试科目为《综合素质》《保教知识与能力》2科；小学教师资格考试笔试科目为《综合素质》《教育教学知识与能力》2科；初级中学、普通高级中学教师和中等职业学校文化课教师资格考试笔试科目为《综合素质》《教育知识与能力》《学科知识与教学能力》3科；中等职业学校专业课教师和实习指导教师资格考试笔试科目为《综合素质》《教育知识与能力》《专业知识与教学能力》3科。

中等职业学校教师的《专业知识与教学能力》科目测试，暂由各省（区、市）自行命题和组织实施。

（2）面试。面试采取结构化面试、情景模拟等方式，通过抽题、备课（活动设计）、回答规定问题、试讲（演示）、答辩（陈述）、评分等环节进行。

笔试一般在每年 3 月和 11 月各举行一次。面试一般在每年 5 月和 12 月各举行一次。考生在笔试和面试成绩公布后，可通过教师资格考试网站查询本人的考试成绩。考生如对本人的考试成绩有异议，可在考试成绩公布后 10 个工作日内向本省（区、市）教师资格考试机构提出复核申请。

笔试单科成绩有效期为 2 年。笔试和面试均合格者由教育部考试中心（教育部教师资格考试中心）颁发教师资格考试合格证明。教师资格考试合格证明有效期为 3 年。

（四）颁发教师资格证书

教师资格认定机构依据申请人的条件和教师资格专家审查委员会的审查意见，在受理申请期限终止之日起 30 个法定工作日内做出是否认定体育教师资格的结论并通知申请人，对符合认定条件的，颁发相应的教师资格证。

三、体育教师专业发展

（一）体育教师专业发展的内涵

教师职业是一种专门职业，从事这一职业的人需要经过严格的训练以掌握相应的专业知识和专门技能。体育教师取得教师资格证书并不意味着他是一个成熟的教育教学专业人员，还要靠工作经验的积累、知识的重组及不断反思来达到专业的成熟。所以，体育教师专业发展的内涵是指体育教师作为专业人员，从专业思想到专业知识、专业能力、专业心理品质等方面由不成熟到成熟的发展过程，即由一个新手发展成为专家型体育教师或教育家型体育教师的过程。

1. 专业理想的建立

体育教师是专业的教学人员，需要随着教学工作的开展而不断走向成熟。体育教师在专业发展过程中，在不同的发展阶段面临着不同的发展问题。这些问题的不断解决推动着体育教师的发展。专业理想就是体育教师在发展过程中的各阶段通过不断反思、感悟所形成的关于学校体育的本质、目的、价值和体育生活等的理想和信念。

2. 专业知识的拓展及专业能力的提升

一名体育教师是否真正具备从事体育教师职业的条件，履行体育教师职责，根本上在于体育教师的专业知识及能力素养。知识的积累是能力提高的前提，而能力的提升又可加速知识的积淀。所以，体育教师的知识和能力是相辅相成的。一个拥有合理知识结构的体育教师才有可能成长为一名综合能力较突出的优秀体育教师。

3. 专业自我的形成

体育教师在长期的职业生涯中会努力创造出符合自己志趣、彰显自我能力的个性化生活方式，体育教师在其中所表现出的知识、观念、价值体系与教学风格的总和，即体育教师专业自我。

（二）体育教师专业发展的途径

体育教师专业发展的途径特指体育教师个体专业发展的途径，从纵向角度来说，主要包括新教师的入职培训、教师的在职培训和教师自我教育；从横向角度来说，主要包括体育教师个人的自我反思、体育教师集体的互助、体育教育研究人员的专业引领。本书从横向角度来叙述体育教师专业发展的途径。

1. 体育教师个人的自我反思

体育教师个人的自我反思是指体育教师以自己的职业活动为思考对象，对自己在职业中所做出的行为以及由此产生的结果进行审视和分析的过程。反思的本质是理解与实践之间的一种对话，是这两者之间相互沟通的桥梁，又是理想自我与现实自我在心灵上的沟通。显然，反思不是一般意义上的回顾，而是反省、思考、探索和解决教育教学过程中各个方面存在的问题，它具有研究性质，所以被认为是教师专业发展和自我成长的核心因素。

新课程非常强调教师的自我反思，按教学的进程，教学反思分为教学前、教学中、教学后三个阶段。在体育教学前进行反思，这种反思具有前瞻性，能使体育教学成为一种自觉的实践，有效提高体育教师的教学预测和分析能力。在体育教学中进行反思，即及时、自动地在行动过程中反思，这种反思具有监控性，能使体育教学高质、高效地进行，并有助于提高体育教师的教学调控和应变能力。在体育教学后进行反思，这种反思具有批判性，能使体育教学经验理论化，并有助于提高体育教师的教学总结能力和评价能力。

反思总是指向自我的，它要求体育教师把自己看作既是反思的对象，又是反思的承担者。体育教师的反思实际上是在整个教育教学活动中充分体会双重角色：既是引导者又是评论者，既是教育者又是受教育者。

自我反思有助于改造和提升体育教师的教学经验。经验加反思等于成长，没有经过反思的经验是狭隘的经验，意识性不够，系统性不强，理解不深透，它只能形成肤浅的认知，并容易使体育教师产生封闭的心态，不仅无助于而且有可能阻碍体育教师的专业成长。只有经过反思，原始的经验不断处于被审视、被修正、被强化的状态，才能得到提炼、升华，从而成为一种开放性系统和理性的力量。唯其如此，经验才能成为促进体育教师专业成长的有力杠杆。

2. 体育教师集体的互助

体育教师集体的互助是指体育教师在自我反思的同时，开放自己，加强体育教师之间以及在课程实施等体育教学活动上专业切磋、协调和合作，共同分享经验、互相学习、彼此支持、共同成长。体育教师集体的互助实质上是体育教师作为专业人员之间的交往、互动与合作，主要包括对话、协作和帮助。

（1）对话。对话包括以下几个方面的具体含义。①信息交换，体育教师通过彼此间信息的交换，最大范围地促进体育教育信息的流动，从而增加和丰富体育教师的信息量和认识。②经验共享，体育教师通过经验分享，反思和提升自己的经验，借鉴和吸收他人的经验，而经验只有被激活、被分享，才会不断升值。③深度会谈。深度会谈可以是有主题的，也可以是无主题的。关键在于体育教师之间要有非常真诚的人际关系，大家彼此信任，互相视为伙伴，只有这样才能无拘无束地发表意见，产生思维互动。深度会谈是一个自由的、开放的发散过程，它会诱使体育教师把深藏于心的甚至连自己都意识不到的看法、思想、智慧展示出来、表达出来，这个过程同时也是最具有生成性和建议性的，它会形成很多有价值的新见解。④专题讨论。专题讨论是大家在一起围绕某个问题畅所欲言，提出各自的意见和看法。在这个过程中，每个人都为自己的意见辩护，同时也不断思考和质疑他人的意见。大家互相丰富着彼此的思想，不断提高自己和同事对问题的认识，其掌握的知识也因此不断地变更和扩张，在有效的讨论中每个体育教师都能获得单独学习所得不到的东西。

（2）协作。协作专指体育教师共同承担教研课题，合作完成任务，强调团队精神，群策群力。发挥每个体育教师的兴趣爱好和个性特长，体育教师在互补共生中成长；发挥每个体育教师的作用，每个体育教师都要贡献力量，彼此在互动、合作中成长。

（3）帮助。帮助是指教学经验丰富、教学成绩突出的优秀体育教师，指导新任体育教师，发挥传、帮、带的作用，使新任教师尽快适应角色和环境的要求。骨干体育教师是教师队伍的核心和中坚力量，骨干体育教师要在同伴互助中发挥积极作用。通过同伴帮助，可防止和克服体育教师各自为战、孤立无助的现象。

可以说，体育教师集体的互助和合作文化可以改造学校体育教学情境，在一个民主的、开放的讨论领域，尤其要强调体育教师集体内部的专业争论。一个教师群体当中，能够有不同的思想、观念、教学模式、教学方法的交流与冲突，是非常宝贵的，也是非常重要的。

3. 体育教育研究人员的专业引领

体育教育研究人员的专业引领是体育教师专业化发展不可或缺的途径。体育教育研究人员主要包括体育教研人员、体育教育科研人员和大学体育教师，他们具有系统的体育教育理论素养。专业引领就其实质而言，是理论对实践的指导，是理论与实践之间的对话，是理论与实践关系的重建。从体育教师角度讲，加强体育理论学习，并自觉接受体育理论的指导，努力提高体育教学理论素养，增强理论思维能力，这是从"教书匠"通往教育家的必经之路。

体育教育研究人员的专业引领就其形式而言，主要有学术专题报告、教学理论讲座、教学现场指导以及教学专业咨询（座谈）等。每一种形式都有其特定的功能，有助于达到某种目的，但就其促进体育教师专业化成长而言，体育教学现场指导是最有效的形式，也是最受体育教师欢迎的形式。实践证明，体育教育研究人员与体育教师共同备课（设计）、听课（观察）、评课（总结）等，对体育教师帮助最大。体育教育研究人员在开展教学现场指导活动中，要努力做到：到位但不越位。所谓到位，就是给体育教师提供所需要的帮助；所谓不越位，就是不越俎代庖，不包办代替。越位的指导也许会急教师一时之所需，却会导致教师产生惰性和依赖心理，不仅无助于而且还会阻碍体育教师的专业成长。体育教师才是教学的真正主体，体育教育研究人员无论怎么指导，都不能也不应该代替体育教师的独立思考。"导为了不导"，体育教育研究人员要立足于提高体育教师独立教学能力、独立研究能力来进行指导。还有一点值得特别强调，那就是体育教育研究人员在组织和参与评课的时候，一定要冲破传统和世俗的观念，千万不要搞形式主义，要注重实效，实事求是，既要把优点说够，给人以鼓舞，又要把问题说透，给人以启迪，同时还要避免话语霸权，提倡学术对话，尤其要注意对不同思想观点的宽容、鼓励与支持。

体育教师个人的自我反思、体育教师集体的互助、体育教育研究人员的专业引领三者具有相对独立性，同时又是相辅相成、相互补充、相互渗透、相互促进的关系。只有充分发挥三者各自的作用并注意相互结合，体育教师才能获得更好的专业化发展。

第三节　体育教师教育

一、体育教师教育的内涵

2001年《国务院关于基础教育改革与发展的决定》中首次提出了"教师教育"的概念，即在终身教育思想指导下，按照教师专业发展的不同阶段，对教师的职前培养、入职培训和在职培训通盘考虑，整体设计。教师教育取代师范教育，这不仅仅是简单的概念替换，"师范教育"是一种局部的"小教育"，而"教师教育"则是系统的"大教育"，它体现了教师教育的系统性、专业性、开放性和终身性。系统性是把教师的培养、进修和提高看作是职前、入职和在职的一体化或系统化工程。专业性是指教师不仅是一种职业，还是一种特殊的专业，教师培养是在学科基础上的专业训练。开放性是指教师教育是多元化的，从培养机构来看，可以由师范院校来培养教师，也可以由综合性大学来培养教师。终身性是指教师不仅要进行职前学习，也要进行在职学习，终身都要学习。

体育教师教育是指在终身教育思想指导下，按照体育教师专业发展的不同阶段，对体育教师的职前教育、入职教育和在职教育的整体设计。这一概念体现了体育教师教育的系统性、专业性、开放性和终身性特点。体育教师教育包括职前教育（职前培养）、入职教育（入职培训）和在职教育（在职培训）。

二、体育教师职前教育

（一）体育教师职前教育的内涵

体育教师职前教育是指教师在入职前所接受的专业和学历教育，它是体育教师培养过程的第一阶段，主要负责培养未来体育教师和其他体育教育工作者，同时为体育教师的终身学习奠定基础。目前，我国体育教师的职前培养大部分由高等师范院校和体育院校的体育教育专业来完成。职前培养机构通过建立和实施课程体系、制定和执行教学计划，达到培养体育教育专业人才的目标。

（二）体育教师职前培养的目标与要求

以素质教育为中心，培养"厚基础、宽口径、强能力、高素质、广适应"的体育教育专业人才是时代的呼唤。

2018年1月30日教育部发布了《普通高等学校本科专业类教学质量国家标准》，其中制定了体育教师的培养目标和规格。

1. 培养目标

体育学类本科专业培养德、智、体、美全面发展，具有高度的社会责任感、较好的科学和文化素养，具备现代教育、健康理念，系统掌握体育学基本理论、基本技能和基本方法，富有创新精神，具备一定的体育科学研究能力，具有创业意识，具备一定的创业素质和创业能力，能够从事群众体育事业、竞技体育事业、体育产业相关工作的应用型人才。

体育教育专业的学生必须掌握现代教育教学理论与方法，以及学校体育课程与教学、课外体育锻炼、训练水平和竞赛管理、组织的基本理论与方法，具备一定的运动技能和较强的体育教育教学能力，能胜任学校体育工作。

2. 培养规格

1）素质要求

（1）基本素质：热爱祖国，拥护中国共产党的领导，牢固树立并践行社会主义核心价值观，具有高度的社会责任感、良好的敬业精神、较强的创新精神和实践能力；遵纪守法，诚实守信，恪守学术道德规范；具有人文情怀、科学素养和审美情趣；具有弘扬中华民族体育文化精神的自觉意识；具有强健的体魄、积极的人生态度和良好的心理素质。

（2）专业素质：掌握体育学的基本理论、基本技能和基本方法，具备较强的专业技能；初步掌握体育学研究的基本手段和方法，能够运用体育学的理论和技能分析解决本专业领域各种实际问题；了解国家有关体育工作的方针、政策和法规；具有相关领域工作所需的创新精神、创业意识、创新创业能力和从业资格。

2）知识要求

（1）素养类知识：具有良好的思想道德修养；掌握一定的自然科学、人文社会科学和创新创业知识，熟悉1门外语，能基本阅读与本专业有关的外文文献；熟练掌握计算机的应用知识；具有健康生活方式的有关知识。

（2）专业类知识：系统掌握体育学基础知识和各个分支学科的专门知识；理解运动技能的有关原理；了解体育改革与发展动态以及体育科研发展趋势；初步掌握体育科学研究方法，能够撰写体育学术论文和研究报告。

3）能力要求

（1）获取与应用知识的能力：具有自主学习、自我发展的能力，能够利用现代化手段获取信息，语言文字表达能力良好；具备较强的专项运动技能，能将专业知识与专业技能融会贯通；具有求真务实的科学态度，初步具有研究和解决体育专业领域实际问题的能力；具有适应未来工作所需的操作能力和管理能力。

（2）创新创业能力：富有创新精神，具有敏锐的观察力和分析问题、解决问题的能力，基本具备从事体育科学研究的能力；具有创业意识，具备创业认知能力、专业职业能力、资源获取与整合能力；具有独立工作能力、沟通联系能力、合作协调能力。就体育学类本科专业中的5个基本专业和2个特设专业而言，应培养学生的创新创业能力，并结合各专业的特点，做到分类实施、有的放矢。体育教育专业、运动训练专业、武术专业与民族传统体育专业、运动人体科学专业可相对强调学生创新精神和创新能力的培养；社会体育指导与管理专业、运动康复专业、休闲体育专业可相对强调学生创业意识和创业能力的培养。

（3）社会服务能力：具有公共服务意识和公益精神，具备社会服务的基本技能与方法，具有较强的团队精神、协作能力，能够从事与体育有关的社会服务工作。

（三）体育教师职前培养的课程设置

课程体系是人才培养模式的载体和体现，是人才培养目标的具体化和依托。课程设置注重培养规格中的素质、知识和能力。体育学类本科专业课程体系主要由通识教育课程、专业教育课程和实践课程组成。通识教育课程、专业教育课程和实践课程总学分原则上控制在140～170学分。其中，专业教育必修课程不少于40学分，专业教育选修课程不少于 40 学分，实践课程不少于 14 学分。

1. 通识教育课程

通识教育课程由各高校在教育部有关文件要求的基础上，根据学校的特点进行设置，彰显学校特色。通识教育课程由公共必修课程和公共选修课程构成。公共必修课程包括思想政治理论课程、创新创业教育课程、军事理论与训练、大学外语、计算机应用基础等教育部有关文件要求的必修课程，以及学校根据自身特点、彰显学校特色而开设的通识教育课程。公共必修课程的设置，应在教育部有关文件规定的基础上，由各高校结合实际合理安排学分。公共选修课程应包括人文社会科学、自然科学领域的相关课程，由各高校结合实际自主开设，不少于 3 门、6 学分。

2. 专业教育课程

专业教育课程由专业类基础课程、专业核心课程、专业拓展课程等构成。专业类基础课程是专业必修课程，是体育学类本科专业均须开设的课程，包括体育概论、运动解剖学、运动生理学、体育心理学、体育社会学、健康教育学、体育科学研究方法 7 门课程，总学分不少于 16 学分。每门课程的学分可以根据专业、学校特点设定。专业核心课程重点突出与本专业类密切相关的理论知识与技术技能，属专业必修课程，总学分不少于 22 学分，课程开设采用"3+X"模式，其中"3"是指各专业最核心的 3 门专业课程，"X"是指根据各专业的培养目标而设立的专业课程。本标准对"X"课程的门数和学分不做具体规定，"X"课程可在本标准推荐的 3 个课程模块中选择，也可以根据专业、学校特点自主设置。各专业最核心的 3 门专业课程具体如下：体育教育专业须开设学校体育学、体育课程与教学论、运动技能学习与控制；运动训练专业须开设运动训练学、运动技能学习与控制、体育竞赛学；社会体育指导与管理专业须开设社会体育导论、健身理论与指导、体育市场营销；武术与民族传统体育专业须开设民族传统体育概论、中国武术导论、中国传统养生理论；运动人体科学专业须开设运动机能生理生化测试（实验）、体质测量与评价、运动处方理论与实践；运动康复专业须开设康复评定学、运动康复治疗技术、肌肉骨骼康复；休闲体育专业须开设休闲体育概论、体育旅游概论、体育俱乐部经营与管理。专业拓展课程属选修课程，凡是未被列入必修课程和本标准推荐的 3 个课程模块的课程，均可作为专业拓展课程的备选课程。专业拓展课程也可以根据专业、学校特点自主设置，学分不少于 40 学分。

3. 实践课程

实践课程包括社会实践、专业实践、创新创业实践、科研训练等课程，总学分不少于 14 学分。社会实践包括入学教育、军事训练、劳动教育、社会调查、毕业教育和就业指导等。专业实践包括专业见习、专业实习；专业见习 1~2 周，专业实习

12～20周（其中运动康复专业实习24～40周）。创新创业实践包括体育科技创新、创意设计、创业计划、创业训练等。科研训练包括毕业论文（设计）、学术活动等。

（四）体育教育实习

1. 体育教育实习的目的和意义

体育教育实习与专业实践是体育教育专业的必修课程，是体育教师职前培养阶段为培养合格体育师资人才而进行的课程结构中不可或缺的重要内容。在实习过程中，学生全面地经受锻炼，将所学的专业基础理论知识、基本技术技能，在体育教育教学实践中运用和提高。体育教育实习是对学生进行实际教育、形成体育教学工作能力的基本训练形式，进而强化学生从事体育教育的事业心，更好地实现体育教育专业的培养目标。

2. 教育实习的组织与管理

体育教育实习的组织与管理是高校体育教育专业教育管理的一个有机组成部分。具体步骤和要求主要是建立健全教育实习组织机构、明确教育实习过程中的分工与职责、保证实习工作的顺利进行。根据实习的目的和任务以及学生的具体情况，确定实习学校、实习对象和内容；制定具体实习计划，和实习学校共同确定组织与实施方案；成立院（校）、系各级教育实习指导委员会，具体安排实习工作。

3. 实习工作的安排及具体要求

高校体育教育专业的教育实习应以体育教师的工作任务作为确定实习内容的依据，主要包括体育课教学、课外体育运动竞赛、运动队训练、课间操以及卫生保健教育工作和班主任工作实习等，本、专科实习时间一般为8～10周。

1）准备阶段

准备阶段主要做好以下工作：在校组织学习实习的相关文件和要求，强调体育教育实习的有关注意事项，加强实习学生的安全教育；了解实习学校的体育教学计划和工作条件、学生的特点及学校特色等基本情况；进行各项教学和训练内容的教法练习、口令和队列队形练习等基本功训练与考核；编写预上课教案，进行课堂试讲。

2）实习阶段

实习阶段主要有四个方面的实习。

（1）教学工作实习。体育教学实习包括备课、上课和分析课，以实践课为主，也包括体育与健康知识的讲授。备课是上好课的先决条件，实习生在试教前应认真编写规范化的教案，这是实习生教学实习的第一关。教案经指导教师审批合格后，在上课前还要进行预讲，符合要求后方可上课。体育课试教包括体育实践课和体育健康理论知识的讲授课。上课的主题应根据中小学体育健康课程标准和实习学校教学进度计划来确定，要正确执行教案，符合学生实际水平，恰当运用各种教学手段和措施，有效完成课堂的任务。

（2）课外体育活动实习。课外体育活动实习的基本内容主要有早操、大课间活动、课外体育活动、各项体育竞赛、学校运动队训练等。学生参加课外体育活动的实习，可以体验极其丰富的学校体育内容，组织学生课外体育锻炼活动；开展和组织小型多样的运动竞赛；协助教练员从事学校代表队的训练等。

（3）体质健康测试与评价工作的实习。学生体质健康测试与评价是学校体育工作的有机组成部分，已建立起统一的指标、测试细则与实施办法。在实习期间也应把这项工作作为实习的一个任务，在实习学校的统一安排下参加部分或全部工作。如果实习时间与实习学校的测试时间无法统一，那么可请有关老师专门做该项工作的介绍、讲解或演示。

（4）班主任工作实习或见习。实习学生在实践中了解班主任工作的特点和环节，认真听取原班主任对班级工作的意见，做好班级日常管理的各项工作，独立组织1次班级日常活动，按照班主任工作的有关要求做好实习班级的管理工作。

4. 教育实习中的科研与教研

教育实习中的科研和教研是校内科研、教研的延伸，实习学生可利用教育实习这个机会，结合自己的教育实习工作，观察和分析问题，调查和掌握有关素材，撰写专题研究报告，进行科研、教研活动，培养自己的科研能力。

三、体育教师入职教育

（一）体育教师入职教育概述

体育教师入职教育是为新体育教师提供的一个系统而持续的专门性教育阶段，帮助新教师尽快适应教育教学工作，胜任体育教师职务工作的重要环节。体育教师入职教育的基本任务就是消除和缩小新任体育教师现有综合素质和教学能力与本岗位需要的综合素质与教学能力之间的差距，使其符合岗位工作的需要。入职教育的成功与否，决定了一名新教师能否顺利担任教师职务和角色。

新任中小学教师一般是到教师进修院校或教育中心接受培训，除参加校外新教师脱产培训外，还可参加本校组织的培训。

（二）体育教师入职教育的意义

新教师的入职教育是终身教育、终身学习的要求，也是沟通教师职前教育与再培训的需要。对于新教师来说，入职教育既是其职业生涯的导入阶段，又是其专业成长连续过程中的一个独特阶段。无论是从教师个体的专业成长还是教师群体的职业发展来看，进行体育教师入职教育都具有重要意义。

(三)体育教师入职教育途径

体育教师入职教育也称为岗前培训,一般通过两个途径来实现:一是参加校外新教师脱产培训,通常由教师进修学校或师范院校来承担培训任务;二是在校内由本校组织学习提高,如组织培训班或指定老教师传、帮、带等。世界教育发达国家都很重视新教师正式上课之前的培训教育,一般为1~3年,设有专门培训机构和专职官员负责培训。

四、体育教师职后教育

(一)体育教师职后教育的内涵

终身教育理论的提出与发展为体育教师继续教育提供了最基本的理论依据。体育教师的职后教育是指为提高取得教师资格的中小学在职体育教师的思想政治和业务素质进行的继续教育和培训,是提高体育师资整体素质、提高体育教育教学质量的关键。教育部《中小学教师继续教育规定》指出:要加强教师继续教育工作,并应当采取措施,依法保障中小学教师继续教育工作的实施。中小学教师继续教育坚持因地制宜,分类指导、按需施教,学用结合的原则,采取多种形式,注重质量和实效。中小学教师继续教育原则上每5年为一个培训周期。

(二)体育教师职后教育的内容

中小学体育教师职后继续教育,是以提高教师实施素质教育的能力和水平为重点,内容主要包括思想政治教育和师德修养、体育专业知识更新与扩展、体育专业技能的研修与提高、现代教育理论与实践、体育教育科学研究、体育教学技能和现代教育技术、现代科技与人文社会科学知识等。根据实施素质教育的要求,针对不同类别、层次、岗位教师的需求,以问题为中心、案例为载体,科学设计培训课程,丰富和优化培训内容,不断提高教师培养的针对性和实效性。

(三)体育教师职后教育途径

体育教师职后教育也称在职培训,包括学历教育和非学历教育,是终身性的,主要有教师教育机构集中培训(院校培训)和校本培训两种途径。

1. 教师教育机构集中培训

(1)学位课程培训。学位课程培训是指通过参加学位课程学习进修,达到一定的学历或学位水准,获得相应证书。该模式主要是针对未达到国家规定学历或学位的在职教师,如教育硕士专业学位(EDM)的培养。学位课程培训时间较长,一般为1~3年。

(2)短期进修培训。短期进修培训是根据中小学教育发展需要而开展的培训活动,依据培训目标的不同可进一步分为教师岗位培训(如为新开设的学科或新教材而进行的培训等)、骨干教师培训、计算机全员培训、专题研究培训等。短期进修培训时间较短,也比较灵活。

2. 校本培训

校本培训兴起于 20 世纪 80 年代的欧美国家,近年来在我国方兴未艾。校本培训是以教师任职学校为基本单位,以校长为第一负责人,以教师在工作中学习为基本特征,把培训与教育教学、科研结合起来的一种培训模式。校本培训的优势主要表现为:第一,具有较强针对性,校本培训以学校和教师的实际需求为出发点,与校情和教师工作紧密相连,培训结果可直接转化为教师的教育教学能力;第二,创造了终身学习的氛围,延长了培训时间,扩大了受训教师的覆盖面;第三,优化了学校现有的各种资源,如信息资源、人力资源、技术资源、管理资源及各种物质设备等;第四,促进教育科研与教育教学实践紧密结合。该模式正日益成为中小学继续教育的主渠道之一。

五、国际体育教师教育的发展趋势

国际体育教师教育的发展趋势主要表现在以下几个方面。

(一)推行体育教师专业化

1966 年联合国教科文组织和国际劳工组织在法国巴黎召开的"教师地位之政府间特别会议"通过的《关于教师地位的建议》,明确指出:应把教育工作视为专门性职业,这种职业是一种要求教师具备经过严格而持续不断的学习和研究才能获得并维持专业知识及专门技能的公共业务。教师专业化自 20 世纪 60 年代被提出以来,已成为世界教师职业发展的潮流,是各国教师教育改革的方向和目标。教师专业化是指教师职业具有自己独特的职业要求和职业条件,有专门的培养制度和管理制度。其基本含义是:第一,教师专业化既包括学科专业性,也包括教育专业性,国家对教师任职既有规定的学历标准,也有必要的教育知识、教育能力和职业道德的要求;第二,国家有教师教育的专门机构、专门教育内容和措施;第三,国家有对教师资格和教师教育机构的认定制度和管理制度;第四,教师专业发展是一个持续不断的过程,教师专业化也是一个发展的概念,既是一种状态,也是一个不断深化的过程。国际上的教师专业化浪潮,极大地推动了体育教师教育新理念和新制度的建立,推动了体育教师专业化发展。

(二)实行教师资格认证制度

通过严格的教师资格认证制度肯定教师职业的专业性和不可替代性,规范教师的培养模式、评价方式和物质待遇以确保教师的专业地位,保证了体育教师专业群体的良性发展。严格的教师资格制度有利于提高体育教师队伍的整体素质，是实现多渠道培养和聘任教师的重要环节和制度保障。随着各国教师教育以及教师专业化的发展，教师资格制度具有更加深远的意义。

（三）优化课程体系

发达国家教师教育改革最根本的变化是由以"行为科学为基础"的教师教育转变为以"认知科学和质量之研究为基础"的教师教育，所期待的教师由过去"作为技术员的教师"变成"作为专家的教师"，相应地，教师教育由过去的"训练模式"转变为"发展模式"。体育教师教育也不例外。各发达国家在体育教师培养的课程设置上不断探索，并始终围绕体育教师职业的专业性不断优化课程体系。课程设置选修化，增加选修课，在教学管理上实行学分制，充分发挥学生的自主性和积极性，学生根据自己的需要选修课程，避免在知识膨胀的压力下不断增大总课时数；实行灵活管理，注重学生的差异；增大体育院系的课程决策权，使其可以灵活地根据自身的优势和特点开设课程。

（四）重视教育学科类课程

教师专业化致力于学会教学，发达国家体育教师的培养普遍重视教育学科类课程，具体表现在提高学时比重，增设新课程。这是提高教师专业化水平的重要内容。在课程开设上灵活多样，重视小型化和专题化课程，并大多以选修课的形式开设，学生根据自身需要进行选择。教育学科类课程（普通教育和学科教育课程）的比重一般占到总课时或学分的20%～25%，有些国家的一些课程还必须在各校的教育学院或教师教育学院来选修。体育院系与教育学院或教师教育学院合作培养模式无疑更提高了教育学科课程质量。

（五）重点培养教学能力

术科的课时和学分比重下降，很多以选修课的形式开设，同类项目学生任选一项必修，如球类任选一项；不突出竞技类项目，非竞技类项目约占30%，如在美国多数体育院校开设了一些休闲、娱乐、野外生存等个性化课程。术科教学的重点放在如何教学上，不强调学生的运动技能水平，重点放在教学生如何分析技术动作在教学中的重点和难点、如何观察学生练习、分析他们的动作、对其动作进行诊断等教学能力的培养上，不强调学生个人运动技能的提高。

（六）重视教育实践

从近些年世界各发达国家针对体育教师教育的改革措施来看，普遍重视教育实践，教育实践是教师培养的重要环节，是促进教师专业化的重要措施。具体表现为延长教育实习的时间和多样化实习模式两个方面，多采用分段实习，强调体育院系与普通中小学的紧密联系是一个共同的发展思路。各国普遍认识到"学院主义"的纯理论的教师培养存在缺陷，学生感觉在校理论学习不仅空洞无用，而且即使掌握了理论却仍然不会教学。无论是美国的"教师专业发展学校模式"、英国的"学校为本的教师教育模式"还是新加坡的"理论—实践课程系统"，无不是着眼学生在校所学理论向教学实践的转化，强调学生在教学中学会教学。20 世纪 80 年代中期以后，随着教师专业化运动的兴起，各发达国家都开始推行"以中小学校为基地"的教师培养模式，将教师培养的重心下移，强调体育院校与中小学伙伴关系的建立。这种培训模式强化了教师专业的实践性，加强了教育理论与教育实践之间的联系，即教师教育机构负责理论方面的培训，而学校则提供教育实践的场所，双方合作，共同完成培养师资的任务。

（七）重视体育教师继续教育

教学水平无极限，教师教育无终点。现代教师培养体系无论多么完善，但它终究是个终结性的体系，都有一定的时间限制，而继续教育体系是无限性的体系，是教师职业真正走向专业化的保障体系。特别是对于以"技艺性"为特征的体育课程，体育教师的继续教育是一种适应体育教师职业的提高性教育。体育教师继续教育在世界各发达国家受到广泛重视，始终将在职进修作为体育教师专业发展的基本途径，通过继续教育，提高体育教师专业化水平。发达国家体育教师继续教育表现出以下几点共性。第一，体育教师继续教育的全程性。体育教师继续教育模式的设计着眼于体育教师职业生涯的全程，针对不同资历的体育教师在不同的发展阶段提供相应的继续教育课程。第二，体育教师继续教育的模式多样化。普遍采用了灵活多样的体育教师继续教育模式。继续教育的方式包括全日制脱产进修、业余时间不脱产进修以及自主进修等；继续教育内容包括学位课程、证书课程、教育理论、课程研究、专家报告、专题讲座、课题研究等。第三，着眼体育教学实践，理论与实践相结合。体育教师进修的共同特点是注重围绕实际教学问题展开，进修内容能结合教育改革的需求，结合学校、课堂实际，重视理论课程学习与教育实践的有机结合。

（八）重视体育教师教育一体化建设

世界各国政府和教育行政主管部门普遍重视教师教育职前职后的一体化建设。从广义上说，教师教育一体化包括教师教育各方面的一体化。通常说的教师教育一体化指的是狭义上的教师教育一体化，是根据教师专业发展的理论，对教师职前培养、入职培训和职后培训进行全程规划设计，从而使教师教育各个阶段相互衔接，既各有侧重，又有内在联系的教师教育体系。体育教师教育一体化包括以下几个方面。第一，教师教育目标一体化。教师教育目标一体化就是指为达到教师教育的目的，统筹、规划教师教育各阶段、各层次应该达到的水平或标准，制定体育教师教育各阶段的教育目标，并使其相互衔接，互相补充。第二，教师教育课程一体化。

教师教育课程一体化就是指教师教育各阶段教学内容和课程体系相互衔接，探索其结合部位，使之形成既显示教育阶段性，又体现整体性的教育内容和课程体系。第三，教师教育管理一体化。教师教育管理一体化就是指高等教师教育院校应由传统的职前教师教育的管理模式，向教师职前、职后教育和终身教育一体化的管理模式转变。第四，师资队伍一体化。师资队伍一体化就是指进行教师队伍的调整和优化组合，从而建立一支既能担负职前培养，又能承接在职培训任务的一体化教师教育队伍。

扫码获取更多资料

思考题

1. 请简要分析体育教师的作用、地位。
2. 体育教师的职责有哪些？
3. 体育教师应具备哪些基本条件？
4. 体育教师应该掌握哪些教学技能？
5. 体育教师专业化的内涵是什么？

第九章

学校体育管理

本章主要阐述学校体育管理的含义、目标与任务、内容和方法;概述我国学校体育管理体制;分析学校体育政策与法规的含义与功能,简要介绍现阶段施行的学校体育重要政策与法规的内容及规定要求。

第一节 学校体育管理概述

学校体育是我国教育事业的重要组成部分,也是我国体育事业的重要组成部分,承担着培养德智体美劳全面发展的社会主义建设者和接班人的重任。要实现这一目标,就必须加强学校体育工作管理。

一、学校体育管理的含义、目标与任务

(一)学校体育管理的含义

学校体育管理既是我国教育行政部门和学校管理工作的重要组成部分,又是体育行政部门管理工作的重要组成部分。加强学校体育管理,对于全面贯彻党和国家的教育方针、政策,提高学生体质健康水平,培养全面发展的青少年一代具有重要意义。学校体育管理从狭义上看,是学校管理工作的重要组成部分之一,因此,理解学校管理的含义与实质,有助于深入认识与把握学校体育管理。

管理是人类基本的社会活动之一,管理活动起源于人类的共同劳动和集体生活。管理活动是人类社会特有的现象之一,也是人类社会得以生存与发展的重要条件之一,它渗透到社会各个领域或系统之中,教育系统和体育系统也不例外。关于管理的含义及实质,我国学者有不同的观点。例如,芮明杰认为,管理是对组织的资源进行有效整合以达成既定目标与任务的动态创造性活动。周三多等人认为,管理是在某一组织中,为完成目标而从事的对人与物质资源的协调活动。也就是说,管理是社会组织中为了实现预期的目标,以人为中心进行的协调活动,包括四个要素:为完成某种目标、由人进行的协调活动、通过管理职能进行协调、是某一组织群体努力的活动。范国睿认为,管理是通过一系列协调性活动,有效整合、利用组织资源以达成组织目标的创造性实践活动。《现代汉语词典》(第5版)对"管理"的解释为:管理是管理者依据一定的原理和方法,在特定的环境条件下,引导他人去行动,使有限的资源得到合理的配置,以实现预定目标的一种行为。关于管理的实质,有多种观点,如管理就是一种职能的运转;管理就是一种用人的技巧;管理是一种系统的优化;管理就是一种决策的制定。虽然对于管理的实质有不同观点,但有几点认识是共同的,即管理起源于人类群体的协助劳动;管理过程总是要运用一定的职能;管理的关键是对人的管理;管理通过对诸因素的优化组合而产生一种"放大功能"。由此可知,管理的实质就是用人以治事。

学校管理是人类管理活动的重要组成部分。我国学者张济正认为,学校管理是

学校管理者通过一定的机构和制度,采用一定的手段和方法,带领和引导员工,充分利用校内外的资源和条件,有效实现学校工作目标的组织活动。范国睿在其著作中认为,学校管理是学校领导和管理者根据教育政策和教育规律,通过一系列协调性活动,有效整合、利用校内外各种教育资源,以提高学校办学水平和教育教学质量,形成学校组织文化,促进教师专业发展,促进学生身心全面发展的创造性实践过程。学校管理是一种用人治事的活动,学校作为一种社会组织,与其他社会组织相比,学校中人的特点、事的性质不同。学校中的"人"是有知识、有修养的教师群体和身心正在成长中的青少年学生;学校中的"事"就是教育人、培养人,即把受教育者的青少年一代培养成为德智体美劳全面发展的社会主义建设者和接班人。从这个意义上说,学校管理就是用好教职工以完成教书育人的一种活动。

基于以上认识,我们认为,学校体育管理是学校管理者根据国家教育、体育方面的法律法规等规范性文件,以及学校相关规定,运用现代管理学的理论和方法,充分利用校内外的各类资源和条件,有效实现学校体育工作目标的组织活动。学校体育管理要按照国家和教育、体育部门颁布的有关学校体育管理的法律法规和有关规定,根据学生的生理和心理特点,对学校体育工作进行组织、指导、检查和评定,其目的是有效完成学校体育任务,实现学校体育目标。

(二) 学校体育管理的目标与任务

学校体育管理实践活动是一种有目的的、自觉的、能动的活动。在管理实践活动之前,学校体育管理所要达到的目标,就已经以观念的形式存在于学校体育管理者的头脑中,并支配着学校体育管理工作的整个过程。学校体育管理者的一切活动都是围绕着实现这个目标而展开的,因此,学校体育管理目标是学校体育管理实践活动的出发点和归宿。作为学校体育管理者,应充分认识到管理目标的重要性。

1. 学校体育管理的目标

学校体育管理目标是指充分发挥管理部门的职能,积极整合和利用校内外各类资源,全面贯彻执行国家有关学校体育工作的相关法律法规和政策,确保学校体育工作正常开展,有效实现学校体育工作的目标。在某种意义上说,学校体育管理目标是学校体育管理者通过管理活动所期望达到的境界、标准、成就或状态,它体现着国家或学校对学校体育教育的价值追求。

2. 学校体育管理的任务

(1) 根据国家或地区经济、社会、教育、体育等事业发展和改革的要求,规划、制定国家或地区的学校体育发展战略、目标、行动计划及工作任务。

(2) 建立健全学校体育的各级管理机构和组织,明确学校体育管理体制及机制。

(3) 组织开展学校体育各项工作,保证学校体育各项工作正常、有效实施。

(4) 协调整合学校体育工作开展所需的各类资源，为学校体育活动提供必要的物质、技术、信息等基本支持。

(5) 制定学校体育工作督导评估实施方案，客观评价学校体育工作的效果，督导各级政府和教育机构开展好学校体育工作。

二、学校体育管理的依据与内容

（一）学校体育管理的依据

学校体育管理的依据是国家机关，各级人民政府及其教育、体育等有关部门颁布实施的各项法律、法规和规章、政令等规范性文件，包括《中华人民共和国教育法》《中华人民共和国义务教育法》《学校体育工作条例》《中华人民共和国体育法》《中共中央办公厅 国务院办公厅关于全面加强和改进新时代学校体育工作的意见》《高等学校体育工作基本标准》《中小学校体育工作评估办法》《中小学校体育工作督导评估办法》等。依据上述法律法规等规范性文件对学校体育工作的要求规定，对学校体育工作实行科学化管理，推动形成多样化、现代化、高质量的学校体育体系。

（二）学校体育管理的内容

学校体育管理的内容是实施学校体育管理的对象和具体实践。学校体育管理根据不同的范围和认识角度可以划分为不同的内容。按学校体育管理的范围，可分为学校体育宏观管理和学校体育微观管理；按实施学校体育管理的主体，可分为政府及各教育行政部门管理、学校管理、体育教研室（部）管理等。本部分结合我国学校体育管理实践，主要就学校体育微观管理（包括教研室管理）进行阐述。

学校体育微观管理是指各级各类学校作为学校体育管理主体，按照国家及地方政府有关学校体育工作的规定要求，结合本校实际，充分利用学校内外教育资源，积极有效开展学校体育工作的过程。学校体育微观管理是国家及地方政府对学校体育管理的执行和操作环节，是实现学校体育目标的决定性环节，其主要特点是执行和落实国家及地方政府有关学校体育法律法规、政策的刚性和结合学校实际的灵活性。学校体育微观管理的主要内容包括学校体育管理制度建设管理、体育与健康课程管理、体育课教学管理、学生课外体育活动管理、课余体育训练与竞赛管理、学生体质健康管理、学校体育场地设施管理、体育教师管理、体育教育文件与资料管理等。

1. 学校体育管理制度建设管理

各级各类学校要根据国家和地方政府及教育行政部门的有关规定依法开展学校体育工作，要根据学校实际情况和新时期学校体育改革发展的新要求建立健全相适应的学校体育工作的规章制度及办法，并督导检查学校体育制度的执行情况，加强制度建设管理，推动学校各项体育工作顺利开展。

2. 体育与健康课程管理

体育与健康课程管理是学校体育管理的重要组成部分。因为国家或地方政府的课程标准（或教学大纲）、教科书等课程文件都要落实到体育与健康课程、落实到学校及其教师，因而，对体育与健康课程实施及其实施结果评价的管理是学校体育管理中基本的、具有重要意义的内容。从系统理论来看，体育与健康课程的实施及课程实施结果的评价，都离不开对课程系统中的人、财、物、课程信息等资源的决策、计划、组织、协调和控制。加强体育与健康课程管理是有效组织和实施课程系统，提高学校体育与健康课程建设水平的客观要求，有助于加强国家课程、地方课程和校本课程的建设，可为实现三级课程一体化提供组织上、制度上的保证，有力促进体育与健康课程系统的顺利运行。

3. 体育课教学管理

体育课教学是实施体育与健康课程，实现体育与健康课程目标的基本途径，提高体育教学质量是体育课教学管理的主要目标，所以，学校应把体育教学的管理放在极为重要的位置。体育教学管理的内容主要有以下几个方面。

（1）科学制定体育教学计划，保证体育课程教学时数，做好整体安排。

（2）科学制定体育教学大纲，明确目标任务，组织体育教师做好体育教学设计及备课。

（3）制定体育课教学常规，健全教学工作规范及要求，保证教学秩序。

（4）保障体育与健康课程教学条件，配备好体育教学活动场地设施，优化体育教学手段。

（5）制定体育教学质量评价指标体系，开展体育教学评估与总结，加强体育教学考核评价，提高体育教学质量。

4. 学生课外体育活动管理

学生课外体育活动是增强学生体质、提高体育实践能力的重要途径，是学校体育工作的一个重要方面。国家及教育行政部门有关法规制度规定，保证学生每天有1小时的体育活动时间，这是开展课外体育活动的依据。课外体育活动的管理工作主要包括以下内容。

（1）制定阳光体育运动工作方案。

（2）合理安排体育活动时间，确保落实学生每天有1小时的校园体育活动时间。

（3）明确落实早操、大课间体育活动的时间，列入课程表，使课外体育活动有组织、有秩序地进行。

（4）加强检查与指导，推动学生积极参加体育活动。

5. 课余体育训练与竞赛管理

课余体育训练与竞赛是学校培养体育后备人才的重要途径，也是丰富校园文化生活，推动学校体育活动开展的重要措施。课余体育训练与竞赛管理要注重教体结合，完善训练和竞赛体系，为此，要重点抓好以下两方面工作。

（1）建立和健全运动队的组织和训练制度，通过组建运动队、代表队、俱乐部和兴趣小组等形式，积极开展课余体育训练，为有体育特长的学生提供成才路径，为国家培养竞技体育后备人才奠定基础。

（2）完善学校体育竞赛体系，建设常态化的校园体育竞赛机制。

6. 学生体质健康管理

学生体质健康状况是评估学校体育工作水平和教育教学质量的重要内容指标之一，学校要执行《国家学生体质健康标准（2014年修订）》和《学生体质健康监测评价办法》等有关要求，组织开展对学生体质健康测试与上报工作，建立健全学生体质健康档案，加强学生体质健康管理。

7. 学校体育场地设施管理

学校体育场地设施是开展学校体育工作的基础条件，建立体育场地设施的使用和维护制度是学校体育管理工作的重要内容之一。

8. 体育教师管理

体育教师的职业性质和教师的专业化要求造就了体育教师的工作具有自身的特点，它既不同于体力劳动者的工作特点，又有别于医生、工程师、文艺工作者等脑力劳动者的工作特点。这就要求管理体育教师队伍的方式方法也应具有相适应的特点。体育教师管理主要包括对体育教师的任用、教师教学工作评价、教师培训等方面内容。

9. 体育教育文件与资料管理

加强学校体育教育教学文件与资料的管理，是学校体育管理科学化、规范化和制度化的具体体现，也是提升学校体育工作的需要，同时还可以为开展学校体育科学研究提供客观、真实的第一手材料。体育教育教学文件与资料的管理主要包括：对上级教育行政部门发布的各种关于学校体育工作的规章制度、办法、意见、通知等的管理；对学校内部有关学校体育教育教学工作计划与工作方案、管理制度文件等的管理；对体育报刊、图书、学生体质健康测试数据、体育教师工作考核材料和各种体育教学、训练、竞赛成绩档案等的管理。

三、学校体育管理的方法

学校体育管理的方法是指为实现学校体育管理目标而采用的管理手段与措施。

学校体育管理的基本方法有以下几种。

（一）行政管理法

行政管理法是指依靠学校行政组织系统通过行政指令、标准、规范等手段，对学校体育实施管理的一种方法。学校体育行政管理通过两种途径来实施管理：一是颁发有关学校体育的法规、条例、规章规定、规划、计划、通知等，这些法规性文件对学校体育工作的开展具有根本性的制约作用；二是通过行政分级（上级行政管理部门对下级部门或学校）的工作督导、指导、检查和评估有关学校体育文件的落实情况和工作成效。

行政管理法是学校体育管理工作中最为常用的方法之一。行政管理法运用行政机关的职能和手段，按照行政系统和层次对学校体育进行管理，可以统一目标、统一标准、统一行动。但是，行政管理法在横向沟通上比较困难，学校执行系统比较被动，缺乏应有的活力，如学校在同时执行上级教育行政部门与体育行政部门，以及其他有关部门的行政指令时较为被动、困难。因此，学校体育管理工作中要处理好行政管理部门之间的跨度与层次之间的关系这一问题。

（二）目标管理法

目标管理法是指管理者根据工作规划及计划，围绕组织与个人制定目标实施与达成目标的一种方法。目标管理法的特点，是以组织或个人目标作为各项管理活动的指南，并以实现目标的绩效评价其贡献大小。学校体育目标管理是一种对学校体育工作目标的确定、实施和评估的全过程管理。它要求学校体育管理者引导相关管理部门及人员共同确定目标，并明确各部门及其人员的职责、任务、标准要求，同时根据目标要求，督导检查和评估目标任务的完成状况，提出改进意见与措施，不断提高目标管理的成效。

（三）督导评估法

督导评估法是国家教育行政部门依法对各级政府与教育行政部门、学校的体育工作实施的一种行政监督的方法。采用督导评估法的依据是政府及教育行政部门颁发的《教育督导条例》《中小学校体育工作督导评估办法》《中小学校体育工作评估办法》等法规制度。对学校体育工作开展督导评估是国家教育行政部门对各级政府与教育行政部门、学校的体育工作进行监督、检查、评估与指导，保证国家有关教育与体育工作的方针、政策、法规的贯彻执行和教育目标实现的管理职能活动。督导评估法通过不断对完成学校体育目标的程度进行监督、调控、检查评估，达到激励先进、推动后进的目的。

第二节 学校体育管理体制

学校体育是我国教育事业的重要组成部分，也是我国体育事业的重要组成部分，所以，从宏观上看，学校体育管理体制既是教育行政体制的内容范畴，又是体育行政体制的内容范畴。从微观上看，学校体育管理体制是学校管理体制的构成内容之一，是学校体育各项工作运行的基础。

一、学校体育管理体制的含义

学校体育管理体制是学校管理体制的重要组成部分，要理解学校体育管理体制，应先理解学校管理体制的基本含义。

（一）学校管理体制

体制是国家机关、企业、事业单位等的组织制度。我国教育管理学学者孙绵涛认为，体制包含体系和制度两部分。体系指的是组织机构，制度指的是保证组织机构正常运转的规范。教育体制包括教育组织机构及其协调这些组织机构关系的规范。教育组织机构包括两个方面：一方面是保证教育活动正常进行的管理组织机构，即通常所说的各级教育行政机构；另一方面是指开展教育活动的组织机构，即通常所说的各级学校教育机构。协调教育组织机构正常运行的规范是指有关的法律和规章，规定教育机构的职责、权限、隶属关系及其行为规范。教育行政机构与有关规范相结合，就构成了教育行政体制或教育管理体制。学校教育机构与有关规范相结合，就构成了学校教育体制。综合有关体制的各种观点可知，学校管理体制，即学校领导体制，是一种组织制度，它主要包含三个方面的内容：一是组织机构如何设置；二是隶属关系如何确定；三是权力和责任如何划分。学校管理体制的基本含义有两个方面：一是反映学校的上属领导或管理关系；二是反映学校内部的领导或管理结构及其权限范围。一般来说，学校管理体制是以法规的形式做出规定，体现对学校领导权的性质，是学校组织制度的核心。

（二）学校体育管理体制

学校体育管理体制是指学校体育管理组织机构的设置、权责划分、工作职能和运行方式等方面的体系和制度的总称。

建立健全学校体育管理体制，充分发挥各组织机构及其人员积极性，是为实现学校体育目标提供组织保障的重要措施。

我国现行的学校体育管理体制，按照管理主体来分，一般分为各级政府学校体育管理体制和各级各类学校内部管理体制两种类型，也称为校外或宏观管理系统和校内或微观管理系统。基于基础教育在我国教育中的重要地位及意义，本节主要介绍基础教育阶段学校体育管理体制。

二、我国学校体育管理体制结构

学校体育管理体制结构，是指学校体育行政管理系统上下左右之间的权力划分，以及实施行政管理职能的组织形式和组织制度。我国学校体育管理实行的是国家宏观统筹管理，省（区、市）、市（区）、县（市）各级政府逐级管理的体制。

（一）学校体育管理组织机构

国务院是我国学校体育管理的最高行政机关，具体管理工作由教育部和国家体育总局分别负责。教育部由下设的体育卫生与艺术教育司负责管理，具体工作部门为内设的体育处。国家体育总局由下设的青少年体育司负责管理。

地方各级人民政府是地方学校体育管理的最高行政机关，负责地方学校体育管理，具体管理工作由地方教育行政部门和体育行政部门分别负责。省级教育厅（教委）下设机构为体育卫生与艺术教育处，负责本省的学校体育管理，地市级教育局下设机构为体育卫生与艺术教育处，负责本市的学校体育管理，县级教育局内设基础教育科（股）或体育科（股），具体负责本县的学校体育管理工作。

此外，各级教育行政部门的教研单位也对各级学校体育工作进行指导，如教育科学研究院，或教育科学研究所、教育研究所、教研室等。

在各级政府学校体育管理运行机制里，教育部、国家体育总局可以向下一级人民政府及其所属行政管理部门教育厅、体育局进行业务工作指导。同样，上一级政府及其所属行政管理部门可以向下一级政府所属相应部门或机构进行业务工作指导。

（二）学校体育管理主要管理机构

1. 教育部体育卫生与艺术教育司

教育部体育卫生与艺术教育司是教育部负责管理全国大学、中小学校体育工作的主要职能部门，指导大中小学体育工作；拟订相关政策和教育教学指导性文件；规划、指导相关专业的教材建设以及师资培养、培训工作；协调大中学生参加国际体育竞赛活动。

2. 国家体育总局青少年体育司

国家体育总局青少年体育司是我国专门负责青少年学生体育工作的最高行政机构，其主要职能有以下几个方面。

（1）指导和推进青少年体育工作，拟订青少年体育工作的有关政策、规章、制度和发展规划草案。

（2）指导和监督学生体育健康标准的实施和学生体质监测。

（3）指导和推动青少年体育服务体系建设。

（4）组织开展青少年体育工作检查监督和评估表彰。

（5）指导竞技体育高水平后备人才培养工作。

（6）拟订青少年业余训练管理制度，完善青少年业余训练体系，指导全国各级各类体育运动学校、体育传统项目学校、青少年体育俱乐部、各运动项目后备人才基地建设和有关学生文化教育工作。

（7）参与指导全国青少年体育竞赛工作，参与审核全国青少年比赛计划和竞赛规程，参与指导青少年运动员注册和运动技术等级管理。

（8）组织协调重大综合性青少年体育比赛和体育交流活动。

（9）指导开展青少年体育工作研究和相关培训。

（10）承办总局交办的其他事项。

3. **省级教育厅（教委）体育卫生与艺术教育处**

省（区、市）教育厅（教委）体育卫生与艺术教育处是省级教育行政部门负责辖区内大中小学校体育工作管理的主要职能部门。其主要职能与教育部体育卫生与艺术司的职能基本相对应，但具有权限特点。如陕西省教育厅体育卫生与艺术教育处的体育管理职能是：指导大中小学校体育工作；拟订相关政策和教育教学指导性文件；协调组织学生参加体育竞赛以及国内外体育竞赛；指导体育方面的课程教材建设与科研工作；协助做好专业师资培养工作。

4. **市级教育局体育卫生与艺术教育处**

市（区）级教育局体育卫生与艺术教育处的主要职能是指导和管理本地区学校体育工作。目前，我国有些市级教育局专门下设体育卫生与艺术教育处，而有些市级教育局没有下设专门管理机构，而把学校体育管理的职能划入基础教育处或基础教育科。如陕西省西安市教育局下设有体育卫生艺术处，其主要职能是：负责教育系统学校体育教育工作；指导学校体育教育教学工作；负责学生体育竞赛、大型体育活动的协调组织工作；指导学校健康教育工作。而陕西省汉中市教育局没有设置学校体育管理的专门机构，学校体育管理的职能划入到内设机构基础教育科，负责管理和指导全市普通中小学、幼儿园的体育、体质监测，卫生健康教育的教研和教改工作。

5. **县级教育局或教体局基教科（股）**

县级（包括县级市或区）教育局或教体局是县级人民政府管理学校体育的主要职能部门。目前全国各地县级教育局的内设机构不同，有的专门设有体卫艺科，有的地方把体育管理职能划入教育科或教育股。如有部分县教育局下设体卫艺科，专门负责学校体育与卫生教育工作。一些县（区）教育局内设教育科负责本地区的学校体育工作，中小学卫生保健所负责学生体质健康，其主要职能为：负责调查研究本地区的中小学生体质健康状况；负责学生的健康检查，做好本区学生的体质健康监测工作；建立健全学生健康档案，做好资料统计分析和积累工作，为教育局制定有关政策提供科学依据；根据学生健康状况和发育水平，提高干预措施，指导学校体育卫生保健工作。

第三节　学校体育政策与法规

健全的学校体育政策与法规体系，是依法管理学校体育工作、确保学校体育工作向规范化、制度化、科学化方向发展的基本前提，更是学校体育工作完成其所担负的使命与责任的基本保障。在现代社会，国家对教育事业的管理主要是运用政策与法规在许可的范围内进行。全面依法治国是中国特色社会主义的本质要求和重要保障，依法治教是我国教育事业健康持续发展的基本要求。

一、学校体育政策与法规的含义与职能

（一）含义

新中国成立以来，党和政府十分关心青少年学生的身体健康，十分重视学校体育工作。为了贯彻党的教育方针，保证各级各类学校顺利完成学校体育工作任务和目标，确保学生享有接受体育教育和体育锻炼的权利，国家制定并颁布实施了一系列有关学校体育的政策与法规，以促进和规范学校体育的发展。学校体育管理必须依法进行，依法管理就必须依法行政。依法行政是指一切行政管理活动都必须符合政策与法规，即各级各类学校体育行政管理活动都必须符合政策与法规等各类规范性文件的规定。在我国，由于教育、体育政策与法规既相互联系，又相互区别，政策与法规之间具有一致性的方面。基于这一认识，本节将学校体育政策与学校体育法规合并为整体内容置于依法治教的视野来进行阐述。学习和理解有关学校体育政策与法规是依法治教的需要，是从事学校体育管理工作的必然要求。新时代的教育目标是培养德智体美劳全面发展的社会主义建设者和接班人，体育是德智体美劳全面发展教育的组成部分，因此，学校体育政策与法规首先是教育政策与教育法规体系的范畴及组成部分。基于这种理解，本节在基本理解我国教育政策与教育法规的含义的基础上，结合对有关体育政策与法规的含义的认识，理解与把握学校体育政

策与法规的含义与职能。

关于"教育政策"的含义，我国学者一般作狭义的理解。如黄东明将教育政策定义为：教育政策是某个政府系统（如政党、国家政府、地方政府等）在特定时期为实现特定的教育发展目标和任务而做出的关于教育的决策过程。它是国家政策的一部分，由政党、政府及其机构制定，是调整教育领域社会问题和社会关系的政策。教育政策有很多表现形式，如有关机关发布的决议、决定、命令、指示、通知、意见，以及党和国家领导人的报告、谈话、讲话等。根据教育政策涉及的范围不同，教育政策可分为基本的教育政策与具体的教育政策。基本的教育政策有普遍指导意义，具体的教育政策是针对教育工作的某一方面而制定的，是基本的教育政策的具体化。闫祯认为，教育政策是一个政党和国家为实现一定历史时期的教育任务而制定的行动准则。作为党和国家政策的一个重要组成部分，教育政策是依据党和国家在一定历史时期的基本任务、基本方针而制定的，决定着教育的工作方向和措施。

关于"教育法规"的含义，闫祯认为，教育法规是有关教育方面的法律、法令、条例、规则、规章等规范性文件的总称，也是对人们的教育行为具有法律约束力的行为规则的总和。教育法规与教育法律从广义上理解，含义是相通的，都是以国家行政权力为保障强制执行的教育行为的总和。

对于教育法规与教育政策的关系的认识，有学者认为，教育法规与教育政策的关系和一般意义上的法律与政策之间的关系一样，既相互联系，又相互区别。首先，教育法规与教育政策是相互联系的，具有一致性。教育法规是教育政策的具体化，每一项教育法规都是一项政策，教育政策是教育法规的灵魂，不仅指导着教育立法的过程，体现在教育法规当中，而且指导着教育法规的运行和实施。只有在党的教育政策指导下使用和实施教育法规，才能更好地发挥教育法规为教育政策服务的作用。其次，教育法规与教育政策是有区别的。主要表现在制定机关不同、范围不同、表现形式不同、实施方式不同、稳定性不同等方面。例如，在表现形式方面，教育法规主要表现在宪法、法律、法规、条例等规范性文件规定中，通过这些形式可以把教育政策具体化；而教育政策主要体现在党和国家的重要会议所做出的决定以及党中央发出的指示、通知、意见中。在稳定性方面，教育法规和教育政策在目的、任务、对象和特点等方面的不同，决定了二者的稳定性不同。教育政策具有指导性、探索性，时间性很强，因此调整较为频繁；而教育法规是比较成熟和定型的教育政策，制定和修改程序都较严格，因而相对来说比较稳定。

综合以上对教育政策和教育法规两个概念的理解，我们认为：学校体育教育是一个政党和国家为实现特定的学校体育发展目标和任务制定的行动准则。学校体育政策主要体现为党和国家的重要会议所做出的决定，以及党中央发出的有关指示、通知、意见等。学校体育法规是有关学校体育工作的法律、法令、条例、规则、规章等规范性文件的总称,也是对人们有关学校体育教育行为具有法律约束力的行为规则的总和。学校体育法规也称为学校体育法律制度。学校体育法规既包括国家权力机关制定的有关学校体育的法律,也包括国家行政机关制定的有关学校体育的行政法规、规章等,还包括地方权力机关和地方行政部门制定的有关地方学校体育的法规和规章等。

(二) 职能

学校体育政策与法规具有法律的两大基本职能,即调整职能和保障职能。学校体育政策与法规的基本职能是通过有关学校体育领域活动的一系列具体作用来实现的。学校体育政策与法规的职能主要体现在以下几个方面。

1. 协调学校体育发展的内外关系

学校体育政策与法规承担着协调学校体育有关部门内部和外部关系的重要职能,通过规定学校体育工作主体在法律上的权利和义务及其实施后所承担的责任来调整教育活动和教育关系,具有普遍性。这就决定了学校体育政策与法规具有在一定区域内规范人们的教育行为的能力。现代教育(包括体育教育)已经成为人民大众的活动,每个人都要接受教育,教育是人类、国家、社会和个人最重要的事业之一。现代体育运动已经成为一种影响极为广泛的社会现象,体育的发展与其他社会各项事业的发展是密切联系的。而随着学校体育的地位及功能日益受到社会的广泛关注与重视,学校体育发展的各种内外部关系需要协调。只有通过建立有关学校体育的法律法规,明确学校体育工作各主体间相互的权利、义务和职责,相互关系才可以达到和谐统一。

2. 促进和保障学校体育事业的健康发展

青少年学生的健康关系到千家万户的幸福,是一个民族健康素质的基础,关系到民族的未来和国家的竞争力。《国务院办公厅关于强化学校体育促进学生身心健康全面发展的意见》(国办发〔2016〕27号)中明确指出:"强化学校体育是实施素质教育,促进学生全面发展的重要途径,对于促进教育现代化、建设健康中国和人力资源强国,实现中华民族伟大复兴的中国梦具有重要意义。"健全完善的学校体育法规制度,是促进现代社会学校体育事业发展的基本保障。学校体育是一种长效的事业,关系着国家的百年大计,学校体育的发展必须是有计划、有组织、连续性的。制定学校体育政策与法律法规制度,确定相对稳定的教育秩序和良好的教育环境,对于保障学校体育事业健康持续发展,确保学校体育在教育事业和体育事业的重要基础地位,具有极为重要的作用。

3. 保证全面贯彻教育方针

教育方针是党和国家在一定历史阶段提出的有关教育工作的总方向和总指针,

是教育基本政策的总概括。我国的教育方针是坚持教育为社会主义现代化建设服务、为人民服务，把立德树人作为教育的根本任务，全面实施素质教育，培养德智体美劳全面发展的社会主义建设者和接班人，努力办好人民满意的教育。只有通过制定教育法律法规，使教育方针具体化，实施制度化，并使其实施具有强制性，才能保证教育方针的全面贯彻执行。

4. 确认并保障公民的体育教育权利和义务

我国宪法规定，教育的权利和义务是公民的基本权利和义务之一，要使这一权利和义务具有现实性和可行性，必须通过制定教育政策与法律法规，包括有关学校体育政策与法规，使之具体化，并确定一定的教育途径，使公民能够享受教育权益，同时也履行相应的教育义务。学校体育政策与法规是规定学校体育权利和义务的社会规范，是由国家保证实施的社会规范，对公民的体育教育权利和义务提供了保障。

二、学校体育政策与法规体系

目前，我国学校体育政策与法规体系主要包括宪法、有关学校体育的法律、有关学校体育的行政法规和有关学校体育的规章四个层次。

（一）《中华人民共和国宪法》

《中华人民共和国宪法》是国家最高立法机关制定的国家的总的章程，是制定其他法律法规的根本依据。我国宪法是由全国人民代表大会制定的，是我国的根本法，在我国法律体系中具有最高的法律地位和法律效力，其他各种法律法规都必须以宪法为根据，不得与宪法相违背。有关学校体育的法律法规都要体现宪法的精神，以宪法为准则。我国现行的宪法是1982年12月4日第五届全国人民代表大会第五次会议通过的，历经1988年、1993年、1999年、2004年、2018年五次修正。其中涉及学校体育的主要条款如下：

第二十一条　国家发展医疗卫生事业，发展现代医药和我国传统医药，鼓励和支持农村集体经济组织、国家企业事业组织和街道组织举办各种医疗卫生设施，开展群众性的卫生活动，保护人民健康。

国家发展体育事业，开展群众性的体育活动，增强人民体质。

第四十六条　中华人民共和国公民有受教育的权利和义务。

国家培养青年、少年、儿童在品德、智力、体质等方面全面发展。

（二）有关学校体育的法律

目前我国还没有制定学校体育专门性法律，只是在部分教育法律、体育法律中包含有学校体育内容的条款。这些法律又分为基本法律和单行法律，由全国人民代表大会及其常委会制定。

1. 有关学校体育的基本法律

基本法律是由全国人民代表大会制定和修改，比较全面地规定和调整国家及社会生活某一方面的基本社会关系的法律。有关学校体育的基本法律通常规定国家的教育和体育方针、基本任务、基本制度以及学校体育活动中各主体的权利和义务。有关学校体育的基本法律主要有《中华人民共和国教育法》《中华人民共和国体育法》。

2. 有关学校体育的单行法律

有关学校体育的单行法律是国家根据宪法和教育、体育的基本法律的原则制定的规范和调整某一类教育或教育的某一具体部分关系的教育或体育法律。涉及学校体育的单行法律主要有《中华人民共和国义务教育法》《中华人民共和国教师法》《中华人民共和国高等教育法》《中华人民共和国家庭教育促进法》等。

（三）有关学校体育的行政法规

学校体育行政法规是指国家最高行政机关为实施、管理学校体育，根据宪法和教育、体育法律制定的规范性文件。我国宪法第八十九条规定国务院有权根据宪法和法律，规定行政措施，制定行政法规，发布决定和命令。学校体育行政法规在内容上是针对某一类学校体育事务做出的规范，而不是对具体问题做出的决定，具有相对的稳定性，其制定、审核、发布须经过法定的程序。学校体育行政法规一般有条例、规定和办法或细则三种。

1. 条例

条例是指对某一方面行政工作比较系统、全面的规定，有关学校体育的条例包括学校体育专项行政法规和相关行政法规。学校体育专项行政法规主要有《学校体育工作条例》（1990 年 2 月经国务院批准，国家教育委员会令第 8 号发布）《中共中央 国务院关于加强青少年体育增强青少年体质的意见》（中发〔2007〕7 号）；与学校体育相关的有《全民健身条例》（2008 年中华人民共和国国务院令第 560 号）、《教师资格条例》（1995 年国务院令第 188 号）、《教育督导条例》（2012 年 9 月 9 日国务院令第 624 号公布，自 2012 年 10 月 1 日起施行）；等等。

2. 规定

规定是指对某一事物或行为所做的具体规定或要求。有关学校体育的规定主要有《义务教育阶段学校办学标准》《高等学校体育工作标准》等。

3. 办法或细则

办法或细则是对某一项行政规章的较为具体的规定。有关学校体育的办法或细则主要有《中华人民共和国义务教育法实施细则》（1992 年国家教育委员会令第 19

号)、《中小学校体育工作督导评估办法》(国教督办〔2017〕4号)。

此外,根据我国宪法规定,省(区、市)人大及其常委会作为地方国家权力机关,在不与宪法、法律、行政法规相抵触的前提下,可以制定地方性法规;民族自治地方(自治区、自治州、自治县)的人民代表大会有权根据当地的政治、经济、文化特点,制定自治条例和单行条例。地方性法规一般称为"条例",有时也采用"规定""实施办法""补充规定"等名称。

(四)有关学校体育的规章

国务院各部委、省级政府、省会市和经国务院批准的较大市的人民政府,可以根据法律、国务院行政法规,在自身权限内发布规定,这些规定一般都称为"行政规章",属于学校体育方面的就称为学校体育行政规章或学校体育规章。这类层次的规章数量较多,涉及学校体育的方方面面,对学校体育活动和教育关系具有重要的规范作用。

该类层次的学校体育规章,按制定发布机关的不同,可分为以下两类。

一类是国家教育行政主管部门(教育部)或国家体育行政主管部门(国家体育总局)制定的有关学校体育规章,称为部门规章。学校体育部门规章是教育或体育主管部门为执行国家有关学校体育的法律、行政法规而制定的,其效力虽低于学校体育行政法规,但在全国范围内仍具有普遍的约束力。学校体育部门规章采用教育部或国家体育总局,或者教育部、国家体育总局与其他部委联合令的形式发布,通常称为:规定、办法、规程、标准、大纲等。目前施行的学校体育部门法规主要有:《教育部 国家体育总局 共青团中央关于开展全国亿万学生阳光体育运动的决定》(教体艺〔2006〕6号)、《国家学校体育卫生条件试行基本标准》(教体艺〔2008〕5号)、《学生体质健康监测评价办法》、《中小学校体育工作评估办法》、《学校体育工作年度报告办法》(教体艺〔2014〕3号)、《高等学校体育工作基本标准》(教体艺〔2014〕4号)、《国家学生体质健康标准(2014年修订)》(教体艺〔2014〕5号)、《学校体育运动风险防控暂行办法》(教体艺〔2015〕3号),等等。涉及包含学校体育的部门规章还有《学生伤害事故处理办法》(2002年6月25日,教育部令第12号)。

另一类是省(区、市)人民政府所在地和经国务院批准的较大的市的人民政府所制定的规范性文件,这些文件称地方性教育规章。学校体育地方性规章在范围上只限于本行政区域,但在内容性质上和国务院各部委制定的规章是一致的。

此外,有关国家教育主管部门或体育主管部门,或者地方政府制定发布的学校体育规范性文件也很多,如《教育部关于印发〈切实保证中小学生每天一小时校园体育活动的规定〉的通知》(教体艺〔2011〕2号、《教育部办公厅关于在义务教育阶段中小学实施"体育、艺术2+1项目"的通知》（教体艺〔2011〕4号）等。

三、学校体育有关重要政策与法规

为了深入了解学校体育政策与法规的相关内容，提高依法行政的管理水平，切实加强学校体育管理，本书选取以下与学校体育管理有关的重要政策法规及其内容进行简要介绍，作为进一步了解和研读有关学校体育政策与法规内容的引导。

（一）《中华人民共和国教育法》

1995年3月18日第八届全国人民代表大会第三次会议通过的《中华人民共和国教育法》，自1995年9月1日起施行。新修订的教育法由第十三届全国人民代表大会常务委员会第二十八次会议于2021年4月29日通过，自2021年4月30日起施行。教育法是位于《中华人民共和国宪法》之下的国家基本法律之一，是教育的根本大法，在教育法律体系中具有最高的法律权威，共有十章八十六条，其中涉及学校体育内容的主要条款有：

第五条　教育必须为社会主义现代化建设服务、为人民服务，必须与生产劳动和社会实践相结合，培养德智体美劳全面发展的社会主义建设者和接班人。

第四十五条　教育、体育、卫生行政部门和学校及其他教育机构应当完善体育、卫生保健设施，保护学生的身心健康。

第四十六条　国家机关、军队、企业事业组织、社会团体及其他社会组织和个人，应当依法为儿童、少年、青年学生的身心健康成长创造良好的社会环境。

第五十一条　图书馆、博物馆、科技馆、文化馆、美术馆、体育馆（场）等社会公共文化体育设施，以及历史文化古迹和革命纪念馆（地），应当对教师、学生实行优待，为受教育者接受教育提供便利。

第七十二条　结伙斗殴、寻衅滋事，扰乱学校及其他教育机构教育教学秩序或者破坏校舍、场地及其他财产的，由公安机关给予治安管理处罚；构成犯罪的，依法追究刑事责任。

侵占学校及其他教育机构的校舍、场地及其他财产的，依法承担民事责任。

（二）《中华人民共和国义务教育法》

《中华人民共和国义务教育法》于1986年4月12日第六届全国人民代表大会第四次会议通过，2006年9月1日起施行；2006年6月29日第十届全国人民代表大会常务委员会第二十二次会议修订；根据2015年4月24日第十二届全国人民代表大会常务委员会第十四次会议《关于修改〈中华人民共和国义务教育法〉等五部法律的决定》第一次修正；根据2018年12月29日第十三届全国人民代表大会常务委员会第七次会议第二次修正。全文共有八章六十三条，其中涉及学校体育内容的主

要条款有:

第三条 义务教育必须贯彻国家的教育方针,实施素质教育,提高教育教学质量,使适龄儿童、少年在品德、智力、体质等方面全面发展,为培养有理想、有道德、有文化、有纪律的社会主义建设者和接班人奠定基础。

第十四条 禁止用人单位招用应当接受义务教育的适龄儿童、少年。

根据国家有关规定经批准招收适龄儿童、少年进行文艺、体育等专业训练的社会组织,应当保证所招收的适龄儿童、少年接受义务教育;自行实施义务教育的,应当经县级人民政府教育行政部门批准。

第三十四条 教育教学工作应当符合教育规律和学生身心发展特点,面向全体学生,教书育人,将德育、智育、体育、美育等有机统一在教育教学活动中,注重培养学生独立思考能力、创新能力和实践能力,促进学生全面发展。

第三十七条 学校应当保证学生的课外活动时间,组织开展文化娱乐等课外活动。社会公共文化体育设施应当为学校开展课外活动提供便利。

(三)《中华人民共和国体育法》

《中华人民共和国体育法》于1995年8月29日第八届全国人民代表大会常务委员会第十五次会议通过,自1995年10月1日起施行。体育法是新中国成立以来第一部体育基本法,它的颁布施行填补了我国基本法律在体育领域的空白,使我国体育事业发展进入法治化轨道。2022年6月24日第十三届全国人民代表大会常务委员会第三十五次会议修订通过的体育法,自2023年1月1日起施行。经过修订,体育法由原来的八章五十四条增至十二章一百二十二条,包含总则、全民健身、青少年和学校体育、竞技体育、反兴奋剂、体育组织、体育产业、保障条件、体育仲裁、监督管理、法律责任和附则。在青少年和学校体育方面,为增强青少年健身意识、促进青少年全面发展,新修订的体育法将原本第三章"学校体育"章名修改为"青少年和学校体育",将青少年和学校体育置于优先发展的战略地位。针对青少年和学校体育的主要条款及规定如下:

第十条 国家优先发展青少年和学校体育,坚持体育和教育融合,文化学习和体育锻炼协调,体魄与人格并重,促进青少年全面发展。

第二十四条 国家实行青少年和学校体育活动促进计划,健全青少年和学校体育工作制度,培育、增强青少年体育健身意识,推动青少年和学校体育活动的开展和普及,促进青少年身心健康和体魄强健。

第二十五条 教育行政部门和学校应当将体育纳入学生综合素质评价范围,将达到国家学生体质健康标准要求作为教育教学考核的重要内容,培养学生体育锻炼习惯,提升学生体育素养。

体育行政部门应当在传授体育知识技能、组织体育训练、举办体育赛事活动、管理体育场地设施等方面为学校提供指导和帮助，并配合教育行政部门推进学校运动队和高水平运动队建设。

第二十六条　学校必须按照国家有关规定开齐开足体育课，确保体育课时不被占用。

学校应当在体育课教学时，组织病残等特殊体质学生参加适合其特点的体育活动。

第二十七条　学校应当将在校内开展的学生课外体育活动纳入教学计划，与体育课教学内容相衔接，保障学生在校期间每天参加不少于一小时体育锻炼。

鼓励学校组建运动队、俱乐部等体育训练组织，开展多种形式的课余体育训练，有条件的可组建高水平运动队，培养竞技体育后备人才。

第二十八条　国家定期举办全国学生（青年）运动会。地方各级人民政府应当结合实际，定期组织本地区学生（青年）运动会。

学校应当每学年至少举办一次全校性的体育运动会。

鼓励公共体育场地设施免费向学校开放使用，为学校举办体育运动会提供服务保障。

鼓励学校开展多种形式的学生体育交流活动。

第二十九条　国家将体育科目纳入初中、高中学业水平考试范围，建立符合学科特点的考核机制。

病残等特殊体质学生的体育科目考核，应当充分考虑其身体状况。

第三十条　学校应当建立学生体质健康检查制度。教育、体育和卫生健康行政部门应当加强对学生体质的监测和评估。

第三十一条　学校应当按照国家有关规定，配足合格的体育教师，保障体育教师享受与其他学科教师同等待遇。

学校可以设立体育教练员岗位。

学校优先聘用符合相关条件的优秀退役运动员从事学校体育教学、训练活动。

第三十二条　学校应当按照国家有关标准配置体育场地、设施和器材，并定期进行检查、维护，适时予以更新。

学校体育场地必须保障体育活动需要，不得随意占用或者挪作他用。

第三十三条　国家建立健全学生体育活动意外伤害保险机制。

教育行政部门和学校应当做好学校体育活动安全管理和运动伤害风险防控。

第三十四条　幼儿园应当为学前儿童提供适宜的室内外活动场地和体育设施、器材，开展符合学前儿童特点的体育活动。

第三十五条　各级教育督导机构应当对学校体育实施督导，并向社会公布督导报告。

第三十六条　教育行政部门、体育行政部门和学校应当组织、引导青少年参加体育活动，预防和控制青少年近视、肥胖等不良健康状况，家庭应当予以配合。

第八十九条　国家发展体育专业教育，鼓励有条件的高等学校培养教练员、裁判员、体育教师等各类体育专业人才，鼓励社会力量依法开展体育专业教育。

(四)《中华人民共和国家庭教育促进法》

为发扬中华民族重视家庭教育的优良传统，引导全社会注重家庭、家教、家风，增进家庭幸福与社会和谐，培养德智体美劳全面发展的社会主义建设者和接班人，2021年10月23日，第十三届全国人民代表大会常务委员会第三十一次会议通过了《中华人民共和国家庭教育促进法》，自2022年1月1日起施行。家庭教育促进法是我国首部家庭教育立法，它的实施是大力弘扬中华民族家庭美德的法治体现，也是促进未成年人健康成长和全面发展的法治保障。家庭教育促进法通过制度设计采取一系列措施，将家庭教育由旧时期的传统"家事"上升为新时代的重要"国事"，贯彻落实中央关于减轻义务教育阶段学生作业负担和校外培训负担的文件精神，真正实现学校教育和家庭教育相互配合。家庭教育促进法包括总则、家庭责任、国家支持、社会协同、法律责任和附则，共六章五十五条。家庭教育促进法明确规定了家庭教育的概念、规定了父母或者其他监护人承担家庭教育的主体责任、家庭教育的内容和方式、家庭教育工作机制、各级政府指导家庭教育的职责要求、学校等社会力量对家庭教育的协同任务等。家庭教育促进法的出台体现了国家对青少年健康成长的重视，为家庭教育做出了一系列有效的指导，强调将孩子的身心健康、人格健全放在家庭教育的首位，促进青少年健康成长，筑牢国家民族发展的人才基石。其中涉及学校体育的主要条款有：

第二条　本法所称家庭教育，是指父母或者其他监护人为促进未成年人全面健康成长，对其实施的道德品质、身体素质、生活技能、文化修养、行为习惯等方面的培育、引导和影响。

第十六条　（四）保证未成年人营养均衡、科学运动、睡眠充足、身心愉悦，引导其养成良好生活习惯和行为习惯，促进其身心健康发展。

第二十二条　未成年人的父母或者其他监护人应当合理安排未成年人学习、休息、娱乐和体育锻炼的时间，避免加重未成年人学习负担，预防未成年人沉迷网络。

(五)《学校体育工作条例》

1990年2月20日国务院批准，1990年3月12日国家教育委员会令第8号、国家体育运动委员会令第11号发布《学校体育工作条例》。《学校体育工作条例》是学校体育工作专门的最高行政法规，它的实施标志着我国学校体育工作真正进入法治化阶段，推动我国学校体育工作持续发展。《学校体育工作条例》共有九章三十一条，包括总则，体育课教学，课外体育活动，课余体育训练与竞赛，体育教师，场地器材、设备和经费，组织机构和管理，奖励与处罚，附则等。《学校体育工作条例》是我国学校体育管理工作的主要依据，是我国学校体育取得现有成就的有力制度保障。随着我国学校体育改革发展进入新时期，2017年部分内容根据《国务院关于修改和废止部分行政法规的决定》修订，以适应新时期的需要。

（六）《全民健身条例》

为进一步促进全民健身活动的开展，保障公民参加全民体育健身活动的权利，2009年8月30日中华人民共和国国务院令第560号公布《全民健身条例》，该条例于2009年10月1日起施行，共六章四十条。其中涉及学校体育的主要条款有：

第一条　为了促进全民健身活动的开展，保障公民在全民健身活动中的合法权益，提高公民身体素质，制定本条例。

第八条　国务院制定全民健身计划，明确全民健身工作的目标、任务、措施、保障等内容。

县级以上地方人民政府根据本地区的实际情况制定本行政区域的全民健身实施计划。

制定全民健身计划和全民健身实施计划，应当充分考虑学生、老年人、残疾人和农村居民的特殊需求。

第九条　国家定期开展公民体质监测和全民健身活动状况调查。

公民体质监测由国务院体育主管部门会同有关部门组织实施；其中，对学生的体质监测由国务院教育主管部门组织实施。

第二十一条　学校应当按照《中华人民共和国体育法》和《学校体育工作条例》的规定，根据学生的年龄、性别和体质状况，组织实施体育课教学，开展广播体操、眼保健操等体育活动，指导学生的体育锻炼，提高学生的身体素质。

学校应当保证学生在校期间每天参加1小时的体育活动。

第二十二条　学校每年至少举办一次全校性的运动会；有条件的，还可以有计划地组织学生参加远足、野营、体育夏（冬）令营等活动。

第二十三条　基层文化体育组织、学校、家庭应当加强合作，支持和引导学生参加校外体育活动。

青少年活动中心、少年宫、妇女儿童中心等应当为学生开展体育活动提供便利。

第二十八条　学校应当在课余时间和节假日向学生开放体育设施。公办学校应当积极创造条件向公众开放体育设施；国家鼓励民办学校向公众开放体育设施。

（七）《高等学校体育工作基本标准》

2014年6月11日教育部发布了《高等学校体育工作基本标准》（教体艺

〔2014〕4号）（以下简称《基本标准》）。《基本标准》从高等学校体育工作规划与发展、体育课程设置与实施、课外体育活动与竞赛、学生体质监测与评价、基础能力建设与保障等五大方面提出了基本要求，适用于普通本科学校和高等职业学校的体育工作，它是对全日制普通高等学校体育工作的基本要求，也是评估、检查高等学校体育工作的重要依据。凡是达不到《基本标准》要求、学生体质健康水平连续三年下降的学校，在"高等学校本科教学工作水平评估"中不得评为合格等级，各省（区、市）不得批准其为高水平运动队建设学校。

（八）《学校体育运动风险防控暂行办法》

为贯彻落实党的十八届三中、四中全会精神，认真落实《国家中长期教育改革和发展规划纲要（2010—2020年）》和《国务院办公厅转发教育部等部门关于进一步加强学校体育工作若干意见的通知》（国办发〔2012〕53号）的有关要求，加强各级各类学校体育运动风险防控工作，保障学校体育工作健康有序开展，2015年教育部印发《学校体育运动风险防控暂行办法》（教体艺〔2015〕3号）（以下简称《暂行办法》）。《暂行办法》适用于全日制中小学、中等职业学校。普通高等学校、特殊教育学校的体育运动风险防控工作可参照本办法，结合实际执行。《暂行办法》分总则、管理职责、常规要求、事故处理、附则等五章，共有二十一条。以下摘选有关重要内容进行介绍：

第二条　学校体育运动是指教育行政部门和学校组织开展或组织参与的体育教学、课外体育活动、课余体育训练、体育比赛，以及学生在学校负有管理责任的体育场地、器材设施自主开展的体育活动。学校体育运动风险是指学校体育运动过程中可能发生人员身体损伤的风险。体育运动伤害事故是指体育运动中发生的造成人员身体损伤后果的事故。

第四条　学校体育运动风险防控遵循预防为主、分级负责、学校落实、社会参与的原则。教育行政部门和学校应当建立健全学校体育运动风险防控机制，预防和避免体育运动伤害事故的发生。

教育行政部门和学校不得以减少体育活动的做法规避体育运动风险。

第八条　教育行政部门和学校应当严格按照国家有关产品和质量标准选购体育器材设施，没有国家标准和行业标准的，应当要求供应商提供第三方专业机构的安全检测及评估报告。应当建立体育器材设施与场地安全台账制度，记录采购负责人、采购时执行的标准、使用年限、安装验收、定期检查及维护情况。

学校体育器材设施应当严格按照安装要求，由供应商负责完成安装，安装完成后学校应当进行签收，签收结果记录在体育器材设施与场地安全台账中。

由教育行政部门采购交由学校使用的体育器材设施，应当将采购安全台账同期交付。

第十条　学校应当主动公示体育运动风险防控管理制度、体育运动伤害事故处理预案等信息，接受家长和社会的监督。

第十一条　教师在体育课教学、体育活动及体育训练前，应当认真检查体育器材设施及场地；体育课教学、体育活动及体育训练中，应当强化安全防范措施，对技术难度较大的动作应当按教学要求，详细分解、充分热身，并采取正确的保护与帮助。

第十八条　学校应当依据《学生伤害事故处理办法》和相关法律法规依法妥善处理体育运动伤害事故。

(九)《国家学校体育卫生条件试行基本标准》

2008年，教育部、卫生部、财政部印发《国家学校体育卫生条件试行基本标准》(教体艺〔2008〕5号，以下简称《标准》)。本《标准》适用于全日制小学、初级中学、高级中学（含中等职业学校、民办中小学校），从体育教师、体育场地器材、教学卫生、生活设施、卫生保健室配备以及学生健康体检等方面明确了开展学校体育卫生工作所必不可少的条件，是国家对开展学校体育卫生工作的最基本要求，是教育检查、督导和评估的重要内容。教育部等部门根据《中共中央 国务院关于加强青少年体育增强青少年体质的意见》(中发〔2007〕7号)的要求，为保障中小学校体育、卫生工作的正常开展，保证广大中小学生健康成长，在调查研究、多方论证的基础上研究制定了该《标准》。各地应当按照《标准》对中小学校进行核查，尚未达到《标准》的，应积极创造条件，使其尽快达到要求。各地在新建和改扩建中小学校时，应当按照本《标准》进行建设和配备。少数因特殊地理环境和特殊困难达不到《标准》规定的部分要求的地区，应制定与之相应的办法，确保学校体育场地的需要。各地应当在本级人民政府领导下，积极创造条件，增加投入，不断改善学校办学条件。鼓励有条件的地区根据本地实际情况，制定高于《标准》的学校体育卫生条件标准。

(十)《国家学生体质健康标准》

1.《国家学生体质健康标准》的功能

为了更好、全面地测试学生体质，2002年教育部、国家体育总局印发《学生体质健康标准（试行方案）》及实施办法；经过5年的实践，进行了修订和完善，2007年教育部直属各高校率先全面实施《国家学生体质健康标准》。《国家学生体质健康标准（2014年修订）》（以下简称《健康标准》）是测量学生体质健康状况和锻炼效果的评价指标，是国家对不同年龄学生体质健康方面的基本要求，是学生体质健康的个体评价标准。《健康标准》着重强化其教育激励、反馈调整和引导锻炼的功能，着重提高其教育监测和绩效评价的支撑能力。有关《健康标准》使用做以下说明。

（1）《健康标准》是国家学校教育工作的基础性指导文件和教育质量基本标准，是评价学生综合素质、评估学校工作和衡量各地教育发展的重要依据，是国家体育锻炼标准在学校的具体实施，适用于全日制普通小学、初中、普通高中、中等职业学校、普通高等学校的学生。

（2）《健康标准》从身体形态、身体机能和身体素质等方面综合评定学生的体质健康水平，是促进学生体质健康发展、激励学生积极进行身体锻炼的教育手段，是国家学生发展核心素养体系和学业质量标准的重要组成部分，是学生体质健康的个体评价标准。

（3）小学、初中、高中、大学各组别的测试指标均为必测指标。其中，身体形态类中的身高、体重，身体机能类中的肺活量，以及身体素质类中的50米跑、坐位体前屈为各年级学生共性指标。

（4）《健康标准》的学年总分由标准分与附加分之和构成，满分为120分。标准分由各单项指标得分与权重乘积之和组成，满分为100分。附加分根据实测成绩确定，即对成绩超过100分的加分指标进行加分，满分为20分：小学的加分指标为1分钟跳绳，加分幅度为20分；初中、高中和大学的加分指标为男生引体向上和1000米跑，女生1分钟仰卧起坐和800米跑，各指标加分幅度均为10分，详见表9-1。

表9-1 单项指标与权重

测试对象	单项指标	权重（%）
小学一年级至大学四年级	体重指数（BMI）	15
	肺活量	15
小学一、二年级	50米跑	20
	坐位体前屈	30
	1分钟跳绳	20
小学三、四年级	50米跑	20
	坐位体前屈	20
	1分钟跳绳	20
	1分钟仰卧起坐	10

续表

测试对象	单项指标	权重（%）
小学五、六年级	50 米跑	20
	坐位体前屈	10
	1 分钟跳绳	10
	1 分钟仰卧起坐	20
	50 米×8 往返跑	10
初中、高中、大学各年级	50 米跑	20
	坐位体前屈	10
	立定跳远	10
	引体向上（男）/1 分钟仰卧起坐（女）	10
	1000 米跑（男）/800 米跑（女）	20

注：体重指数（BMI）＝体重（千克）/身高^2（米^2）。

（5）学生测试成绩评定达到良好及以上者，方可参加评优与评奖；成绩达到优秀者，方可获体育奖学分。测试成绩评定不及格者，在本学年度准予补测一次，补测仍不及格，则学年成绩评定为不及格。普通高中、中等职业学校和普通高等学校学生毕业时，《健康标准》测试的成绩达不到 50 分者按结业或肄业处理。

（6）学生因病或残疾可向学校提交暂缓或免予执行《健康标准》的申请，经医疗单位证明，体育教学部门核准，可暂缓或免予执行《健康标准》，并填写《免予执行〈国家学生体质健康标准〉申请表》，存入学生档案。确实丧失运动能力、被免予执行《健康标准》的残疾学生，仍可参加评优与评奖，毕业时《健康标准》成绩需注明免测。

（7）每个学生每学年评定一次，记入《〈国家学生体质健康标准〉登记卡》。特殊学制的学校，在填写登记卡时可以按规定和需求相应地增减栏目。学生毕业时的成绩和等级，按毕业当年学年总分 50％与其他学年总分平均得分 50％之和进行评定。

（十一）《中共中央办公厅 国务院办公厅关于全面加强和改进新时代学校体育工作的意见》

为贯彻落实习近平总书记关于教育、体育的重要论述和全国教育大会精神，把学校体育工作摆在更加突出位置，构建德智体美劳全面培养的教育体系，2020 年 10 月，中共中央办公厅、国务院办公厅印发了《关于全面加强和改进新时代学校体育工作的意见》（以下简称《意见》），就贯彻党的教育方针，全面加强和改进新时代学校体育工作进行了系统设计和全面部署，提出了新的要求。这是全面加强和改进新时代学校体育工作的重要指导性文件，体现出党和政府对学校体育工作的高度重视。《意见》首先强调了新时代学校体育的重要地位及功能，学校体育是实现立德树人根本任务、提升学生综合素质的基础性工程，是加快推进教育现代化、建设教育强国和体育强国的重要工作，对于弘扬社会主义核心价值观，培养学生爱国主义、集体主义、社会主义精神和奋发向上、顽强拼搏的意志品质，实现以体育智、以体育心具有独特功能。《意见》主要包括总体要求、不断深化教学改革、全面改善办学条件、积极完善评价机制、切实加强组织保障等五大方面。以下选择《意见》中部分内容进行简要介绍。

1. 总体要求

《意见》明确提出了指导思想、工作原则和主要目标的总体要求。

（1）指导思想。以习近平新时代中国特色社会主义思想为指导，全面贯彻党的教育方针，坚持社会主义办学方向，以立德树人为根本，以社会主义核心价值观为引领，以服务学生全面发展、增强综合素质为目标，坚持健康第一的教育理念，推动青少年文化学习和体育锻炼协调发展，帮助学生在体育锻炼中享受乐趣、增强体质、健全人格、锤炼意志，培养德智体美劳全面发展的社会主义建设者和接班人。

（2）工作原则。一是改革创新，面向未来。立足时代需求，更新教育理念，深化教学改革，使学校体育同教育事业的改革发展要求相适应，同广大学生对优质丰富体育资源的期盼相契合，同构建德智体美劳全面培养的教育体系相匹配。二是补齐短板，特色发展。补齐师资、场馆、器材等短板，促进学校体育均衡发展。坚持整体推进与典型引领相结合，鼓励特色发展。弘扬中华体育精神，推广中华传统体育项目，形成"一校一品""一校多品"的学校体育发展新局面。三是凝心聚力，协同育人。深化体教融合，健全协同育人机制，为学生纵向升学和横向进入专业运动队、职业体育俱乐部打通通道，建立完善家庭、学校、政府、社会共同关心支持学生全面健康成长的激励机制。

（3）主要目标。到2022年，配齐配强体育教师，开齐开足体育课，办学条件全面改善，学校体育工作制度机制更加健全，教学、训练、竞赛体系普遍建立，教育教学质量全面提高，育人成效显著增强，学生身体素质和综合素养明显提升。到2035年，多样化、现代化、高质量的学校体育教育体系基本形成。

2. 不断深化教学改革

（1）开齐开足上好体育课。严格落实学校体育课程开设刚性要求，不断拓宽课程领域，逐步增加课时，丰富课程内容。

(2) 加强体育课程和教材体系建设。学校体育课程注重大中小幼相衔接，聚焦提升学生核心素养。学校体育教材体系建设要扎根中国、融通中外，充分体现思想性、教育性、创新性、实践性，根据学生年龄特点和身心发展规律，围绕课程目标和运动项目特点，精选教学素材，丰富教学资源。

(3) 推广中华传统体育项目。认真梳理武术、摔跤、棋类、射艺、龙舟、毽球、五禽操、舞龙舞狮等中华传统体育项目，因地制宜开展传统体育教学、训练、竞赛活动，并融入学校体育教学、训练、竞赛机制，形成中华传统体育项目竞赛体系。

(4) 强化学校体育教学训练。逐步完善"健康知识＋基本运动技能＋专项运动技能"的学校体育教学模式。教会学生科学锻炼和健康知识，指导学生掌握跑、跳、投等基本运动技能和足球、篮球、排球、田径、游泳、体操、武术、冰雪运动等专项运动技能。健全体育锻炼制度，广泛开展普及性体育运动，定期举办学生运动会或体育节，组建体育兴趣小组、社团和俱乐部，推动学生积极参与常规课余训练和体育竞赛。合理安排校外体育活动时间，着力保障学生每天校内、校外各1个小时体育活动时间，促进学生养成终身锻炼的习惯。

(5) 健全体育竞赛和人才培养体系。建立校内竞赛、校际联赛、选拔性竞赛为一体的大中小学体育竞赛体系，构建国家、省、市、县四级学校体育竞赛制度和选拔性竞赛（夏令营）制度。大中小学校建设学校代表队，参加区域乃至全国联赛。加强体教融合，广泛开展青少年体育夏（冬）令营活动，鼓励学校与体校、社会体育俱乐部合作，共同开展体育教学、训练、竞赛，促进竞赛体系深度融合。加强体育传统特色学校建设，完善竞赛、师资培训等工作，支持建立高水平运动队，提高体育传统特色学校运动水平。将高校高水平运动队建设与中小学体育竞赛相衔接，纳入国家竞技体育后备人才培养体系。

3. 全面改善办学条件

(1) 配齐配强体育教师。各地要加大力度配齐中小学体育教师，未配齐的地区应每年划出一定比例用于招聘体育教师。在大中小学设立专（兼）职教练员岗位。建立聘用优秀退役运动员为体育教师或教练员制度。实施体育教育专业大学生支教计划。

(2) 改善场地器材建设配备。把农村学校体育设施建设纳入地方义务教育均衡发展规划，鼓励有条件的地区在中小学建设体育场馆，与体育基础薄弱学校共用共享。加强高校体育场馆建设，鼓励有条件的高校与地方共建共享。配好体育教学所需器材设备，建立体育器材补充机制。

(3) 统筹整合社会资源。完善学校和公共体育场馆开放互促共进机制，推进学校体育场馆向社会开放、公共体育场馆向学生免费或低收费开放，提高体育场馆开放程度和利用效率。鼓励学校和社会体育场馆合作开设体育课程。城市和社区建设规划要统筹学生体育锻炼需要，新建项目优先建在学校或其周边。综合利用公共体育设施，将开展体育活动作为解决中小学课后"三点半"问题的有效途径和中小学生课后服务工作的重要载体。

4. 积极完善评价机制

（1）推进学校体育评价改革。建立日常参与、体质监测和专项运动技能测试相结合的考查机制，将达到国家学生体质健康标准要求作为教育教学考核的重要内容。将体育科目纳入初、高中学业水平考试范围。改进中考体育测试内容、方式和计分办法，科学确定并逐步提高分值。积极推进高校在招生测试中增设体育项目。启动在高校招生中使用体育素养评价结果的研究。加强学生综合素质评价档案使用，高校根据人才培养目标和专业学习需要，将学生综合素质评价结果作为招生录取的重要参考。

（2）完善体育教师岗位评价。把师德师风作为评价体育教师素质的第一标准。围绕教会、勤练、常赛的要求，完善体育教师绩效工资和考核评价机制。将体育教师课余指导学生勤练和常赛，以及承担学校安排的课后训练、课外活动、课后服务、指导参赛和走教任务计入工作量，并根据学生体质健康状况和竞赛成绩，在绩效工资内部分配时给予倾斜。完善体育教师职称评聘标准，确保体育教师在职务职称晋升、教学科研成果评定等方面，与其他学科教师享受同等待遇。优化体育教师岗位结构，畅通体育教师职业发展通道。

（3）健全教育督导评价体系。将学校体育纳入地方发展规划，明确政府、教育行政部门和学校的职责。把政策措施落实情况、学生体质健康状况、素质测评情况和支持学校开展体育工作情况等纳入教育督导评估范围。把体育工作及其效果作为高校办学评价的重要指标，纳入高校本科教学工作评估指标体系和"双一流"建设成效评价。

5. 切实加强组织保障

（1）加强组织领导和经费保障。地方各级党委和政府要把学校体育工作纳入重要议事日程，加强对本地区学校体育改革发展的总体谋划，党政主要负责同志要重视、关心学校体育工作。各地要建立加强学校体育工作部门联席会议制度，健全统筹协调机制。把学校体育工作纳入有关领导干部培训计划。

（2）加强制度保障。完善学校体育法律制度，研究修订《学校体育工作条例》。鼓励地方出台学校体育法规制度，为推动学校体育发展提供有力法治保障。建立政府主导、部门协同、社会参与的安全风险管理机制。健全政府、学校、家庭共同参与的学校体育运动伤害风险防范和处理机制，探索建立涵盖体育意外伤害的学生综合保险机制。试行学生体育活动安全事故第三方调解机制。

扫码获取更多资料

1. 简述学校体育管理的含义、目标与任务。
2. 学校体育管理的内容有哪些？
3. 简述学校体育政策与法规的职能。
4. 中小学校体育工作督导评估的内容与指标有哪些？

第十章

学校体育工作督导评估

　　教育督导是我国一项基本教育制度,学校体育工作督导评估是教育督导体系中的重要组成部分,本章介绍我国学校体育工作督导评估的概念、结构、特点、功能、督导评估指标体系以及督导评估工作的组织实施过程等。

第十章 学校体育工作督导评估

第一节 学校体育工作督导评估概述

教育督导评估是现代教育管理体系的重要组成部分，是政府和教育行政部门按照国家教育法律法规和方针、政策对有关部门学校教育管理工作、教育质量效益以及发展水平进行价值判断的活动过程。学校体育工作督导评估是我国教育督导的重要组成部分，对学校体育工作的行政管理运行起着不可替代的支撑作用。当前，我国已基本形成"国家、省、市、县"四级学校体育督导体系。

一、学校体育工作督导评估的内涵

学校体育工作督导评估是指县级以上各级人民政府授权给所属的教育督导机构和人员代表本级政府和教育行政部门，依据国家法律法规，教育方针、政策和学校体育科学理论，运用科学方法与手段，对本级及以下政府和教育行政部门的各项学校体育工作进行监督、检查、评估和指导的系列活动过程。学校体育工作督导评估蕴含了四层意思：

第一，学校体育工作督导评估的目的包括了督政和督学两个方面。一方面学校体育工作督导评估代表政府，依据国家相关法律、教育政策、目标以及政府制定的学校体育督导评价的标准对学校以及其他教育机构的学生体育活动进行质量判断和评价，向同级人民政府和上级教育行政部门报告学校体育工作的情况，提出建议，为政府做学校体育决策提供依据；另一方面，学校体育工作督导评估通过系统地采集和分析信息，对学校体育活动满足其预期需要的程度做出判断，为被督导评估单位提供反馈，指导其改革和发展。

第二，学校体育工作督导评估的领导机构是同级人民政府，代表人民政府和教育行政部门。

第三，学校体育工作督导评估的依据是我国与教育、学校体育相关的法律、法规和方针、政策。

第四，学校体育工作督导评估的主要范围是同级政府和下级政府的学校体育工作和教育行政部门的学校体育工作；中等及中等以下学校和其他教育机构及其举办者的学校体育工作。

二、学校体育工作督导评估的分类

学校体育工作督导评估依据不同的功能、价值、用途等，可以分成不同的类型

(表 10-1)，在实践中经常是多种类型混合使用。

表 10-1 学校体育工作督导评估分类表

分类依据	类型	相关阐释
督导评估的对象	督政评估	按照相关指标体系和管理制度，对各级政府执行学校体育工作情况进行督导评估，如经费拨付、教育规划、地区发展规划等
	督学评估	依据相关标准和要求，对各级学校执行学校体育情况，尤其是教学质量等方面的评估，如办学规范、教学质量、师资和设施等
督导评估的性质	定量督导评估	用数字对教育现象进行描述，如百分制、五分制等。常用的有指数法、累计分数法、统计分析法等
	定性督导评估	也称为非数量评估法，如等级法、评定法。常用评语、优良中差、甲乙丙丁等表示评估结果
督导评估的参照标准	相对督导评估	在被评估对象的集体中选取一个或多个作为基准，把其他对象与基准进行对比，也可用此种方法进行排序
	绝对督导评估	以某种特定客观标准，对评估对象进行比较和评估，如高考、体育中考、毕业考试等
	差异督导评估	把被评估集合中各个元素的过去和现在进行比较，考查体育活动的进步或退步幅度，或把一个元素的若干侧面进行相互比较，如体育管理、师资等
督导评估的主体	自我评估	评估对象对自己进行评估，自我对照指标体系、自我检查、自我总结。旨在总结经验、发现问题，不断提高自我工作能力和工作效率
	外界督导评估	除自我评估以外的其他部门或他人的评估，如上级评估、同级评估、下级评估、社会评估、中介机构和第三方评估等
督导评估的规律特点	定期督导评估	在相对固定的时间点进行的督导评估，如新学期开学情况、消防检查评估、学生就业情况、辍学情况等
	随机督导评估	不定期、随时随地进行的督导评估，如突袭检查、校园卫生、食品安全、体育伤害事故、校园欺凌等
督导评估的内容	专项督导评估	针对某种体育活动内容或形式进行专门化的督导评估，如校园足球、体育中考、大课间活动、校运动会等
	综合督导评估	对政府或学校开展的体育活动的总体情况进行评估，如学校体育教学情况、教学质量的合格评估或审核评估等

三、学校体育工作督导评估的结构

学校体育工作督导评估包括六大要素，这些要素相互联系，相互影响，任何一个要素的缺失，都会导致学校体育工作督导评估无法开展实施。

（一）督导评估主体

督导评估主体是指负责学校体育工作督导评估的组织者和管理部门，通常是各级政府和教育行政部门。

（二）督导评估客体

督导评估客体是学校体育工作督导评估的对象，是被检查和评估的学校以及其他教育机构。

（三）督导评估目的

督导评估目的是学校体育工作督导评估的出发点和归结点，决定、影响着督导评估的内容、方法和手段以及反馈的内容。

（四）督导评估内容

督导评估内容是指根据学校体育工作督导评估的目的而筛选、确定的督导评估工作范围和具体内容。

（五）督导评估方法和手段

督导评估方法和手段是指为了达到督导评估目的而选择设计的评测方式方法，以及使用的工具，督导评估工作通过这些方法和手段作用于督导评估内容。

（六）督导评估反馈

督导评估反馈是指将学校体育工作督导评估的结果，分别向主体和客体进行汇报反馈，发挥督政和督学双重功效。

学校体育工作督导评估的各个要素在督导评估工作中各自发挥着一定的作用，它们之间因为督导评估工作而有着密切的联系。

四、学校体育工作督导评估的特点

学校体育工作督导评估是现代教育管理活动的重要组成部分，是国家教育行政的一项重要职能，是区别于其他教育管理活动的一种独立的行政活动。学校体育工作督导评估具有如下五大特点。

（一）行政性

教育督导评估活动是一种政府授权行为，学校体育工作督导评估的目的是向同级人民政府和上级教育行政部门报告学校体育工作的情况，提出建议，为政府的教育决策提供依据，因而具有行政性的特点。

（二）权威性

学校体育工作督导评估的领导机构是同级人民政府，开展的督导评估工作是代表人民政府和教育行政部门；同时，学校体育工作督导评估中所运用的评价指标与标准是以我国的教育政策法规为主要依据制定的，督导大纲和评价方案代表了政府对学校体育关注的领域、重点和具体内容，因此具有导向性和权威性的特点。2022年7月《教育督导问责办法》出台，有效强化了新时代我国教育督导制度的权威性。

（三）法定性

教育督导制度是我国教育的一项基本制度，这项制度不仅规定了教育督导是政府的必要工作，而且明确了政府的权力和责任，规定并体现了政府对教育的监督和指导职能。同时，教育督导工作的依据是我国关于教育的法律、法规和方针、政策，教育督导评估活动是有法可依、有据可依。开展学校体育工作督导评估是制度和法规赋予政府和督导机构的职责和权限，具有法定性的特点。

（四）科学性

科学性首先表现为督导评估是符合教育发展规律、能够实现高效管理并促进教育良性发展。对学校体育全方位、全过程跟踪和评价，将结果用于体育教育教学改进，形成"督导评估－反馈－改进"环路，优化配置资源，建立保障机制，提升人才培养质量是学校体育督导评估的目标，也是学校体育在培养德智体美劳全面发展人才中发挥重要作用的体现。督导评估工作是符合学校体育发展需求、促进学校体育持续稳定发展的必要举措和保障。

学校体育工作督导评估的主要依据是国家的教育政策法规，评价指标与标准受到国家政策法规的制约，因此，督导机构所制定的督导大纲与评价方案并不是一成不变的，会随着国家教育改革政策的变化而做出及时调整，这种及时调整保证了督导评估指标体系的适应性，保证了督导评估的科学性和有效性；此外，专业的督导评估团队、完善的督导评估方案也是学校体育工作督导评估科学性的体现。

五、学校体育工作督导评估的功能

基于学校体育工作督导评估的行政性、权威性、法定性以及科学性等特点，学校体育工作督导评估的功能体现在以下四个方面。

（一）诊断功能

通过督导评估活动，可以为被督导单位"把脉问诊"，弄清楚被督导单位在学校体育相关工作中的成效得失，发现问题，探寻缘由，促使其及时更正，弥补不足。

（二）鉴别功能

通过督导评估活动，可进行区域之间、学校之间的横向对比，通过连续多轮的督导评估活动，又可以实现同一区域、同一学校的纵向对比；督导评估工作就是用科学的标准鉴定出被督导单位的优劣等级，为上级教育行政部门对下级的奖励或惩戒提供客观依据。

（三）导向功能

学校体育工作督导评估是以国家的教育目标、政策、纲要、计划等各项规定为依据，督导大纲与评价方案会随着国家教育改革政策的变化而调整，督导评估活动的权威性使得督导大纲和评估方案对被督导单位产生导向影响，引导和敦促被督导单位按照督导大纲和评估方案的内容、标准和要求来开展学校体育工作。

（四）激励功能

督导评估过程和结果会对各级各类部门产生激励作用，通过督导评估，使被督导单位认识自身优点和缺点，明确自己的定位，清楚自己与目标（标准）之间的差距和问题所在，激发开展学校体育工作的积极性，进而调动全员的主观能动性。另外，通过被督导评估单位之间的横向比较，可以形成内部竞争机制，增强工作活力。

六、学校体育工作督导评估的意义

学校体育工作督导评估的意义主要表现在以下几个方面。

第一，学校体育工作督导评估是教育督导的重要组成部分，是国家依法治教、科学管理、规范办学的具体表现。学校体育工作督导评估以督导调研为基础，又为督导的"督"和"导"提供客观依据。学校体育督导发挥行政执法监督职能作用，把学校体育决策实施置于管理的监测之中，推动依法治教；履行督政的职责，推动政府教育行为到位，促使学校体育事业可持续性发展。

第二，学校体育工作督导评估是上级教育部门政策决策的科学依据。学校体育工作督导评估是运用现代科学理论和技术手段进行的。评估者从教育实践中有效地获取信息，并对其进行定性、定量分析，对有价值的教育信息，经过加工提炼，使之条理化，为教育决策提供科学依据；对那些无价值或虚假的信息，则加以甄别，以防止干扰教育决策，从而保证教育决策的正确性和及时性。

第三，学校体育工作督导评估有利于端正学校体育教育思想，全面提高学校体育教育质量。督导评估的目的是肯定成绩，发现问题，明确方向，通过评估反馈信息，采取有效的调控措施，使学校体育发展按照国家的教育法规政策和教育目标要求进行，并使学校体育发展的失误和偏差得到及时纠正。所以，它有利于教育者不断端正教育思想，全面贯彻教育方针，提高教育质量，实现学校体育发展和改革的战略目标；发挥学校体育督导的调控作用，加快学校体育全面推进。

第二节　学校体育工作督导评估指标体系

合理、客观的评价指标体系不仅是评估活动科学性、有效性的保证，也是实际教育教学工作、学校管理工作的指挥棒。学校体育工作督导评估指标体系是学校体育管理的检查标准，是教育行政部门指导学校体育工作的依据。

一、学校体育工作督导评估指标体系构建的依据

按照《教育部关于印发〈中小学体育工作督导评估指标体系（试行）〉的通知》（教督〔2008〕3号）、《教育部关于印发〈学生体质健康监测评价办法〉等三个文件的通知》（教体艺〔2014〕3号）等文件要求，各地积极开展中小学校体育评估监测工作，有效促进了中小学校体育工作健康发展，并取得了较好成效，同时也积累了一定的督导评估经验。

2016年，国务院办公厅印发的《关于强化学校体育促进学生身心健康全面发展的意见》（国办发〔2016〕27号）提出："加强学校体育督导检查，建立科学的专项督查、抽查、公告制度和行政问责机制。"为落实这一新的要求，构建目标明确、机制健全和制度配套的学校体育评价体系，不断推动学校体育工作健康发展，2017年国务院教育督导委员会办公室颁布并施行了《中小学校体育工作督导评估办法》和《中小学校体育工作督导评估指标体系》，这标志着我国对学校体育依法治教和教育治理实践树立了新的发展方向，目的是提升中小学校的教育教学质量和学校体育的整体工作水平，促进学生拥有强健的体魄，身心健康，全面发展。

二、学校体育工作督导评估指标体系的内容

《中小学校体育工作督导评估指标体系》从统筹管理、教育教学、条件保障、评价考试、体质健康等五个方面进行全面设计，总体框架清晰，整个体系包含了十二个二级指标、三十四个三级指标，内容丰富，涉及面广。

（一）统筹管理

加强组织领导、实施发展规划、完善规章制度、落实管理责任、加强绩效考核，形成强化学校体育的工作合力。具体内容包括：是否建立青少年体育工作联席会议

制度、是否把学校体育工作纳入地方经济社会发展规划、是否把学校体育工作纳入工作考核指标等方面。

(二) 教育教学

按国家要求,强化体育课和课外锻炼。开足开齐体育与健康课程,实施大课间体育活动,深化教学改革,提高教学质量;强化学生课外锻炼,广泛开展阳光体育运动,积极开展课余训练和组织丰富多彩的竞赛活动,定期召开全校运动会。

(三) 条件保障

配齐配强体育师资,加强师资队伍培训,落实体育教师待遇,推动体育场地设施达标,实施学校体育安全风险防控,加大体育经费投入等。

(四) 评价考试

完善学校体育考试制度,规范考试考核过程,发挥体育考试的导向作用。按照规定办法建立学校体育评估制度,实施学校体育工作年度报告制度等。

(五) 体质健康

建立健全学生体质健康档案,加强学校卫生工作,实施《国家学生体质健康标准》和《学生体质健康监测评价办法》,促进学生体质健康水平明显提高。

学校体育工作督导评估的主要依据是国家的教育政策法规,评价指标与标准受国家政策法规制约,会随着国家教育改革政策的变化而调整,增强其适用性和操作性。

第三节 学校体育工作督导评估的实施过程

一轮完整的学校体育工作督导评估包括三个阶段,分别是准备阶段、实施阶段和整改阶段。在准备阶段,以上一轮督导评估结果为参考,督导评估主体确定督导评估方案、组建专家团队、给督导评估客体发放通告、督导评估客体准备材料,为后续的督导评估实施做好准备。在实施阶段,督导评估专家团队按照督导评估方案预定的时间、地点、顺序对督导评估客体进行评估检测,根据评测结果给出结论和建议,反馈给督导评估主体和客体,限期整改,发挥督政和督学的功能。在整改阶段,督导评估主体和客体根据反馈信息进行整改,并上报整改方案和整改结果,为迎接下一轮督导评估工作做好准备。学校体育工作督导评估的具体工作流程如

图 10-1 所示。

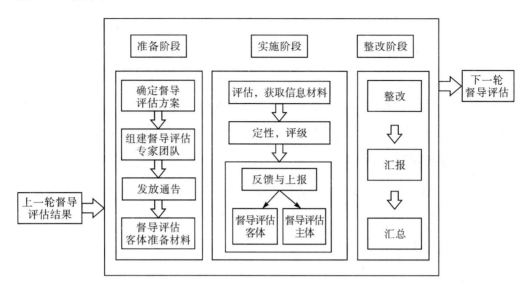

图 10-1　学校体育工作督导评估流程示意图

按照《教育督导条例》《中小学校素质教育督导评估办法》《关于强化学校体育促进学生身心健康全面发展的意见》《关于深化新时代教育督导体制机制改革的意见》等文件的要求，新时代我国学校体育督导评估已经形成了督政、督学、评估监测"三位一体"的学校体育督导工作机制。在学校体育工作督导评估的实施环节，"督政"是制度保障，也是督导评估工作的外部推动力；"督学"是督导评估的落脚点和归宿，集中体现了教学质量、学生体质、办学效益等。"评估监测"是整个实施阶段的基础和核心环节，内容主要涉及体育教学或课程、课外体育活动、体育教师配备、场地器材、经费、校园安全和学生体质健康等。"评估监测"结果为"督政"和"督学"提供客观依据。

一、评估监测的实施

坚持不懈地对教育质量进行评估监测，既体现了政府对教育的法定责任和重视程度，也是保障教育质量的关键。学校体育工作督导评估中评估监测的内容主要涉及体育教学或课程、课外体育活动、体育教师配备、场地器材、经费、校园安全和学生体质健康等。评估监测的实施要注意以下几个方面。

（一）教育均衡规划及地方政府支持教育的情况

教育均衡需要国家的宏观规划，也需要地方政府的统筹设计。要把学校体育植入地方政府发展教育的规划之中，从布局和协调的角度进行部署和设计，在地区规划中凸显学校体育价值，助推学校、社区、家庭协同化，做到评估、建设、完善一体化。评估监测内容主要有将学校体育列入政府和教育行政部门考核范畴，学校负责的考核范围，社会支持学校体育机制，学校体育督导评估机制，学校成绩表彰机制，《国家学生体质健康标准》实施机制和抽查复核机制，省级定期监测和公告发布机制等。

（二）学生学习质量监测

学生体育运动技能、身体素质、体质健康测试等都需要科学测评和适时监控，并记录归档。同时，学校应增强过程化考核力度。2018年3月，《教育部教育督导局2018年工作要点》对"中西部教育发展督导评估监测、义务教育质量监测、中小学校管理评价、中小学校素质教育督导评估"等内容做出规划和统筹，要求做到实事求是，摆脱不必要的问责机制，力争获取最直接、最有效、最准确的测试依据。教育部基础教育质量监测中心发布《2018年国家义务教育质量监测——体育与健康监测结果报告》，圆满完成了31个省（区、市）及新疆生产建设兵团的4141所小学、2539所初中的样本监测任务，指标包括学生的体质健康状况、体育兴趣态度与健康习惯、学校体育实施状况三个方面。

（三）积极培育和引导社会力量参与

《普通高等学校教育评估暂行规定》提出鼓励社会团体、学术机构等社会力量参与到教育评估监测中去。2015年，全国第三方教育评价机构联谊会成立，相继制定了《第三方教育评价机构联谊会章程》、《第三方教育评价机构联谊会公约》和《第三方教育评价机构联谊会教育评价实施专业规范》，有效规范和约束了第三方教育评价机构，为第三方教育评价机构的行业自律和精细化管理奠定了基础。山东、上海、湖南、四川等地的教育行政部门在每年10～12月抽调专家，组建第三方机构，负责抽查、复核被督查学校的学生体质健康测试工作。政府积极培育第三方机构，积极引导社会力量参与评估监测，这不仅能为上级教育行政部门改革学校体育提供参考依据，还能为解决学校体育发展中遇到的问题提供指导和建议。

二、督政的实施

2017年，《国务院办公厅关于印发〈对省级人民政府履行教育职责的评价办法〉的通知》提出，选取部分省份开展专项督导评估工作。我国通过学校体育工作督政，力争构建顶层有设计、责任有分工、规划有落实、进展有督查、奖罚有通报的监管体系。学校体育工作督政推动政府履行职责，为教育添动力、谋发展、求突破，既要"划好桨"，更要"掌好舵"。结合实际，学校体育工作督政重点从以下四个方面实施。

(一) 督促地方政府履行教育职责

把学校体育纳入当地经济和教育发展规划，从源头上给予必要的支持和保障，解决学校自主办学的困难。政府在教育事业规划中提出学校体育强化措施，专门印制学校体育规划、实施方案和技术标准（见表10-2）。

表10-2 督促地方政府履行教育职责的内容和要求

内容	重点体现	要求
地方经济支持	地方投入所占比例、征地、贷款、后勤保障	财政保障不懈怠，政策倾斜有保证
教育事业规划	教育经费投入、人才待遇、设施和物质保障	教育投入不低于国家规定，兴师重教
教育资源调配	人力资源、物力资源、财力资源、内容资源	资源合理调配，物尽其用，力争最优
学校体育规划	教学质量、课外体育活动、场地器材和师资	凸显学校体育价值，课内课外协同化
学校办学权限	赋予学校办学的权利、自主经营、协助关系	政府指导，社会协作，学校独立办学

地方政府履行教育职责的督政评价工作由国务院教育督导委员会统筹领导，教育部教育督导局和省政府教育督导委员会或督导评估办公室具体操作，每年开展一次。其内容涉及政府落实教育方针、政策法规的情况，教育发展、统筹、保障情况，学校规范办学情况等，同时附带考核、奖惩和问责相关规定。

(二) 建立专项督导制度

建立学校联席会议制度和专项管理制度。学校体育在学校教育中还处于弱势地位，应积极建立学校联席会议制度，实行校长督导制和体育专项管理制度，督促和指导学校体育工作切实有效开展。建立和完善学校体育报告制，并定期编制和发布年度工作报告，将学校体育纳入政府公务之中，使之有法可依、有制可靠、有章可循，真正做到责任落实到户，事情落实到人。

(三) 预防突发重大事件

学生安全是校园工作的重中之重。政府应督促学校建立体育突发重大事件预防措施，对体育运动伤害、卫生问题进行不定期的巡查和专项督导，防患于未然。国务院教育督导委员会办公室规定县域3年内发生过重大校园安全事故的实行"一票否决制"，不能参评责任督学挂牌督导创新县（市、区）评估认定。

（四）促进义务教育均衡化

为了督促各地政府重视教育、发展体育、规范办学、强化治理，教育部发布《县域义务教育均衡发展督导评估暂行办法》，义务教育第三方评估课题组受托进行督导评估。国务院教育督导委员会办公室2015年开始每年发布《全国义务教育均衡发展督导评估工作报告》，并出台"以教育督导评估促进义务教育均衡发展"的治理方案。

三、督学的实施

督学主要服务于教学，突出强调教学的改进和提高。学校体育督学强调以增强体质、以体育人为出发点，把运动技能、技术教学与提高身体素质结合起来，将思想品德、知识教育、社会价值贯穿于教学始终。

（一）督学责任区挂牌制

国家积极倡导建立督学责任区，针对各级学校实行督学责任区挂牌制，教育行政部门对教育区域实行主管领导承包制，各级学校执行校长负责制，把责任落实到具体的领导身上，强化责任管理。自2013年实施挂牌督导制度以来，国家依据相关标准对督学责任区进行认定，2016年首批认定了29个，2017年认定了208个。这些督学责任区带动了教育决策、执行、监督三位一体治理模式，实现了教育治理由粗放型向精细化的转变、由经验型向专业化的转变、由单一型向多元化的转变。

（二）学校视导员配备

新中国成立后，教育部设立了视导司，各省市教育厅设立视导室，各级学校配备一定比例的视导员，构成了从中央到单位的视导制度，规范、监督和指导学校体育工作。中小学校按照相关政策要求，配备足额的视导员，使其参与教学督导听课、查课和评课，同时，学校还协调视导员专职、兼职的比例，选聘教学经验丰富的老教师或专长教师对视导员进行定期培训，提升其业务能力。

（三）教学质量和办学条件

教学质量和办学条件是学校体育工作督导评估的重点。教学质量体现在体育课的执行程度，对学生安全教育、自救、风险管理的培训，体育家庭作业的完成情况，学生专项能力的提高（不少于2项运动技能）等方面。办学条件主要涉及体育场地和器材的达标情况；体育教师的配备，实际人数与应配人数的比例，近三年补入量，教师待遇（组织课外活动和体质测试计入工作量，与其他科目教师同等对待）；体育经费投入（保证体育经费的投入和支出）等，以此摸清不同等级学校的真实情况，对照标准，精确核算。

四、热点、焦点专项督导

对学校体育的热点、焦点工作要进行专项督导，如中考体育的具体分数，体育技能和活动是否纳入学生评价体系；实施阳光体育是否有全校运动会制度，是否组建体育代表队，开展课余训练；校园足球、体质测试和运动员文化教育等（见表10－3）。

表10－3 学校体育的热点、焦点专项督导

专项督导	依据标准和具体内容
学业考试	依据《教育督导条例》《教育督导暂行规定》，重点考评学段衔接、规范学业考试，发挥考试导向、中考分值、学生评价体系等
每天一小时	依据《学校体育工作条例》《切实保证中小学生每天一小时校园体育活动的规定》随机抽样被调查的地区和学校，实行实地督查。查阅文件材料、课表、听汇报、访谈老师、调查学生、查看大课间和课外活动，结束后反馈并提出建议。重点督查体育课的开设开足率、活动效果、活动时间和质量、学校管理制度、体育师资和场地
校园足球	按照《校园足球特色学校专项检查办法》《全国青少年校园足球八大体系建设行动计划》《校园足球实施和竞赛办法》，对试点建设、经费管理、开展状况、竞赛情况进行督导
体质测试	根据《国家学生体质健康标准》《中小学校体育工作督导评估办法》，监督检查标准的执行情况、达标率和数据如实上报情况等
运动员文化教育	按照《关于进一步加强运动员文化教育和运动员保障工作指导意见》的要求，检查运动员文化教育、保障待遇情况等

政府和教育部门对学校体育热点、焦点工作进行整体把控，促使学校或社会有关部门切实履行职责，并实行问责机制，逐步实现"宏观软督导"向"专业硬督导"的过渡，从战略上督查落实，从政策上监督调控，从调配上积极倾斜，切实提高体育教学质量。

扫码获取更多资料

思考题

1. 如何理解学校体育工作督导评估的意义和价值？
2. 如何看待学校体育工作督导评估的督政、督学、评估监测"三位一体"？
3. 谈一谈当前我国学校体育专项督导的热点、焦点。

参考文献

[1] 董小龙,郭春玲. 体育法学[M]. 4版. 北京:法律出版社,2023.
[2] 中华人民共和国教育部. 义务教育体育与健康课程标准[M]. 北京:北京师范大学出版社,2022.
[3] 刘新民,王晓艳. 学校体育学[M]. 北京:人民体育出版社,2022.
[4] 董翠香. 学校体育学[M]. 北京:高等教育出版社,2021.
[5] 林崇德. 21世纪学生发展核心素养研究[M]. 北京:北京师范大学出版社,2021.
[6] 中华人民共和国教育部. 普通高中体育与健康课程标准[M]. 北京:人民教育出版社,2020.
[7] 张细谦,姚蕾. 体育课程与教学论[M]. 北京:高等教育出版社,2020.
[8] 唐炎,刘昕. 学校体育学[M]. 北京:高等教育出版社,2020.
[9] 郑金洲. 教育通论[M]. 上海:华东师范大学出版社,2000.
[10] 毛振明. 体育教学论[M]. 北京:高等教育出版社,2017.
[11] 杨文轩,张细谦,邓星华. 学校体育学[M]. 北京:高等教育出版社,2016.
[12] 陆作生. 体育教学技能训练[M]. 北京:高等教育出版社,2016.
[13] 高翔,杨金云,马冬梅,等. 学生体质健康标准研究综述[J]. 中国学校卫生,2016,5(37),761-764.
[14] 潘绍伟,于可红. 学校体育学[M]. 北京:高等教育出版社,2015.
[15] 闫祯. 教育学学程[M]. 北京:北京大学出版社,2013.
[16] 赵进,王健,周兵. 基于教师专业标准的体育教师专业标准构建研究[J]. 山东体育学院学报,2013,29(2):100-104.
[17] 李秋菊. 中国学校体育督导研究[D]. 北京:北京体育大学,2013.
[18] 丁方,王冠. 学生体质健康标准的研究与实践. 中国学校卫生,2012,7(33),889-891.
[19] 杜晓利,范国睿,杜成宪. 教师政策[M]. 上海:上海教育出版社,2012.
[20] 荀渊,唐玉光. 教师专业发展制度[M],北京:教育科学出版社,2011.
[21] 刘海元. 学校体育教程[M]. 北京:北京体育大学出版社,2011.
[22] 沈建华,陈融. 学校体育学[M]. 北京:高等教育出版社,2010.
[23] 钟启泉,汪霞,王文静. 课程与教学论[M]. 上海:华东师范大学出版社,2008.
[24] 王健,季浏. 体育教师教育课程改革的专业化取向[J]. 上海体育学院学报,

2008(1):70-73,94.

[25] 刘双全,彭旺敏,赵克普. 学生体质健康标准的研究与制定[J]. 体育学刊,2007,5(29),3-8.

[26] 丁念金. 课程论[M]. 福州:福建教育出版社,2007.

[27] 黄东明. 教育政策与法律[M]. 武汉:武汉大学出版社,2007.

[28] 李林. 体育课程内容资源开发的理论与实践[M]. 重庆:西南师范大学出版社,2006.

[29] 毛振明. 学校体育发展史[M]. 桂林:广西师范大学出版社,2005.

[30] 孙立平,王德利,刘文彬,等. 学生体质健康标准与测评方法研究[J]. 中国学校卫生,2005,1(26),75-77.

[31] 黄爱锋,体育教师教育专业化研究[D]. 南京:南京师范大学,2005.

[32] 潘绍伟,于可红. 学校体育学[M]. 北京:高等教育出版社,2005.

[33] 周登嵩. 学校体育学[M]. 北京:人民体育出版社,2004.

[34] 范国睿. 学校管理的理论与实务[M]. 上海:华东师范大学出版社,2003.

[35] 黄崴. 教育法学[M]. 广州:广东高等教育出版社,2002.

[36] 曲宗湖,杨文轩. 学校体育教学探索[M]. 北京:人民体育出版社,2000.

[37] 阎德明. 现代学校管理学[M]. 北京:人民教育出版社,1999.

[38] 顾明远. 教育大辞典(增订合编本)[M]. 上海:上海教育出版社,1998.

[39] 张济正. 学校管理学导论(修订本)[M]. 上海:华东师范大学出版社,1990.